U0533819

張元濟的生平與事業
1867—1959
從清代改革家到二十世紀出版家

顧廷龍 題

［新西蘭］葉宋曼瑛 著
張人鳳　鄒振環 譯

重慶出版集團　重慶出版社

《张元济的生平与事业：从清代改革家到二十世纪出版家》(The Life and Times of Zhang Yuanji) by Manying IP 叶宋曼瑛
Copyright © 1985 by Manying IP
This simplified Chinese edition published in 2025
by Beijing Alpha Books Co, Inc., Beijing

图书在版编目（CIP）数据

张元济的生平与事业 ：从清代改革家到二十世纪出版家 /（新西兰）叶宋曼瑛著 ；张人凤，邹振环译. -- 重庆 : 重庆出版社, 2025. 3. -- ISBN 978-7-229-19254-9

Ⅰ. K825.42

中国国家版本馆CIP数据核字第20243505Q2号

张元济的生平与事业：从清代改革家到二十世纪出版家
ZHAGNYUANJI DE SHENGPING YU SHIYE: CONG QINGDAI GAIGEJIA DAO ERSHI SHIJI CHUBANJIA

[新西兰]叶宋曼瑛 著 张人凤 邹振环 译

出　　品：华章同人
出版监制：徐宪江　连　果
责任编辑：徐宪江　史青苗
特约编辑：穆　爽
营销编辑：史青苗　刘晓艳
责任校对：刘小燕
责任印制：梁善池
装帧设计：潘振宇 774038217@qq.com

重庆出版集团
重庆出版社 出版

（重庆市南岸区南滨路162号1幢）
北京华联印刷有限公司　印刷
重庆出版集团图书发行公司　发行
邮购电话：010-85869375
全国新华书店经销

开本：889mm×1194mm　1/32　印张：13　字数：260千
2025年3月第1版　　2025年3月第1次印刷
定价：78.00元

如有印装问题，请致电023-68706683
版权所有　侵权必究

目录

代　序　出版感言 /008

引　言　张元济在中国历史上的地位 /020

第一章　早年在广东和浙江的生活 /030

第二章　初露头角的年轻京官 /034
　　年轻的总理衙门章京 /035
　　甲午战争和维新运动 /038
　　张元济的角色 /041

第三章　张元济和百日维新 /052
　　皇帝的召见 /053
　　京师大学堂和铁路矿务总局 /061
　　张元济最后关头的奏折 /065
　　百日维新的失败 /076
　　张元济对改革和改革家的评价 /083

第四章　士绅改革家和立宪主义者 /090
　　张元济在南洋公学，1898—1902 /092
　　1900年的"中国议会"和"自立会"起义 /097
　　士绅阶层的和解 /101
　　张元济与教育改革 /103
　　张元济在浙江保路运动中的作用，1905—1910 /106
　　张元济与立宪运动，1906—1911 /111
　　改良主义的精英对辛亥革命的反应 /118

第五章　商务印书馆股东、经理和编译所所长 /122
　　商务印书馆的起源 /123
　　张元济早期与商务印书馆的关系 /126
　　与日本合作的神秘事实 /131
　　商务教科书的成功 /140
　　商务印书馆创办的学校 /141
　　涵芬楼 /144
　　早期商务的出版物 /147
　　张元济的环球旅行，1910—1911 /155

第六章　新时代的旧学家 /162

与中华书局竞争 /163
1914年与日本的合作中止 /166
紧缩和多种经营的时期 /168
商务印书馆经理任内，1914—1920 /171
1915年10月的机构改革 /175
1920年张元济退居监理 /176
1914—1920年商务的主要出版物 /177
《四部丛刊》/179
1919年五四运动的挑战 /184
张元济对1919年政治抗争的态度 /189
新文化运动 /191
商务杂志的革新 /194
白话教科书、语音辞典和对国语的促进 /196
对现代学术团体的支持 /198

第七章　商务印书馆监理 /202

求访新贤 /203
王云五的方针和张元济的态度 /210
东方图书馆 /214
张元济的新排字法 /216
1925年商务印书馆又起工潮 /219
商务印书馆工会和经济斗争 /221
1926年张元济退休 /223

第八章　动荡年代 /226

北伐与商务印书馆 /227
张元济开始与国民政府疏远 /230
日本访书 /234
百衲本二十四史 /239
1932年日本轰炸商务 /243

　　　　　王云五重组公司 /246
　　　　　张元济在20世纪30年代的作用 /249
　　　　　影印《四库全书》/251
　　　　　张夫人之逝 /255
　　　　　救亡运动和张元济的作用 /256
　　　　　为青年提供古代道德课本 /259
　　　　　为受压迫人民发声，张元济的社会政治论文 /262

第九章　战争年代 /270
　　　　　全面战争和向西撤退 /271
　　　　　抗战时期的张元济 /278
　　　　　合众图书馆 /283
　　　　　太平洋战争与商务的厄运，1941年12月—1945年8月 /285
　　　　　日本人与上海商务印书馆 /287

第十章　从内战到新中国 /292
　　　　　1945—1949年的商务印书馆 /293
　　　　　张元济对政府和反内战抗争的态度 /301
　　　　　对经济形势的觉醒 /306
　　　　　中央研究院第一次院士会议 /309
　　　　　与共产党新政府的合作 /313
　　　　　商务印书馆成为公私合营企业 /316
　　　　　最后的年月：版本研究和诗词 /317

结　　论 /324

参考书目 /334

附录　新旧交替时期两位学人的探讨
　　　　——从张元济、胡适往来信札谈起 /342

代　序

出版感言

距创作完成近40年,《张元济的生平与事业》得以以简体中文版出版,真让我感慨万千。

这本书原本是我在新西兰奥克兰大学的博士论文(University of Auckland, 1982)。当时商务印书馆的总编辑兼总经理陈原先生很支持我的研究,他提议由商务印书馆出版成书,我真是求之不得。1985年,此书的英文版由商务印书馆出版,书名为The life and times of Zhang Yuanji (1867—1959),那个年代国内用外文出版的书籍很少,陈原先生此举可谓"破格"。幸而出版后颇有肯定和好评。多年以后(2009年)我荣幸获得新西兰皇家科学院院士资格,评审委员会主席颁发奖状和奖章时,首先提到的便是我早年在商务印书馆出版的关于张元济先生的这一本书。陈原先生与许多帮助过我研究这一课题的文坛前辈们如果泉下有知,差可告慰吧!

1979年,因撰写博士论文,我决定要到中国找寻张元济的第一手资料。当时我已移居新西兰多年;我从小在香港长大、念书,从来没有机会踏足内地。在香港大学我念的是历史,主修中国近代史,对五四时期的思想变革以及文化、社会、民生的翻天覆地变迁十分好奇。我常想:处于新旧变革时期的人士,他们对前途如何取舍?自己如何定位?特别是如张元济那样的爱国知识分子,看到国家的种种危机,列强环伺,空有报国之心,应该如何选择自己的人生之路?

我个人比较喜欢探讨的一向不是"大英雄",而是平易近人的人物。任何一个大时代,能对社会有贡献,甚至开风气之先的关键人物,一定是有理想、有抱负、肯实干,敢于把握机会，愿意创新且持之以恒的人，就像张元济那样。

刚开始研究时，我对张元济先生所知少得可怜，只知道他是商务印书馆的创办人之一，在清末民初的新旧交替时期，立志以启迪民智为终身事业。后来开始追寻史料，知道他是海盐书香世家，1892年考中进士_{（与梁启超、蔡元培同时代）}，授翰林院庶吉士，两年后，入刑部任主事，后出任总理衙门章京。戊戌变法期间还蒙当时有志维新改革、年轻而有理想的光绪皇帝单独召见。戊戌变法失败以后，慈禧太后废止了新政，变法的积极参与者都受到株连，对一介书生的张元济，倒没有太严厉的惩罚，只是下旨革职，"永不叙用"。张元济从此离开京城，不涉迹官场。

进士出身的张元济愿意投身当时在上海的小小商务印书馆，可谓眼光独到。从一个读书人转而成为一个实业家，这是多么不容易的事情啊！张氏的不摆架子、实事求是的风格，从他与排字工人出身的夏瑞芳的多年莫逆之交便可以略知一二_{（对此商务印书馆的馆史资料有许多详细记载）}。

19世纪末期，中国的文化出版尚在起步、摸索前进阶段。期初张元济借重日本的先进印刷技术，也吸收日本资金，合资经营。到了1904年废除科举，全国开办新学堂，急需新式教科书。商务印书馆与日本的金港堂_{（当时是日本首屈一指的教育出版社）}合作，引进新设备，也借重先进经验。张元济亲力亲为地参与教科书的编辑工作，一番经营下来，商务印书馆从一个小印书馆发展成中国近现代最大的出版社。到了民国时期，张氏果断收回日股，实施科学管理，商务印书馆发展成为当时中国首屈一指的民族出版企业，拥有自己的印刷厂、教育玩具厂，旗下书店遍布全国。商务印书馆发行了许多教育书籍、参考书以及与教育方法理论有关的书籍，最重要的是商务印书馆有自己的编译所，后来还建立东方图书馆，成为中国的新文化中心之一。张元济先后任编译所所长、经理，对编辑、发行、经营都是亲力亲为。

为了进一步了解张元济的生平及事业，我曾于1979年和20世纪80年代早期专程来北京和上海寻找资料，并拜访了曾与张元济共事的文坛前辈。这些往事对今天的读者而言，可能有一些参考价值。

当时中国"文化大革命"结束后不久，文化界尚未恢复元气，不少机构也是百废待兴。我远在新西兰，对当时中国的情况一概不知不懂。通过奥克兰大学以及本国大使馆申请去中国的签证，说要到北京、上海做商务印书馆的研究。几经辗转，费尽艰辛，终于得到中国大使馆回复说我可以入境，但只可以到广州——因为当时新西兰华人到中国的理由只可以是"归乡"，还问我家乡何处？家父祖籍广东中山，但我们宋家自1840年鸦片战争以来就已移居香港。大使馆工作人员说，新西兰华人早年都是从广东出去淘金的，所以我只能从广州进入中国，然后在广州等待批准，看看可否北上北京和上海。

幸运的是此前我已经写了不少信件给商务印书馆——当时商务印书馆已经搬到了北京王府井大街36号。

令我喜出望外的是我的信得到了陈原先生的回复，他表示愿意帮忙。我当时怎能想到有不少文坛先辈正热心地等待"我"的出现（"我"不是指我个人，而是像我那样的年青学人，有志找寻商务印书馆历史的人），并愿意慷慨提供一切帮助，以保证前人的宝贵事迹不会被忘记。他们的热心帮助，成了我辛苦研究的最大动力。

在这里我一定要提及孙源伯伯。我联系到孙伯伯时，他在外文出版社任法文组副组长。二战时，孙伯伯曾与家父一起从桂林逃难至重庆；他们同属一个爱国团体——中华全国文艺界抗敌协会，一起担任盟军的翻译人员，家父翻译英语，孙源伯伯翻译法语。二战时期法国维希政府投降以后，戴高乐建立流亡政府，孙伯伯作为文化人和法文译者一直为戴高乐的驻华代表团奔走，并曾担任代表团新闻组中文秘书；二战结束后，孙伯伯为法国在华外交工作做出一些贡献，并于1947年获得法国文学院骑士勋章。这些渊源，我是后来才知道的。孙伯伯在出版界有不少挚友，包括商务印书馆和其他文化界的前辈。因为有他的帮忙，我得以联系到陈原先生；后来孙伯伯还带我拜访了茅盾、叶圣陶、胡愈之等曾经供职于商务印书馆的文化、出版界的泰斗。

1979年11月29日下午3点左右，我来到了北京东四汪芝麻胡同49号胡愈之先生的住所，那是一个气派非凡的四合院，当日胡愈之先生本应参加人大常委会，因咳嗽而在家休息，因此我得以有幸拜访，从胡愈老口中了解张元济先生的往事。

　　与胡愈老谈了约一个小时，4点30分左右，我来到了交道口南三条13号茅盾先生的家。见到茅盾先生时我很紧张；得知我来拜访，他当天特意穿了蓝色的暗花织锦长袍见我，以示隆重。进门后，我们来到后院大书房中坐下，屋内四周都是书架，大书桌上文房四宝排列。他当时在写《我走过的道路》，我记得书稿就在他的桌子上。茅盾先生很健谈，但有些中气不足，时常气喘；茅盾曾担任商务印书馆《小说月报》的编辑，他对张元济评价很高，特地找出从前他同张元济往来的书信给我看，还给我看他收藏的严复同张元济的来往书信。茅盾先生递交给我两本他的小说《子夜》(Mid Night)，一本托我送给奥克兰大学图书馆，另一本赠送给我。临别我请茅盾先生在我的笔记本上签名，他先是签"沈雁冰"，签完说自己的字写得不够漂亮，然后又用他熟练的签名"茅盾"签了一次，这才满意。至今我仍留有茅盾先生签名的笔记本(同页还有胡愈之先生的签名)。同茅盾的访谈我做了录音，20世纪90年代茅盾在桐乡的纪念馆筹备开幕式的时候，到处找不到他说话的声音，孙源伯伯知道我当时曾录音就找到我，于是我把当时采访茅盾先生的录音带送给了茅盾博物馆，自己也没留个备份，至今引以为憾。

　　茅盾、胡愈之、叶圣陶等诸先生都是与张元济同时代的人，他们都曾在商务印书馆工作过，知道张菊老的工作态度，知道他的行事和操守。通过与他们的交流，我下笔写论文时也有了一定的信心，敢比较大胆地推论当时商务印书馆为什么会有某些出版方针，或者张元济邀请某某人士作为某某杂志的主编，是哪些长远计划的一部分。

此行还有一大收获就是在商务印书馆见到了张元济的馆事工作日记。我看到时，这叠厚厚的纸张用布包着，上面有毛笔写的"烧毁"二字。我明白这是劫后余生的珍贵文物。这些日记都是手稿，写在很薄的纸张上。按照当时的管理规定不可以影印，但可以用照相机拍摄稿件。我与丈夫夜以继日地工作，不停拍摄。那是张菊老1912年至1926年的工作日志，内容精简而有条理，分列公司、编译、职员、杂记、财政、印刷、发行、用人、应酬、分馆等项目，还记录了每日收发的信件。这份珍贵的原始史料，对了解张元济在商务印书馆的工作是最可靠、最权威的文献。1982年商务印书馆85周年在人民大会堂举办了隆重的纪念仪式，参加者都获赠《张元济日记》上下两册，大家都说这是非常珍贵的原始史料，而那时我已经看过大部分稿件了，想来真是非常幸运。

但当时的研究工作还是很困难而艰苦的。1979年至20世纪80年代初期，中国的研究条件尚未恢复，如要影印文件，就算是开架的书籍杂志，都要先申请，由图书馆工作人员进行。记得北京图书馆还在景山，房子简陋，没有暖气，读者都拿着装热水的玻璃瓶子取暖。我一般都是抄写，做笔记，冻得发抖。平日起居出行也不容易，买食物需要粮票，出入也只有很挤拥的公交车。我清楚记得那时北京的人行道旁堆满了大白菜和煤球，来往的自行车好像流水一般，连过马路也要鼓起很大的勇气。

商务印书馆在晚清、民国时期出版的杂志不少，如《政法杂志》《东方杂志》《外交报》《小说月报》等，当时都是开风气之先，影响力很大。今天这些重要文献全部影印出版了，全国图书馆都备有全套，而在1979年—1983年间却是非常难找。我觉得要了解当时创刊的背景、原因、宗旨等情况一定要看看创刊缘起、首刊编者引言等，这些都要花很多时间抄录。如今想来，这些抄写工作，也有想不到的好处，就是令我对文章的论点和细节印象深刻。与今天看看文章标题，然后吩咐研究助理影印辑要，感受的深浅是完全不同的。

鼓励我的是前辈学者的热心，他们往往是破格相助。陈原先生两次安排了座谈会，为我请来了老编辑、档案馆人员，包括陈翰伯、吴泽炎、陈峰、杨德炎、沈野、季啸风等。他们耐心地为我讲述他们早年在商务印书馆的工作以及张菊生老的事迹。1979年11月28日再次座谈，出席的老人包括任永长、戴孝侯、陆廷玉、汪家熔等。通过座谈我了解到商务印书馆如何从小小印刷所发展成中国首屈一指的文化出版企业，如何网罗人才，如何制定编译和出版政策。参会的这些前辈对商务印书馆的馆史及张元济先生的事迹都是知无不言，耐心解说。我有写工作日志的习惯，每次座谈会，我都会请参加的老人家在我的日志中签名。今天再找出来，看到当时的记录，前辈们的音容笑貌，还历历在目。

除了商务印书馆旧人外，我到上海最大收获是见到了顾廷龙先生。顾廷龙当时是上海图书馆馆长，他给我看了几套很难得的手抄本，包括《涉园张氏遗文》《张菊老九十大庆全集》《汪穰卿师友手札》。研究历史事实需要证据，而顾老给我看的都是了解菊老为人操守以及世人对他评价的宝贵原始一手资料。除此之外，顾老还给我出示了许多张元济与他的好友的往来信件，例如与严复的通信，交流许多有关翻译的细节；与胡适的往来书信，涉及层面更广泛（见本书附录《新旧交替时期两位学人的探讨》），更是重要的文献。

在上海时，我天天坐在图书馆抄张菊老的诗文、信件，不遗余力。那时候上海图书馆还在南京路，就是我们住的国际饭店对面，可以一早赶过去，工作一整天。日后我才知道，顾廷龙先生是早年合众图书馆的馆长，追随张元济多年，所以对我的研究工作鼎力相助，把最关键性的资料都提供给我。

记得我到上海图书馆的前两天，顾老坐下来看着我翻开这些手稿，我以为他有些不放心，担心我会弄坏这些珍贵文件。后来张元济之子张树年先生说，顾老是担心我这香港来的"番书女"不能读懂没有句读符号的文言文。幸好家母很注重我们的国学根底，从小有老师教我们四书、《左传》《古文评注》等，也学了一些书法入门，才可以看懂顾老给我看的重要文坛人物与张元济的往来书信，明白他们的抱负与对以后出版发展的方针、对时局的看法，等等。

在上海我见到了张树年先生。树年先生长得像他父亲，他十分愿意提供他掌握的一切资料，对张菊老的生平、操守，更是知无不言。日后我回到新西兰，与张树年先生的往来信件不断。他抄录了许多他父亲的文章、信件，解答我许多问题。当时在海外，国内的情况经常被一些不实宣传或错误报道蒙蔽、歪曲，像张元济这些传统学者，又曾是民族资本家，在海外便被说成是中国共产党的斗争对象。海外有文章说张元济1949年在商务印书馆工会成立大会上中风瘫痪，此后神志不清，郁郁而终云云。当时新西兰与国内情况比较隔绝，加上海峡对岸有许多流言，积非成是，"张元济被斗争至残废"之类的不堪故事几乎成了定论。树年先生给我看了张菊老与工会领袖的来往信件，证明他们的关系一向融洽。至于说张菊老因中风后成了"废人"，树年先生让我看了不少老人家病后的文章与诗作，还有病后出版的版本目录学专著《涵芬楼烬余书录》。《涵芬楼烬余书录》介绍了东方图书馆1932年被日本人轰炸后，曾在馆中珍藏的、没有被烧毁的幸存古籍善本书，包括宋刊本93部、元刊本89部、明刊本156部、钞校本192部和稿本17部的版本源流、优劣比较和收藏情况，堪称后来版本目录领域学习者、研究者之宝鉴。张元济能在病后编著这种艰深而且需要详细考据的书籍，可见海外的流言蜚语都没有根据。

张元济在中风后身体没有完全康复，但是他恢复了很敏捷的思维，他的右手功能也得以复原，可以用他喜好的毛笔写下大批的书信和文章。文章内容丰富，有批评社会对底层弱者的不公平（《哀女奴》），有感叹英法两大国在苏伊士运河战争的失利（欧罗霸业行将尽、殖民片壤留余臭），这些针对时事批评的文章，可以看到张元济对当时国内与世界发展的敏感与关心。

1992年，香港商务印书馆约请了张人凤先生和邹振环博士两位联合把我的博士论文翻译成中文，以《从翰林到出版家——张元济的生平与事业》为名出版、发行。人凤先生是树年先生的儿子，邹博士在复旦大学从事文化史与出版史研究，他们二人都是翻译此书的理想人选。我很感谢香港商务印书馆对本书的排版、印刷、插图与装帧设计，编辑还在每一章节后都加了注解，这些工作都下了不少功夫。我偶然看到一篇书评，作者很推许这本书的论点和推论，特别提及研究的详尽，对历史考证的精确，称"比较难得"。记得该文提到不知作者、译者是谁，不知如何成书云云。我希望写了这"再版感言"算是对关心本书的读者，稍有交代。

距我创作、发表《张元济的生平与事业》已近四十年了，我个人最高兴的是国内对张元济的研究越来越蓬勃，国外对商务印书馆在清末民初，以至近代对中国文化发展的伟大贡献也更加了解。在这个过程中，远在新西兰的我可以参加研究，并且在起步时刻起了一些正面作用，于我而言这实在是值得纪念的事情。

叶宋曼瑛（Manying）
2024年8月

引 言

张元济
在中国历史上的地位

张元济的一生经历了从清王朝到现代中国，是这急剧变革时代的杰出人物。他出生于晚清封闭的儒家社会，被点为翰林后，步入了有声望和有影响力的士绅学者阶层的最上层。在传统帝制下他本应前程似锦，然而在19世纪末，清王朝迅速走向衰败。这时候，停滞不前的中国却面对着一个向外扩张和富有侵略性的西方。19世纪中叶，洋人对通商权利的要求和奉行的坚船利炮的政策，彻底粉碎了中国多少世纪以来形成的国际关系中民族中心主义的观念——一个中央王朝不断向四周臣属的小国辐射其影响力。西方的坚船利炮完全摧毁了这个封建王朝的帆船舰队和步兵军团，随后便是不平等的"和平条约"。一旦中国有违这些条约时，马上又面临着战争。

西方的突然出现，给中国造成了危机，直接挑战像张元济这样的人。张元济属于为中国提供大多数领导者和官吏的士绅阶层。他们接受儒家学说的教育，因为只有当他们成为儒家经典的专家，才有希望通过走向官场的科举考试。他们深信，只有通过自我修养、恪守传统道德并按照儒家哲学去对待他人或他国，中国才能繁荣昌盛并与邻国和谐相处。他们所受的教育，还使他们推崇经学，鄙视商业和贸易活动。

但是，面对屡次失败的严酷现实和强加于中国的不平等条约，士绅学者不得不重估传统的价值观念。在危难的时刻，单纯地认为他们的责任是修正国家的政策和重新评价道德观。对张元济同时代的知识分子诸如梁启超(1873—1929)、蔡元培(1867—1940)和严复(1854—1921)等人，史家已经做过了大量深入的研究。这些人之所以引起注意,是因为他们是有远见的儒家学者,尽管受过十分正统的教育,但显示了很强的适应性和令人惊叹的改革能力。对他们生平和事业的研究,有助于更深刻地理解中国近代历史。

对张元济生平和事业的研究,我不打算把重点放在探寻他生平的具体史实,而主要是阐明他的生平、经历和事业怎样反映出整个转变的一代知识精英的独特气质。张元济在1894—1895年中日甲午战争后的惊愕和失望,在戊戌变法时的抱负和爱国奏折,在慈禧政变之后遇到的挫折和失败,以及从政治上的明智的撤退并选择了出版业为终身事业,他的种种事迹都能加深我们对这一代知识精英的理解——从历史传统来看,他们是产生大多数中国领导人物的知识阶层的中枢,这些博学而又处于特殊地位的人,又把自己看作中华民族智慧和良心的代表。张元济与他的同辈生活在中国要面对来自西方帝国主义史无前例的挑战的严峻时期。从某种意义来说,中国如何对付这些挑战,大部分取决于精英的知识分子的态度和思潮。国家大小官吏都来自这个阶层,绝大部分能左右公众舆论的辩士、历代皇帝的谋士多数也来自这群士绅。可以毫不夸张地说,士绅阶层的共同影响力,是决定中国作为一个国家,处于任何民族危机时可能采取什么样的态度最有力的因素。通过对这个阶层中个别成员生平和事业的考据研究,可以对这种共同影响力的本质和分量有更充分的理解。因此,这本张元济研究论著不仅是一位成为成功的现代企业家的杰出儒家学者的传记,而且也是一份危难时期开明知识分子非凡的适应力及局限性的实例研究。

虽然这些知识士绅的精英分子的重要性是众所周知的，但大部分的历史研究都着重于政治活动者和激进分子，他们多数以反传统思想或从事革命行动而知名，至于对张元济这样并不太引人注目也不处于政治进程第一线的人物，却言之甚少。例如，对康有为(1858—1927)和章炳麟(1869—1936)的研究，主要是因为他们分别替变法或革命作辩解，重新解释孔子学说。不可否认，他们是思想家，在形成新的思潮中是引人注目的，然而过于强调他们的重要性也是不明智的。毕竟，我们很难衡量这些雄辩、有说服力的学说对历史进程有多大的影响。至于谭嗣同(1865—1898)或孙中山(1866—1925)，由于在他们的时代里起过引人注目的作用而使他们的活动得到了应有的赞颂，但同时，他们的活动也激起了我们的想象：他们对历史的功绩不能掩盖其他不太突出的历史人物的品格和辅助作用。如果我们只把焦点集中在康有为和谭嗣同身上，能否正确理解戊戌变法？如果仅仅研究孙中山和章炳麟，又能否清楚知道辛亥革命的复杂性？

实际上，像张元济那样的人，才是士绅阶层中的佼佼者。他从未参与激进的先锋队伍，没有宣扬新哲学，也没有对中国文化作过革命性的解释，更没有兴趣采用激进的政治方式让中国强盛起来。事实上，他对中国走向现代化的问题采取了传统的方式。在漫长的一生中，纵使政局常常变化，社会频繁动乱，他的信念从来没有动摇过，那就是若中国人不能获得良好的教育和具备充分的知识，中国就不可能实现真正的现代化[1]。没有现代知识的传播，没有更广泛的对变革要求的觉醒，中国无法面对现代世界的挑战。在张元济看来，任何政治改革强加于冷漠、毫无生气和愚昧无知的群众，必然毫无结果。此外，他对保守派的势力和顽固性也十分了解，知道他们会阻挡任何急剧的改革。为了贯彻文化救国的主张，唯一可行之路就是改革教育，然而慈禧太后发动政变后，他必须另有所择。张元济后来加入商务印书馆，使它成为现代中国最大的出版社。当把出版业变为终身事业时，他实际上还是在实践同一个目标——传播现代思想和启迪民智。这时候，他失去官方的支持或光绪的庇荫，却与一个工人出身的小印刷所老板夏瑞芳（1871—1914）紧密合作。夏瑞芳的文化水平低，却有机敏的商业头脑和取胜的决心，这些使他在上海的民族实业界获得一席之地。张元济与夏瑞芳毕生合作，共同发展商务印书馆事业，是士大夫与出身工人的资本家合作共事的鲜见例子。张元济的一生，呈现了一个有远见、非墨守成规和开明的学者的形象，他一方面紧紧地恪守儒家的基本道德信条，另一方面却并非僵化、保守到一见新思想、新哲学就马上抵制。他虽身为翰林，却从不会看不起学识和资历较浅的人。在那个时代，张元济被公认为是藏书家和古籍版本目录学家，对善本书的追求是颇具传奇色彩的。他于1919年就开始全力支持新文化运动。在他的直接影响下，民

---

[1] 张元济终身对文化现代化的信念可见诸他不同时期的书信。例如1896年致汪康年函、1913年致熊希龄函、1937年致张伯苓函等，见《张元济书札》（北京商务印书馆，1982年），页9、63、161、265。

国最初的十年间,商务印书馆成为不同观点的学者都可以愉快合作的场所——颇似众所周知在蔡元培任内(1917—1919)北京大学的局面。张元济为赴欧美、日本的中国留学生敞开大门,聘请他们去商务印书馆工作,而不是招募旧式学者或与他有相似背景的好友。从中国新式学校毕业的年轻学生也同样受到欢迎,并按工作成绩给予晋升,于是在商务印书馆的编辑中出现陈独秀、茅盾和郑振铎的名字就不足为怪了。

张元济企图通过文化手段使中国走向现代化,这个想法是士大夫阶层所共有的,从清朝末年大量涌现的民间报纸、新式学校和略具政治性质的团体中可以看到。作为读书人,很自然会企图通过传播各种知识以救中国。因此,张元济一生的目标和走过的路是很有代表性的。

然而,张元济之所以比同辈更杰出,是因为他作为一个现代企业家取得了巨大的成就。不少传统学者出版报纸杂志,或书籍小册子,介绍新知识或新哲学,但往往生命不长,影响有限。张元济跟他们的区别在于:他把商务印书馆从一个家庭式印刷所改变成为现代中国最主要的出版社。诚然商务印书馆的发迹史还有其他因素,但张元济的远见、能力和指导足以表明他是一个有极强创造力的企业家。在他以前,中国还没有那样规模的出版印刷企业。

1898年,当张元济还在任京官的时候,对工业化和发展商业已有兴趣。大家知道,在传统学者的认知中,经商没有什么地位。但是,在给光绪的长篇奏折中,张元济不仅竭力为民族实业家和商人的权利辩护,而且指出在与西方竞争的贸易战中，民族企业应被看作国力的基石而予以大力保护。尽管强调民族企业作为抵制西方经济渗透与商业扩张的手段这个课题并非始自张元济[1]，然而他热情地为经济现代化呼吁和对官僚资本主义的控诉，却表明了他对民族工业化的兴趣和理解。由此可以看出，张元济把商务印书馆（下文简称"商务"）当作终身事业并不仅仅是由于出版业是一种"文人的职业"。当然，他十分关注出版物，有了那些书刊杂志，就可以影响舆论并传播知识，况且他是有文化素养的，但同样关注作为一个企业的正常经营。现存的资料可以证明张元济要将商务发展为一个现代化的企业，由受过企业管理和现代会计专门训练的人员来经营。因此，他坚持领导者、高级职员的子女和至亲不应进入商务任职，是他率先劝阻自己的儿子进公司，他认为"新式企业不应传代"。[2]这种反对裙带风的坚定态度，直接针对当时中国企业界由来已久的传统做法，但也使他在商务的领导层中得罪了不少人。[3]他使商务在1906年成为股份有限公司，并在新设立的商部注册。

张元济的信件和日记一样，记载了大量关于制订促进销售的办法、购买新式机器和选送年轻技术人员出洋学习先进技术的事例。[4]他深入企业经营的每个环节，并对企业的成就

1　把民族企业作为现代化的手段的早期倡导者是郑观应、何启、王韬。他们被称为"绅士买办"，并具有浓厚西方化的背景。

2　张树年：《我与商务印书馆》，《商务印书馆馆史资料》（北京商务印书馆内部刊物）第6卷（1981年），页2—4。

3　《张元济书札》，页190—192、195。

4　同上书，页184—194。

感到自豪。

张元济一开始便是讲求实际的人，重实干而非空谈，因而在现代中国历史上所起的作用是少为人知的。他不是一个重要的政治人物，只有一次曾直接参与政治活动——清末戊戌变法。在昙花一现的变法初期曾受到光绪皇帝召见，这是他能影响最高决策层的"近日点"。然而他并不是一个为了替变革辩护而重新解释儒家哲学的精神领袖。尽管他在恪守传统伦理道德时绝不狭隘保守，但没有试图像康有为、谭嗣同那样提出一种完整和有系统的激进思想，也没有为推理出一套现代化的理论基础而煞费苦心。对他来说，变革和现代化是无法抗拒的自然规律——他是达尔文"适者生存"学说的信徒——这正是他的好友严复所大力宣传的学说。为了生存，中国需要剧烈的变革，这是无可辩驳的。他很少为自己选择的人生道路做任何解释。当康有为宣称在广州创办学堂是为中国培养现代化人才、梁启超在雄辩的社论和随笔中再三声言他的报纸是以现代思想唤醒民智的时候，张元济在参加商务印书馆时，却没有留下任何公开的记录以说明同样的崇高目的和意图。与此相似，几十年以后，王云五提出了数万言详细材料，说明他为什么和怎么样选择了追随蒋介石政府的道路，而张元济却没有直接声明或公开阐述他留在中国大陆的决定。

当然，留下大量著作的人往往会引起后来历史学家的注意。他们在某一时期中所起的作用，于当时发表的文章或长篇自传式的回忆录都得以阐明。此外，这些知名度较高的人物往往培养了一些忠实的门生，他们能撰写关于先师生平和思想的大量回忆文章、年谱和论文。相比之下，张元济留下的材料却是贫乏和不易为人所理解的。但这不应该成为研究他生平和事业的障碍。举例来说，尽管在他为自己所编纂的书籍撰写的大量序跋中没有公开强调个人的作用或目的，在董事会的演说中也从不奢谈民族主义和爱国主义，然而仔细分析商务印书馆各个不同时期出版的书籍和刊物，其出版方针的轮廓清晰可见。张元济对出版方针有决定性的影响力，可以从考察当时的决策机构和决策过程来作出评价。

此外，尚有不少张元济的私人手稿存世，其中主要是文章和诗篇。许多文章写于晚清，其中包括上呈光绪建议变法的奏折和上呈庆亲王的手折，还有不少是为刚设立不久的学部提出的详细计划。其余文章写于20世纪30年代后期，有社会政治的主题，其中一些曾刊载于商务印书馆出版的最重要的杂志——《东方杂志》。

张元济还留下几百首诗，这些诗并非文学家追求文字、音韵上的尽善尽美之作，而是为表达自己对一系列事件的情感和思想所作，许多是对国内外时局的评论。有一些曾在他的密友间流传。除了少数之外，他的诗作并未公开发表。

研究张元济的最好资料来源，是他写给友人和同事的大量信件,数量多达千余封,这些信件并无公之于众的意图,然而作为第一手材料,却有更高的价值。虽然他的信绝大多数是简洁的、并不动人的和业务性的,然而却揭示了他的内心世界。这比任何按事后的想法写出来的自传更有力和真实地解释了他一生中的许多"怎么样"和"为什么"。

张元济写有工作日记,其中重要的部分保存至今。它与大多数文人的日记全然不同,看上去好像是一部航海日志。日记的内容是记载他任商务经理时,每天收发邮件的详细记录,以及处理各项事务和协议的琐事。

通过收集张元济亲笔书写的各种资料,把它们与他知名的友人和同时代人物的年谱作仔细比较,对照关于他或商务印书馆的回忆录和原始史料,再把这一切放在已知的、有文献记载的社会、政治和文化史实的背景之下加以考察,对张元济的生平和事业的研究就有了十分充实和丰富的原材料。

像张元济这样的人物的生平和事业是值得研究的,因为他既是那一群体中的代表,而且在追求理想时,又比一般人更能贯彻始终。因此我着手为这位鲜为人知而又杰出的人物撰写传记。希望透过研究像张元济这样的人物,会更充分和全面理解现代中国重要转折时期的历史。

第一章

早年在广东和浙江的生活

——1867—1892

张元济在1867年10月25日生于广东省[1]。张的祖籍是浙江省海盐县，其家族以丰富的学识和科举考试的成就而远近闻名。张氏家族的声望可以上溯至明代，其时张氏数位先人在科举考试中取得卓著成绩，因而被授予较高的官职。然而，张氏家族更以收藏珍本古籍而著称。他们大多乐于较早地从官场退休，以便投身于古籍的校勘。张氏家族的私人藏书处"涉园"始建于1660年，收藏了珍本书籍和手稿。经过几代人的经营，到19世纪时，其收藏之精，吸引不少著名学者和研究者前往借阅，并以涉园的藏书作为校勘的底本。

藏书处及其别具一格的花园，成为学者、诗人聚会的胜地。张氏总是在这种风雅的文人聚会上担任主人的角色。然而太平天国运动给南方带来很大的破坏，在浙江尤甚。浙江一直是中国文化的重心，并且是科举应试者取得功名最多的一省，传统的经典教学十分普及，且以私人藏书著称。战争期间，不少藏书楼均遭焚毁，也打乱了浙江上层家庭青年的生活模式。接连不断的战争意味着宁静的、为功名而苦读诗书的生活难以为继。张氏的涉园也在这时期被毁。张元济一生中，耗费很多时间与力量试图重新收集涉园散佚的书籍。张元济的父亲，一个有抱负的年轻学者，也在这时逃离家乡。他南下广东，并在那里落了户。张元济出生的时候，他的父亲已成为这个南方边远省份的官员。张元济的童年便在广东

---

[1] 张元济的出生日期是一个有颇多争议的问题，即使他出生的年份在不同资料中也是不一致的，传统中国的"岁"更使事情复杂化了。本书采用的日期引自他的追悼会悼词，并经过他儿子确证。

平淡地度过，大部分时间用于学习传统的经典、历史和诗词，他同其他士大夫的子弟一样，忙于这流传千年的举业——通过科举考试这一"天职"。19世纪末，这种考试仍然是年轻人获得成功的主要途径。国家的英才仍然把学习经典和历史作为有效地统治中国的根本途径，对于一个国家来说，这无疑是一场悲剧，因为面对具有侵略性的西方国家，精通儒家经典的学人却成了无能的政治家和外交家。对于这些学人本身来说，也同样是悲剧。

西方列强对通商权的要求、强大的军事力量及完全不同的国际关系概念，使中国的学人们找不到应对挑战的办法。不管学者多么刻苦地钻研孔子哲学——它本质上是封闭、自给自足的农业社会的产物——而最终却是徒劳的。

张元济生于广东，直到十三岁才返回浙江。[1]他会说流利的广东话，后来在他的一生中，与广东籍的政界、商界人士均有很好的交往。在这形成自己品性的年岁里，他生活在中国南方这个省份，而西方的影响已在香港、广州一带逐渐加深，这也很可能是促使他后来的思想变得颇具近代意识的原因之一。在19世纪中叶（此时张元济在广东），中国曾两次被西方列强打败，签订了一系列不平等条约，并

---

[1] 据《张元济年谱》，张元济于1880年十三岁时返回海盐；张父逝于1882年。见张树年等编《张元济年谱》，《出版史料》，第3—4期合刊（1988年）。——译者注

有为数不少的西洋人出现在中国。同时，一些具有直接与西方侵略者打交道经验的中国学者和官吏，开始提出有限度的变革主张。当时，"自强"的口号颇为盛行。不妨假设张元济在广东的时候，很可能听到过一些关于变革和现代化的谈论。

然而，对于这个少年来说，最直接和最严重的问题莫过于他父亲的早逝。他与母亲返回故里后，家庭经济境况日趋艰难，而张元济当时最大的抱负是在科举考试中获得成功，进而取得一官半职。他接受的经典教育是全面的和扎实的，很早就已经显示出他在这方面的才能和希望。当父亲去世后，他通过教书、鬻文以维持生计。在那些岁月中，他常去寻访涉园废址，其时涉园已是"颓垣欲堕，途径没蓬蒿中，小池湮塞"，他浮想当年在此园中曾举行过的盛会[1]。他要发扬家庭的书香传统，期待着参加科举考试的一天。1884年，他以童子试第一名入县学，随即以童生资格去嘉兴府赴考，与兄长双双中举人，这是张元济晋身科举阶梯的第一步。此时，他不会考虑中国边缘省份的洋人问题，而中国的旧制度和法典表面上还十分稳固，使他还没有感觉到清帝国正在被远方来的力量冲击和动摇着。

1　涉园藏书的历史，参见《海盐张氏涉园丛刊》，载张元济《涉园序跋集录》（上海，1957年），页183—185。

第二章

初露头角的年轻京官

——1892—1898

年轻的总理衙门章京

张元济在传统的科举中可说是一帆风顺，反映出他的家学渊源和自身儒学训练的扎实。光绪皇帝大婚之年(1889)，他在特别的恩科乡试中中举，成为令人尊敬的举人。同年获得科第的还有广东新会青年学者梁启超。在传统社会中，同年获取科第的学者会维持一种特殊的友谊。因此，张元济和梁启超的亲密友谊关系历久不衰。1892年，张元济中了他渴慕已久的进士。这是他进入旧中国知识分子最高层的标志。

1892年5月26日，张元济与浙江学者蔡元培一起被选为"翰林院庶吉士"。[1]这个头衔仅仅给予进士中的学问卓著者，他们习惯上被称为"翰林"，享誉极高。后来，张元济和蔡元培在教育改革和出版事业上合作得非常密切。

同时，张元济作为年轻进士中的佼佼者，被任命为刑部主事，不久又任总理衙门章京。清政府实行任命进士为六部主事的政策，旨在使这批年轻的主事以自己的能力从京官阶梯的第一台阶开始，渐渐攀升。作为主事，要具备儒学政治理论和意识，还要渐渐熟悉行政部门的日常工作。对于张元济来说，最有意义的是获得总理衙门章京的职务——总理衙门这一所管理各国事务的机构是1861年在列强的压力下建立的。[2]该机构被外国人误解为一个成熟的"外交机构"，实际

---

1 郭廷以:《近代中国史事日志》卷二（台北，1963年），页850。

2 Meng S. M., *The Tsungliyamen: Its Organization and Functions* (East Asian Research Center), Harvard University, 1962. 该书对总理衙门有详尽和全面的研究。

它备受保守派轻视。在保守派眼里，总理各国事务衙门只是扮演清廷与列强之间的缓冲角色。在这样暧昧的情况下，总理衙门仅维持了四十年(1861—1901)。

张元济为什么被选中到总理衙门去供职，是一个值得琢磨的问题。按照首任总理衙门大臣恭亲王和他的幕僚的决定，总理衙门可以在任何时候从推荐给他们的六部主事中吸收新成员。规定所推荐的章京须有很高的学术水平，要通过总理衙门大臣主持的特别考试，才能到总理衙门任职。因此，张元济在入选前，必然对外国事务有兴趣，并精通与外国事务有关的知识。另一个原因可能与其家庭有关，张元济的第一个妻子很年轻就死去，在1892年，即他取得进士那年，张元济已经是鳏夫。许庚身(1894年去世)[1]是高级的一品京官，对张元济的学问印象很深，并把他的女儿许配给他。许庚身从1884年—1894年任总理各国事务衙门大臣，是总理衙门历史上任职最久的人，而且同时一直担任军机大臣的要职。这也许可以解释张元济进入总理衙门的原因。

张元济进入总理衙门的原因不能完全确定，但是他由于职责的需要而越来越熟悉外国事务，并学习了许多外交基本法规，这是没有疑问的。后来，这一职位也给他一个机会让他意识到中国在面对列强时，外交上是何等可悲软弱。他给上海挚友汪康年(1860—1911)的书信中，常常提及中国处理对

---

[1] 许庚身是张元济会试的评卷官，阅张元济卷，很欣赏，有招赘之意，1894年1月8日许庚身病卒。张元济与许夫人结婚是在1895年4月。参见《出版史料》，第3、4期合刊(1989年)。——译者注

外事务的内幕消息,经常悲叹中国在处理外务时缺乏机智和应变的手段。[1]作为总理衙门章京,他还了解现代学校、铁路、采矿、船舶制造、电报、邮电设施,甚至向国外派遣留学生等各项事务。

事实上,尽管总理衙门不是一个成熟的外国事务机构,不能对处理外交事务有决定性的影响,却不得不处理所有被认为是"外国的""西方的"或"新的"事务。Meng S. M.甚至把总理衙门的性质描述为:"作为中国处理整个对外事务的唯一官方组织,它像打开的一扇门,西方文明能够正式地通过这扇门进入这个古老和落后的帝国"。[2]有人认为各省总督做了点点滴滴的西化努力,而总理衙门无疑可以成为国家负责制定现代化政策的中心。张元济较为自由和进步的观念正是建立在这个时期对中西关系的理解上。若干年后,即1902年,张元济创办中国第一份有关外交事务的正规报刊《外交报》,[3]他通过自己个人的努力在知识界中传播国际关系的知识。他对中国外交关系和世界政治的知识和兴趣,大体上可以追溯到他在总理衙门供职的那些年头。他一生对经世致用学问和现代教育的兴趣,关于铁路、采矿、畜牧业和各种致用知识都可以追溯到早年他与这个政府部门的联系。许多外国的概念和现代知识正是通过这一机构传送到中国各地。

---

1 《汪穰卿先生师友手札》卷二十四,手稿,上海图书馆藏。

2 Meng S. M., *The Tsungliyamen: Its Organization and Functions* (East Asian Research Center), Harvard University, 1962.

3 有关《外交报》的详细内容参见本书第五章。

甲午战争和维新运动

中国在1894年惨败于日本，这是张元济一生的转折点。中国被昔日的附属国打得一败涂地，这对每个有思想的中国人来说，都是一次巨大的震动。据传统看法，日本是被"天朝"保护的，直至19世纪中叶，中国和日本还在同一条船上：彼此都是西方列强侵略的受害者。列强用炮舰支持他们的贸易权要求，两国都不得不签订一连串的不平等条约。1868年日本推行明治维新，开始在政治上、社会上和经济上实行激烈的变革。结果日本建立一个议会政府，经济和军事力量发展可观，使其在不到三十年间一跃而成为一个西方式的帝国主义强国。甲午战争日方获胜就是明治维新成功的最有力证据。中国遭到惨败的打击，对于许多知识分子来说，是"睁开了双眼"，对现实有了清醒的认识。张元济记述当时情况，"大家从睡梦中醒过来"。[1]这批杰出的人物、士大夫总是把自己视为民族的良知。他们受过高等的教育，享有公众的尊敬和政府的赏识，这群人因此理所当然地以国家引领者自居，并被"兼济天下""以天下为己任"的思想所感召，年轻的学者投入和组织了一场巨大的爱国自救运动。他们企图寻找导致中国衰弱的弊政，渴望通过种种进步措施和改革方案让中国在西方帝国主义侵略面前重振国威。许多学者也努力拓展自己的眼界，使自己在固有的儒学知识之外更多地了解外面的

---

[1] 张元济：《戊戌政变的回忆》，《新建设》（北京），第1卷第3期（1950年），页17—20。

世界和现代知识。张元济的好朋友梁启超和蔡元培就是很好的例子，他们的日记分别记述了1895年的震动，由于感到传统儒家经典的不足，蔡元培第一次贪婪地阅读各种译著。[1]试图掌握现代知识的同时，这些年轻学者仍然继续推行修身这个儒家传统，为实现治国平天下的崇高目标作好准备。[2]

然而，从修身到平天下是一条漫长的道路，而政治形势的发展却鼓励一种更为直接的行动。日本的全面胜利又迫使中国接受一些史无前例的苛刻条款，使这个天朝大国再度蒙受极大的伤害。《马关条约》(1895)规定日本在朝鲜有特权、割让台湾和澎湖列岛、允许日本在中国享有与西方列强一样的最惠国待遇，并给日本一笔令人吃惊的巨额赔款。在爱国知识分子眼里，李鸿章(1823—1901)作为全权代表签署了《马关条约》，无疑是把中国利益出卖殆尽的卖国贼，应当受到严惩。恰巧此时北京城正有一大批从外地来京的学者参加三年一次的会试，紧张的政治形势和外来的危机激发了许多外省的举子投入了这场运动。领导者是毁誉参半的广东学者康有为。康氏十年来一直是社会和政治改革的积极倡导者，早在1888年他就上书皇帝请求推进全面改革。康有为重新解释儒家经典，在《孔子改制考》中说，孔子本人也是改革家，他所撰写的经典也是为托古改制而作。1894年，康氏的书由于攻击古文经学家的见解而遭禁。到了1895年，康有为已成为著名

1　《蔡元培自传》,《传记文学》(台北)，第22卷 (1978年)，页52。
2　儒家所规定的自我修养的最终目标是为了平天下，"修身、齐家、治国、平天下"。

的激进改革家。几年前,他曾在广州建立一所学校"万木草堂",传播儒学的新理论和变革的思想,学生中最著名的是梁启超。1895年他们共同组织大规模的"公车上书"行动以反对《马关条约》条款。康有为起草的"万言书"得到了1200位赴京会试举人的签名。[1]虽然请愿行动对《马关条约》的签订没有产生任何影响,所提出关于政治和军事改革的要求政府也未予考虑,梁启超评价这场行动是"为共和政府而跨出的第一步",这颇为夸大牵强,[2]但不能否认的是学者愤激和受挫的爱国主义热情正鼓励更多人投身积极的政治活动中。许多人进一步为"强国"提出各种建议。民族危机使人们对这个软弱腐败的政府日益不满,他们渐渐要求分享更多政治权力。

一个重要的趋势是爱国学者成立了为数众多的学会,这些学会实际上是政治团体的雏形。虽然这些团体通常是学习西方的专门知识,但最终目标是将这些知识应用于一系列的政治改革。这些团体必然会讨论和交流新的观念。为了进一步传播"新学"和改革的观点,他们转向发行报刊,其中最著名的例子是1895年8月至9月在北京成立的"强学会",[3]学会在上海和其他主要城市也成立了分支机构。强学会的财政支

---

[1] 康有为宣称有1200位签名者也许有点言过其实。这个数字见于他的《自编年谱》。引自 Lo Jung-panged., *Kang You-wei: A Biography and a Symposium* (Tuscon, 1967), pp.63-65。然而汤志钧的《戊戌变法人物传稿》卷二(北京,1979年,页295—334)有一份参加请愿者的签名名单,仅仅只有602名。这明显的差异也可以解释为许多签名者后来因为听说《马关条约》已经签署,因此撤销了原来签名这一事实。

[2] 梁启超:《三十自述》,《饮冰室文集》第三十六(上海,1925年)。

[3] M. E. Cameron, *The Reform Movement in China* 1898—1912(Stanford, 1931),该书简单地称强学会为"改革俱乐部"。

持者和领导人中，有不少有名官员，如张之洞(1837—1909)、袁世凯(1859—1916)和孙家鼐(1827—1909)，还有李提摩太(1845—1919)、李佳白(1857—1927)等外国传教士。学会的杂志最早称《万国公报》，后来改名《中外纪闻》，[1]由梁启超主编——他那流利的新闻报道文体深受青年人喜爱。强学会的报章与政府官报一起免费分发。

尽管强学会表面上看来非常强大，且影响广泛，但在几个月后却突然解散了。1895年12月，李鸿章的一个任御史的保守派亲戚杨崇伊上疏抨击强学会"结党营私，《中外纪闻》按户销售，以毁誉为要挟，请旨严禁"，[2]学会的主要创办人之一文廷式(1856—1904)也被指责为"遇事生风，常于松筠庵广集同类，互相标榜，议论时政，联名入奏"，[3]这些指控招致了强学会于1896年1月遭查禁。同年3月文廷式被削职流放，这标志着改革派的一次重大挫折。

张元济的角色

张元济在1895年至1896年的初期改革运动中究竟扮演

---

1 有关强学会正式出版物的细节可参阅：R. S. Britton, *The Chinese Periodical Press 1800—1912* (Shanghai, 1933), p.91；戈公振：《中国报学史》(上海，1927年)，页123—124。

2 汤志钧：《杨崇伊传》，载《戊戌变法人物传稿》，页231—232。杨氏是同时任监察御史和翰林院的编修。他的儿子娶了李鸿章的女儿，可以相信杨氏早已列出了与李鸿章不睦者的黑名单，并伺机控告他们。

3 文廷式和光绪皇帝的关系非常密切。他是珍妃的教师和亲信，又是有名的清流派，文学成就卓著，与光绪皇帝的私人教师翁同龢关系密切，人所共知。文廷式不断主张光绪皇帝应采用强硬手段来对付慈禧太后。他被流放一般被认为是"后党"的一次突袭。

了怎样的角色呢?他与一大批强学会成员保持密切的接触,这一点是很清楚的。他们经常聚会,讨论时局,研究如何进行改革,但张元济强调他们没有成立任何正式团体。他曾记述自己在甲午战争时期的经历:

> 这就是甲午中日战争,结果我们被日本打败。大家从睡梦中醒过来,觉得不能不改革了。丙申年前后,[1]我们一部分京官常常在陶然亭聚会,谈论朝政。参加的一共有数十人,当时并没有会的名称,只是每隔几天聚会谈谈而已。在一起聚会的人我现在记得有文廷式……那时候康有为还不在北京。[2]

在一系列有关1898年维新运动的诗跋中,他提供了这些事实的细节:

> 到者多一时名下,然毫无组织,其中亦有奔走权门者。党会二字当时视如蛇蝎,闻见既歧,趋向各异,未几星散。[3]

---

[1] "丙申"实际上是1896年,但他描述的这些事情显然发生在1895年。许多张元济的同伴在1895年8月至9月加入强学会,因此他不能在1895年8月仍说"没有会的名称"。此外,张元济提到文廷式是他们中的成员,而文是在1896年3月被流放的。

[2] 另一个与事实不符之处是,1895年至1896年康有为正频繁地出入北京,1895年4月他在北京参加殿试和组织请愿。1895年8月至9月,他去北京加入刚成立不久的强学会。由于回忆于半个世纪之后,因此张元济所说的日期很可能不精确。再说,"丙申前后"可以指一年的前后。事实上,张元济关于非正式组织的描述与这批学者中的清流派未正式结成紧密的学会之前的情况是完全吻合的。张元济本人绝没有参加强学会,成员名单中没有他的名字。

[3] 张元济:《追述戊戌政变杂咏》,第6首诗注。

从上述两则材料中，可以清楚地看出张元济与那些志趣相投的学人曾频繁地参与政治性聚会。正像石约翰(John E. Schrecker)所指出：年轻学人在权力中心外组织起来向政府施加压力，要求改革，这种活动恰是按照优良的清议传统而行。[1]甲午战争的惨败使这批青年人和底层士大夫深信中国必须改革。他们最初要使国家强盛的真诚愿望渐渐地掺入了取得更多的政治权力的要求。然而掌握着权力的保守派高级官员拒绝改革。这样清议派便无可避免地成为政治上的反对势力。因此，清政府才严厉禁止任何派系的活动，也开始禁止学会组织。这一点可以解释张元济为什么尽管与这批人保持着密切关系，但始终未加入强学会。他们举行聚会的地点是松筠庵，坐落在北京城外西南，清议派选择这里可能是因为这个地点不引人注意。由于陶然亭就在山顶，此处可将整个城市尽收眼底，有一种激励人心的意义。松筠庵是为了纪念反对蒙古人统治的明朝爱国者而建造的，因此对于学者就更有特殊的历史和民族意义。恰巧1894年康有为也选择了这一地点组织"公车上书"。后来，不同时期的革命者如孙中山和李大钊(1889—1927)也把陶然亭作为他们各种秘密政治集会的地点。

对强学会的禁令给予改革者一个打击，但这个禁令并未能减弱他们的精神力量，他们甚至设法创办一个"官书局"，经费就是来自强学会上海分会的余款，而组织学会、建立学

1　John E. Schrecker, *"The Reform Movement of 1898, the 'Ching-i' Reform as Opposition"*, 载于 P. A. Cohen 和J. E. Schrecker 等编, *Reform in Nineteenth Century China* (Harvard, 1976), pp.289-305.

校和创办报刊的浪潮正在不断扩展。一方面，学会表面上是组织学者一起学习理论和实用知识的团体，但追求政治改革是他们的最终目标；另一方面，学校成为他们宣传改革思想的重要基地，也是培养新生力量的训练中心。报刊是传播变革和改良思想的工具，以利于为改革者制造舆论和时机。1895年，由于面对外国的侵略势力，学会、学校和报纸蓬勃发展。签订《马关条约》之后的岁月里，他们亲眼看见帝国主义列强争夺租借地，孤立无援的中国败于日本，使列强更虎视眈眈，争先恐后要求筑路、采矿、建立海军基地和港口，乃至划分势力范围。法国和英国在云南和广西发生冲突，而俄国、德国和英国又在山东和辽东对抗，给东北带来一系列危机。中国面临被瓜分的危险，国家主权遭到有史以来最大的威胁。一连串民族危机动摇国家的根基，激励着有良心的学者去寻找解救之路。在强学会被查禁之后，至少有七十三个社团迅速创立和发展起来[1]。其中有许多社团创办自己的出版物，有一些还办起了自己的学校。

张元济是这群企图通过类似活动来寻找救国之路的人物之一，他看到了西方富强的基础在于现代知识的优越性，同时代的改革者仅仅对学习西方军事和一些诸如采矿、造船等实用技艺感兴趣，而且强调"中学为体"，但张元济比他们前进了一步，了解了西方一些学科，如地理、农业、商业、自然科学、天文和技术等学科的优越性。他不但认为应当有更多

---

[1] 王尔敏：《中国近代政治思想史论》（台北，1977年），页40。

中国人去学习所有这些科目，而且自己身体力行尝试学习其中一些知识。由于当时西方译著非常少，他决定自己学英语。对于一个埋头于传统经典的成功学者来说，这是极其具有革命性的一步。他早在1896年就在一位家庭教师的辅导下开始学习英语，此后着手成立一个小社团，并建立一个现代学堂。

1896年6月8日他给密友汪康年的信中，讨论学习英语和新学科的兴趣："今之自强之道，自以兴学为先。科举不改，转移难望，吾辈不操尺寸，惟有以身先之，逢人说法。能醒悟一人，即能救一人。……英文已习数月，仅识数千字，而尚难贯通。"[1]

值得注意的是张元济采用的方法和手段不像康有为、梁启超那样带有政治性。他只是试图以自己为榜样去劝告别人，而不是依靠群众性的组织、宣传和运动；他试图通过建立现代学校和学习外语作为解决使中国走向现代化这一问题的基础，但这无疑是一个相当缓慢的进程。他仅希望维持一个低调的状态，以免使学校引起保守派的任何怀疑和猜忌。在他看来，强学会的例子是前车之鉴——虽然强学会最初很令人注目，但因为引起保守派的反对，所有努力瞬间付诸东流。1897年1月16日他给汪康年的信是这样写的："学习英文尚无所得，弟亦不觉其难，现同志日益。愿来学者已有二十余人。明年[2]拟于天津聘一教习。……学舍亦已赁妥……酌定章程数十条。"[3]

这个学校就简单地命名"西学堂"，学生大都是在京的

1　《汪康年师友书札》卷二十四。
2　1897年1月16日为阴历十二月，所以"明年"实是指"下一个月"。
3　张元济致汪康年函，1897年1月16日，载《汪康年师友书札》卷二十四。

政府官员或士绅官员家庭的子弟,[1]初期教授英语、天文和地理,当英语达到一定程度后,就可以选择不同的课程,如军事、农业、商业、矿物学或一般科技,或者让他们学习另一些外国语,如法语、俄语、德语或日语。

尽管西学堂表面上是学术性的,但救亡这一终极目标却不会被忘掉。张元济的政治设想是明显的,而又不裸露痕迹,它以一种建设性而非批判性的方式表达,以便减少保守势力的猜忌。起初,西学堂也以一个学术性社团的面貌出现,以"强学小会"或者"自强研究小社"为名。那时期在澳门出版的报纸上,康有为的弟弟康广仁[2]把学会的口号制订为"发愤时难,绸缪世用",并特别强调寻求实用知识和学习外语。

值得注意的是当时报刊不断使用"强学小会"名称时,张元济总是简单地称之为"西学堂"。相比之下,西学堂这个名称的政治色彩较弱,因此不会对保守势力构成威胁。"学校"只是传播知识,而"学会"往往意味着集会活动并有特殊政治目的。"强学"一名,无论如何总意味着与保守势力对抗。强学会没有多久就被查禁,显然是不符合慈禧太后的要求。事实上,张元济给汪康年的信就提到建立学校而非组织政治团体的理由:"强学覆辙不远,一切概从静晦,想不致有意外也。"[3]

由于澳门报纸由康广仁掌握,他把张元济的学堂称为

---

1 张元济:《为设立通艺学堂呈总理各国事务衙门文》,1897年9月20日,手稿,上海图书馆藏。

2 "强学小会"见于1897年5月31日《知新报》的一篇特写及王尔敏:《晚清政治思想史论》(台北,1976年),页135—140。两则材料都提到张元济是该会的领导人。

3 张元济致汪康年函,1897年1月16日,载《汪康年师友书札》。

"强学小会",也许是为了替康有为领导的激进改革派作宣传。

尽管学堂有这一别名,张元济仍然得到总理衙门的赞助、认可和支持。总理衙门众多任务之一就是鼓励和监督全国的新式学校。虽然清政府对于政治改革的必要性认识不足,犹豫不决,但对于现代知识和西学的需要却不能不面对。1895年1月,圣旨鼓励官员和士绅筹集他们自己的资金用来创办现代学堂。但政府在全国施行推广现代教育的方针上却缺乏连续性。于是像张元济那样热情的教育改革家只有负起实质推行的责任。正由于清政府对现代学校没有全面的计划和基本的政策,张元济不得不通过请愿和交涉使他的学生和下属能获得较重要的地位和职务晋升的机会。

1897年9月,张元济为其现代学堂找到一个坚实的立足点。他把"西学堂"的名字改为"通艺学堂",这样就把广泛的西学目标变为更专门的目标。学堂章程对选择这个新校名作了如下的解释:

> 国子之教,六艺是职。艺可从政,渊源圣门。故此学堂,名曰"通艺"。[1]

这个名称与现代实用课程十分贴切,却又不违背传统儒学信条,选定了这个新校名之后,张元济就呈文总理衙门。[2]

---

[1] 张元济:《通艺学堂章程》,手稿,上海图书馆藏,又提到"通艺学堂"之名是好友严复所提议的。参见张元济《戊戌政变的回忆》。

[2] 张元济:《为设立通艺学堂呈总理各国事务衙门文》,1897年9月20日,手稿,上海图书馆藏。

他的主要目的是为了得到官方的认可，使学堂能得到社会地位和政府有限的资助。他要求通艺学堂能享受政府官办译学堂和公署的同等待遇。因为只有这样，他的学生才可能获得总理衙门的课考资格，以便他们得到正式的官方职位——通常是从事外交工作或从事种种现代化的计划。显然良好的就业机会对有事业心和有能力的年轻人进入通艺学堂是一种鼓励。

就在同一份呈文中，张元济为了鼓励学堂的教师，还设想一个让教师获得晋升的计划：经过三年良好的教育工作后，凡已有官职的教师可以提升一级，无官职的教师经过六年的勤恳工作后，将获得任地方官的合格候选人资格。张元济提到这个计划是模仿政府在俄罗斯语言局实行的方案。然而呈文还说明要选择一些既懂外文又通晓现代科目的教师并非易事。早在1897年，张元济就写信给在上海的朋友汪康年，请他在当地物色一位有相当地位的人来学堂任"总教习"，并允诺每年薪金为五百元，尽管当时筹措经费还有很大困难。[1]经过长时间的寻觅，张元济终于发现一位合适的人选，每年要付出两千元的巨额报酬："敝馆教习已请定，系由严又陵经手，由伦敦聘来，每岁修金二千两。……弟本不欲办，且经费并未充裕。"[2]

这封信的日期是1898年1月13日，可见寻找合适教习人

---

1 张元济致汪康年函，载《汪康年师友书札》卷二十四。
2 同上。

选的工作几乎持续一年之久。事实上，当张元济提交呈文时，学堂还没有找到这位总教习。光绪的批复[1]十分令人鼓舞，允准所请各项，并称赞学堂在"外交事关紧要，尤需合适人才"之际，起到"认真造就各项人才，注意时事"的作用。于是，通艺学堂享有与政府所办译学馆同样的地位，持有其推荐书之师生皆可参加总理衙门的考试，成为他们将来进入政府机构的敲门砖。

张元济从1892年成功通过殿试到1898年戊戌政变，一直担任刑部主事和总理衙门章京，两者之中，后者明显地给了他许多挑战和机会，他在那里也花去了大部分工作时间。在此期间给汪康年的28封信中，他经常提到总理衙门的工作，特别是有关租界争议的外交问题和种种见闻，而没有一次谈到刑部的工作。在甲午战争后，张元济的主要精力放在把西方知识和现代教育传入中国上。在给汪康年的信中几乎没有一封不涉及这一主题。通艺学堂创办之后，张元济不断写信到上海，要求朋友为他代购世界地图、一般科学教科书、天文图识、百鸟图识、植物图识和日本语法书等，还要求得到所有上海书店的各种有关图书目录。当他注意到学生要通晓时事时，他又写信给上海的朋友，要求得到进步的改革报刊，包括《湘学报》等。

从他的通信和为通艺学堂事呈文总理衙门的语气中可以看到，他把学堂视为自己最重要的功绩和成就，并引以为豪。

---

[1] 朱寿明编：《光绪朝东华录》(台北重印本，1960年)，页3990。

他对这所旨在训练现代技艺人员和见闻广博的外交人员的学堂寄予很高的期望——这两种人才在渐进的"救国"事业中都将起一定的作用。他成功地创立这所提供广泛和实用课程的学校,并进而成功地吸引一批受过良好教育的年轻人作为学生。学堂那颇有政治和激进色彩的别名"强学小会"却用得很少。甚至御史杨崇伊——强学会宿敌——的儿子也成为通艺学堂的学生。[1]这些事实说明:在非官方控制的状况下从事介绍西学并非不可能,何况慈禧太后及其幕僚也不是对中国的需要全然无知。只有当改革足以成为官方权力机构的威胁时,才会招致迅速地禁制。而像张元济那样默默无闻、低调地从事教育事业的,不但会得到默许,甚至还会受到鼓励。张元济曾写信给汪康年鼓励他在上海也创办一所类似的学校,指出对中国的进步而言,这是最有成效的办法。

诚然,张元济因为他对现代科学和教育的知识与热情而闻名,同时,年轻的光绪皇帝也感到为了使中国繁荣,他自己也需要通晓现代知识。

光绪颁旨给总理衙门,要求介绍一些"新书",有时也指定要看哪些专题。[2]由于张元济是芸芸章京中唯一既懂得英文又读过许多"新书"的人,因此为皇帝找书的任务就交给他了。接受这一特殊任务,张元济无疑是非常高兴的。他在半个世纪后的1952年的回忆中,把这一情节生动地写在一首诗中:

---

[1] 张元济:《戊戌政变的回忆》,《新建设》(北京),第1卷第3期(1950年)。
[2] 令人感兴趣的是,许多历史学家追溯光绪皇帝的"意识觉醒",都认为是在康有为谒见他的1898年秋天。按照张元济的回忆,光绪皇帝对"新书"的兴趣显然要早于这个日期。

天禄石渠非所眷，喜从海客听瀛谈。

丹毫不厌频挥翰，诏进新书日再三。[1]

诗的下面是作者所写的一段解释："德宗喜读新书，尝以朱笔开列书单，交总署购进，署中均以委余。时都中书店新书极缺，余因以箧中所有，并向知友乞假，凑集进呈，寒俭可哂。"

作为一个实例，张元济提到皇帝曾特别问到黄遵宪（1848—1905）有关日本历史和宪政的四十册著作《日本国志》[2]。这本书在1898年的维新时期非常流行，因为许多中国改革家都期望以日本为榜样，从中找寻各种救国之道。经过颇长时间的查找，张元济终于得到这本书，并把它呈献给皇帝。

张元济很可能满足于默默无闻的工作：扩大通艺学堂和继续为皇帝提供新书。但迅速变化的国内外政治形势，不久就把激进的改革者推到历史舞台上。年轻的光绪皇帝目睹中国的衰弱而感到苦恼，渴望一试自己的力量，以反对独揽大权的慈禧太后和包围着她的保守派官员，于是决定接受激进派的建议，推行一系列全面的改革纲领。张元济也深深地被卷入1898年的事件，时代的潮流将他从奉行了多年的稳健派行列中拉了出来。

---

[1] 张元济：《追述戊戌政变杂咏》，第3首诗。
[2] 黄遵宪的书是一部有关日本历史的学术研究著作。这本书在1898年那些奉日本为楷模的改革者中相当流行。光绪皇帝读过此书后留下深刻的印象，无疑对他所抱的希望是一种鼓舞。他希望在中国实行一系列类似日本的西方化改革，进而获得成果。他在1898年6月和8月曾召见过黄遵宪，并任命其为驻日公使。

第三章

张元济和百日维新

——1898

皇帝的召见

1898年夏，北京宫廷正酝酿一场巨大的政治变革。年轻的光绪皇帝面对中日甲午战争失败而引发的外国侵略和瓜分，急不可待地施行大规模的改革。他的支持者和心腹助手，包括老师翁同龢(1830—1904)，都鼓励他制定一系列新的国家政策，以使衰弱的王朝恢复元气。在改变旧制度和成立新部门的过程中，慈禧太后所控制的顽固势力不免被动摇甚至被铲除。尽管年老的慈禧太后名义上退居颐和园，但实际上仍通过太监、皇族和亲手拔擢的顽固派官吏行使着政治权力。从上一章可以看到，强学会被查禁正是后党势力的一个明证。光绪皇帝和支持者深知顽固派的力量以及触怒慈禧会带来的危险后果，但他们感到局势已迫在眉睫，不得不孤注一掷，一方面是为国运，另一方面是为自己的政治前途。百日维新是多年来像康有为那样激进的学者和中下级官员所组织的政治活动的高潮。公车上书、组织爱国学会、刊行改革报纸的宣传工作在士绅阶层中成功地发挥舆论力量，终于达到了引起光绪重视的目的。

光绪6月11日的诏书，通常称为《明定国是诏》，一般认为是戊戌变法开始的标志。他大胆地声明："今日时局如此，国势如此……""国是不定则号令不行。"[1]这是他对保守派主张的中庸之道和恪守祖训的一种公开藐视，也是对慈禧太后

---

1 《大清德宗景帝实录》卷六（台湾，1964年），页3814。

的间接挑战。精明的慈禧意识到当时的政治气候,要求维新改革的不仅是部分京官,甚至包括不少有力量的省总督。她耐心地观望和等待。光绪皇帝最紧迫的问题之一是找寻合适的新人以实施他的计划,然而清朝传统的皇族家规禁止皇帝接见四品以下官员,而高级官员又多是慈禧和旧制度的忠实支持者。在这种情况下,光绪在改革纲领的实施中几乎只能全部依靠下级官员了。研究百日维新的史家有这样的评论:变法失败的部分原因,是由于改革仅由一群缺乏经验而又无视政治现实的理想主义者所推动。[1]这说法没错,但是必须记住:光绪当时得不到许多具有改革意识的高级官员的支持。事实上,他的忠实老师,军机大臣兼户部尚书翁同龢,早在运动开始不久就被解了职。另一方面,低级官员和青年学者总提倡罢免腐败无能的官吏,起用有学术造诣和正直的青年爱国官员。事实上,这正是传统学术界的反对派——清流派的主旨。前一章已经提到,清流派是提倡中国改革的先行者。1895年后,许多清流派的人都加入强学会和其他学会。石约翰(John E.Schrecker)认为:"后期的清流力量大都与反对后党的所谓帝党结合在一起",[2]这种说法在仔细核实各种可以找到的名单后得到确定。光绪不得不在这批人中选择他的顾问和新的行政官员,因为他们的抱负和观点与他的一致。

变法伊始,新人就得到擢用。在颁布《明定国是诏》的两

---

[1] M.E. Cameron, *The Reform Movement in China 1898—1912*, Stanford, 1931, pp.50-51.

[2] John E. Schrecker, *The Reform Movement of 1898*, 载P. A. Cohen 编 *Reform in Nineteenth Century China*, p.293.

天后，翰林院编修徐致靖向皇帝上奏主张废除对召见低级官员的传统禁律，鼓励他无视那严格的资历规定："苟欲变法，必广求湛深实学、博通时务之人而用之。"[1]他向皇帝荐举了五位可以信赖的人，他们是康有为、张元济、黄遵宪、谭嗣同和梁启超。前四人都是低级官员，而梁启超尚无任何官职。关于张元济，他写道："刑部主事张元济现充总理衙门章京，熟于治法，留心学校，办事切实，劳苦不辞。在京师创设通艺学堂，集京官大员子弟讲求实学，日见精详。"[2]因此，张元济主要是作为一个将现代实学引进中国并已取得初步成就的出色教育家被荐举给光绪皇帝。他的学校是提供执行未来改革计划的合适人选的人才库。光绪在徐致靖荐举之前是否知道张元济尚不清楚，比较起来，其余四人都是非常有名的。康有为已向皇帝上过七个奏折，他坚忍不拔地使自己的思想和主张被最高的权力阶层所了解，他的名字已与改革和进步联系在一起。黄遵宪有关日本的学术著作《日本国志》是当时同类著作中最权威的一部。如第二章所述，光绪曾指名要求读他的书。谭嗣同是湖南最有名的青年改革家。梁启超雄辩滔滔而活泼的文体已是闻名全国。

光绪后来召见他们并授予官衔。同时，他迅速下令康有为和张元济在三天后等候召见。

1898年6月16日的召见被历史学家视为重要的里程碑，

1　徐致靖：《保荐通达时务人才折》，1898年6月13日，载《大清德宗景帝实录》，页3815。
2　同上。

因为这是光绪第一次召见这样低级的官员，并且事先说明是为了要制定改革政策。这次召见开了百日维新中重用新人的先河。康有为在自传中详细和生动地记载了这次召见，[1]他的记述广泛流传，不仅为同代人也为后代历史学家所接受。据说这次不同寻常的面圣竟历时超过"十刻钟"（两个半小时）之久，而且，康有为与光绪详细讨论中国现代化的问题。康有为的记述不仅被梁启超等忠实弟子所引证，而且也被正史《清史稿》所接受。据我所知，直至现在，无论外国或中国的史学家，都未正式对康有为6月16日被召见的记载提出过任何疑问。张元济在同一天被召见的事实清楚地记载在光绪皇帝的《实录》上，但康有为在自传中却只字未提及张元济。因此，张元济有关那一天的记载是非常令人感兴趣的：

> 二十八日（即1898年6月16日）天还没有亮，我们就到西苑，坐在朝房里等候。当日在朝房的有五人，荣禄、二位放到外省去做知府的、康有为和我。荣禄架子十足，摆出很尊严的样子。康有为在朝房里和他大谈变法，历时甚久，荣禄只是唯唯诺诺，不置可否。召见时二位新知府先依次进去，出来后太监传唤康有为进去。大约一刻钟光景，康先生出来，我第四个进去，在勤政殿旁边一个小屋子里召见（这个殿现在已经完全改变样子，看不出了）。光绪坐在上面，前面放扎着黄桌帏的一

1　Lo Jung-pang（罗荣邦），*Kang You-Wei: A Biography and A Symposium*, pp.93-99.

张书桌,光绪也穿着衣冠。我进去后跪在桌子旁边,当时屋子里没有第三个人。只有一君一臣相对,太监留在门外,不能进内。

当时滇越边境发生划界的争执,光绪对我说:"我们如果派人到云南去,要二个月才会走到,但外国人只要十天八天就会到达。我们中国道路不通,一切落后,什么事都赶不上外国。怎么好和人家办交涉呢?"[1]

按照张元济的回忆,这时皇帝提到保守派反对他的现代化计划,并对此十分感叹。他继续详细地询问张元济关于通艺学堂的情况。最后,张元济写下了他自己对皇帝的印象:"问话语气极为温和,看他面貌殊欠刚健。"[2]

尽管张元济所记的主要的内容是自己和光绪皇帝的首次会见,并无许多关于康有为的叙述,然而这里与康有为自传中最大的矛盾是,在张元济的回忆中,康有为面圣的时间相当短暂。张元济似乎没有理由试图缩短康有为的面圣时间,显然是康有为的记载有夸大之处。张元济这里并没有特别强调这时间上的差距,但对于熟稔的朋友,他曾直截了当地指出康有为故意夸张。一位同年举人曾把一份《清史稿》的《康有为传》的手稿送呈张元济,请他评论,[3]在文中"自晨入、日昃始退"一行上面,张元济简洁地在空白处加了眉批:"并无

---

1 张元济:《戊戌政变的回忆》,《新建设》(北京),第1卷第3期(1950年),页17。
2 同上。
3 1929年,张元济的同年举人汪兆镛曾送一份康有为传的抄本要他评论。

其事。元济是日同被召见，康先入，不过十余分钟，即退出。"

我们暂时没有旁证支持张元济的说法，但可以立此存照，作为一份有助于理解百日维新中康有为作用的补充记载。

按照张元济的评论，皇帝似乎"殊欠刚健"，可能有怀疑论者会指出，由于这一评论是在半个世纪之后的回忆，所以张元济才可以那么明智和有远见。但是另一些有价值的文件证明了在最初阶段张元济对改革的态度。张元济在一封给他的朋友汪康年的私人信函中，写下自己最近面圣的情况：

> 弟四月廿八日召见，约半钟之久。今上有心变法，但力似未足。询词约数十语，旧党之阻挠，八股试帖之无用，部议之因循扞格，大臣之不明新学。（讲西学人太少，言之三次）上皆言之，可见其胸有成竹矣。不过近来举动，毫无步骤，绝非善象。弟恐回力终不久，但不知大小若何耳。[1]

这封值得注意的信的日期是六月初九（1898年7月27日）——正是面圣后的一个月。这说明即使在最初阶段，张元济对光绪的改革计划就有点半信半疑，并准确地预计顽固保守派会很快"回力"。

在另一封写给沈曾植——同年改革家、张之洞的幕僚的信函中，张元济对他描述了光绪的召见，用的也是同样的

---

[1] 张元济致汪康年函，载《汪康年师友书札》卷二十四。

语调：

> 济前者入觐，约两刻许，玉音垂问，仅三十余言……济随时敷陈，首请坚定立志，勿淆异说……天颜甚霁，不自觉言之冗长，当时默窥圣意，似蒙听纳，然见诸施行，乃仍空还题面。[1]

尽管作为一个低级官员而能获皇帝召见的殊荣，但张元济并未被这殊荣冲昏头脑而对改革计划抱有不切实际的幻想。他那种罕见的冷静和远见卓识也许来自超然的客观性——因为他并非康有为、梁启超等激进派的核心分子，而且他也从不赞成单靠纯粹的政治策略。在张元济看来，改革对中国来说是必然的道路，但只有当绝大部分知识界人士变得开明且具备启蒙和现代意识时，改革才有成功的可能。匆匆忙忙地进行政治制度和行政机构的改革，依靠一批因循守旧的士大夫及其领导下无知盲从的民众，那么这种改革必定难以持久。传播现代化的基本知识必自改良教育始。张元济一心一意献身于通艺学堂正显示了他对作为中国未来现代化的基础——教育的特殊关切。随着1898年变法的展开，光绪颁布一道又一道种种激进改革措施的诏书予那批无所适从的官员。张元济预言改革不久将激起"回力"，对改革者来说最可行的方式是有步骤地撤退，再度投身于教育。在他的一首

---

[1] 张元济致沈曾植函，署6月18日，手稿，上海图书馆藏。

《杂咏》中,他回忆说在整个运动停滞不前时,他曾劝告康有为,但未被接受。

> 一代斯文妖孽尽,英才教育此权舆。
> 河汾自有千秋业,早赋归与计未疏。[1]

在这首诗后,张元济有自己的注:

> 时诏各省广设学堂,考试并废八股,余劝长素乘此机会出京回籍,韬晦一时,免撄众忌。到粤专办学堂,搜罗才智,讲求种种学术。俟风气大开,新进盈廷,人才蔚起,再图出山。则变法之事不难迎刃而解,而长素不我从也。[2]

显而易见,张元济与康有为显著不同,他不是一个政治上的活跃分子,如果现代化计划是在"风气大开"之后才付诸实施,改革家将不得不等待一段漫长的日子。更有甚者,连光绪颁诏鼓励建立现代学堂也得不到多少热情的支持,地方官吏多认为按旨意把祠堂庙宇改造为学堂是不智之举。何况即使他们愿意,在寻觅合适的教师和教科书方面也有无数的障碍,因此,张元济把启迪民智视为政治改革的先决条件,

---

1 张元济:《追述戊戌政变杂咏》,第5首诗。
2 同上书,第5首诗注。

与康有为的活动相比是基础的和低调的，但仍充满着潜在的危险，并会激起各方强烈的反对。

京师大学堂和铁路矿务总局

张元济主张通过现代教育来实施根本的改革，不久就碰上一个绝好的实现机会。光绪在6月11日颁布的《明定国是诏》中，提出一项特别重要的改革——建立一所新的帝国大学的方案，"京师大学堂为各行省之倡，尤应首先举办……以期人才辈出，共济时艰"[1]。建议这所新大学堂的大门应向所有愿意学习现代知识者敞开。内阁委任翰林院编修、皇帝老师孙家鼐为管学大臣。孙氏负责管理大学堂事务和招聘管理人员教师，他邀请张元济出任大学堂总办。

这对于在通艺学堂工作中表现出色而闻名的张元济来说，似乎是一个好机会。他既是一位能干的管理人员，又是一位勇于献身的教育家。但那儿没有懂得现代知识和管理高等学堂的人做他的助手。1898年7月21日（六月初三）天津《国闻报》[2]记述："北京创设大学堂，所有总办提调，应由管学大臣奏派。……总办一员，刑部主事张元济，稽查功课。提调五员：翰林院侍讲黄绍箕、翰林院编修朱祖谋、翰林院编修余诚格……"

1　《大清德宗景帝实录》，页3814。
2　《国闻报》是张元济的好友、著名翻译家严复编辑的一份维新派报刊。

然而，张元济很快拒绝出任这一职位，据一位专门研究京师大学堂史的历史学者认为，[1]张元济拒绝是由于在职员选拔的基本原则上与孙家鼐发生分歧，张元济坚持学堂职员应当辞去各自的官职，以专心致志于学堂事业。以今天的标准来看这是完全合理的要求，但在清末中国却几乎是行不通的。孙家鼐要物色适当人才来为新学堂服务，已经非常困难，要劝说所有职员放弃他们原有的官职，而新创办尚无名气的大学堂，显然是办不到的。

在一封私人信函中，张元济又揭示了他放弃这一表面看来非常适合他的总办职务的另一个原因：

大学堂事，寿州（孙家鼐）派弟充总办，业已奏准。因其所用之人多非同志，极力辞退。此事亦恐变为官事，步官书局之后尘。可叹！可叹！[2]

张元济敏锐地看出官僚政治烦琐和拖拉的作风，以及妨碍所有正式规章制度实行的那种惰性。在信中述及的官书局，即强学会上海分会，它的维新报刊《时务报》，本来在梁启超编辑下广泛流传并具有相当影响，但在孙家鼐的主持下变成一份官方的报纸，由于它的财政被控制，编辑只能负责印行，它原有的影响力很快丧失殆尽，仅仅成了政府宣传的

1　庄吉发：《京师大学堂》，《文史杂志》（台北），第33期（1970年）。
2　《汪康年师友书札》，1898年7月27日信。

喉舌。

根据这些记载所提供的理由,张元济拒绝出任总办很显然不是因为大学堂职员不能在其他政府部门中任职,而是因为张元济具有机敏的政治眼光,正确地预见自己无论如何不能真正地在京师大学堂取得教育上的成就。尽管有光绪的特许,但在孙家鼐这位中间派的领导下,京师大学堂最多只能是一个展品。因此张元济对大学堂没有任何幻想,而清政府管辖下的京师大学堂的发展历史证明张元济是正确的。

张元济对京师大学堂采取谨慎和不介入的态度,而另一方面却对新政表示出异乎寻常的热情。1898年8月2日,清政府终于成立一个新的铁路矿务总局,正式认可这一新兴部门,表明它在经济中的重要性。该局试图集中控制全国各省,其范围和权力类似一个国家部门。它的成员由八位章京组成,其中四位满人和四位汉人。所有成员都由总理衙门推荐,张元济是被推荐的四位汉族章京之一。他没有在这个新衙门工作,因为很快就在9月慈禧太后发动的政变中失去职位。在特定的部门内探讨他的贡献是不可能的,但他能够在9月18日上奏议论如何选拔铁路矿务官员。9月12日光绪颁诏要求新建立的铁路矿务总局、农工商总局雇用一些从其他旧部中裁撤下来的官员,光绪无疑希望此举能够满足在他裁撤旧部时失去官职的那批冗官。但张元济认为此举对于改革的重大计划是一个很大的损害,他上奏劝告光绪收回成命,奏折简直大胆鲁莽。他明白无误地指出:

> 京师设立矿路农工商总局，为各行省表率，造端伊始，宏巨艰难，襄事各员，非得讲求有素、才识卓著者，断难胜任，现裁各署，其实缺候补各员，大都衰庸猥滥者多，部胥市侩杂出其间，能通晓中国旧学者尚难得一，若令备员充任，从事新政，岂不贻误国是，腾笑远人？若专为位置闲员地步，则何如不裁之为愈。[1]

张元济对光绪皇帝激烈批评后，接着提出一项关于应当选用何种人才领导这新部门的建议：

> 应请明降诏旨，凡新设额缺，令中外大员不拘资格，切实保荐素习矿路农工商学之人，送部引见，候旨派充。

最后，他还评价自己在新部中作为一个章京的情况：

> 再臣现在矿路局当差，只因该局设立总理衙门之内，可以就近清厘案牍，将来另设衙署，臣力断难兼顾，必当辞退，臣为此言，并不敢稍存私见，合并陈明。

---

[1] 张元济所拟无标题奏折，日期为戊戌年八月初三，即1898年9月18日，载《涉园遗文》，手稿，上海图书馆藏。

这一奏折揭示了张元济思想和原则的两个倾向。首先，他信任经过实践训练和具有现代知识的人，这也与他一向办通艺学堂的主旨相符合。他总是把现代实践教育看作拯救中国之路，因为它能使有才能者脱颖而出。那些从六部出身的文官，不管他们级别多高和有怎样的从政经历，似乎都很难完成使中国现代化的任务。其次，他明显地提出官员不能一身兼任一个以上职务，正根据这一原则，他拒绝京师大学堂总办的职务，现在又提出将来要辞去铁路矿务总局的职务。显然张元济是一个原则性极强的人。

张元济最后关头的奏折

8月底至9月初光绪颁布一系列改革诏令，其速度之快，近乎狂热的程度。大部分诏令要求在各个领域实行彻底的改革。今天，当我们平心静气地看看这些诏书，也不能不为光绪在诏书字里行间所流露的急切之情所打动，也不难理解当保守派看到他们权力的基础受到损害时所感到的恐惧和愤怒。当光绪看到地方官员在实行他要求的改革时表现出踌躇、拖沓和不情愿时，显得非常急躁不安。他非常严厉地惩戒他们，当荣禄无视和拖延实行改革诏令时，光绪甚至愤怒地斥责这个有权的直隶总督。一份惩戒这些懒散官员的诏令这样写道：

……于本年五、六月间谕令筹办之事，并无一字复奏,……泄沓如此,朕复何望,倘再借词宕延,定必予以严惩。[1]

这一诏令其实显示了光绪所受的挫折,以及他在执行政治计划时如何缺乏力量,同时也表明了他是何等依赖各省官员的支持和合作。

9月初形势急转直下,首先是王照案中帝党惨败。王照是礼部的一个低级官员,9月1日他递呈的一份奏折,代表了当时一些充满热情的改革者的天真想法。他建议采用西方服饰,以基督教为中国国教,采用国会的形式,并请皇上访问日本。礼部尚书企图卡住这份奏折。当光绪发现此事后,他撤销了两个尚书和四个副大臣的职务,罪名是阻挠下情上达,并以王照"不畏强御,勇猛可嘉"而提升其官职。[2]在被撤职的大臣中有一位满族贵族,他的妻子是慈禧太后最宠爱的宫廷侍女,另一个大臣又是得光绪信赖的改革领导人康有为的最知名批评者。因此,王照案完全是对所谓"后党"的一次直接挑战。

9月5日皇帝用六名具有改革思想的人取代了这六名礼部官员,并进而提升四个年轻的低品级的改革家进入清政府制定政策的最高机构——军机处。光绪皇帝应已认识到这些措施所造成后果的严重性,但因保守派的不合作,才不得不向

---

1 《大清德宗景帝实录》,页3861—3862。
2 同上书,页3870。

他们摊牌。他曾以拯救国家为号召，却无法赢得大多数大臣和各省官员的支持，由于他们大多数假装服从而实际上采取观望态度，光绪不再小心谨慎地踩着小步了，他认为必须起用低品级的激进官员以推动改革计划。1898年9月初皇帝在各部所采取的迅疾和激烈的措施，其实是他在失望之余后的孤注一掷。

正在这个导致改革运动突然崩溃的狂热时期，张元济呈上了他的第一个统筹全局的奏折，也是唯一的一份论述整个改革运动的奏折。[1]如前所述，从皇上召见他的时候起，他就一直怀疑光绪是否具有实行改革计划的能力，甚至早就预言保守派的回力是不可避免的。为什么他要在1898年9月5日提出这份包括了五条主要建议和十款内容的长篇奏折（超过5300字）呢？这是一件需要推测的事。从他所呈的奏折判断，似乎他已清楚改革运动将遇到难以克服的障碍，几乎没有成功的希望。但他被皇帝那种孤立无援的处境深深感动了。因此他以一种自由意识的爱国者的热诚，在最后时刻提交了这份奏折。他提出一系列彻底却有条不紊的、使光绪能挽救危局的步骤。

首先，他坦率地对光绪描述了目前形势：

乃数月以来，中外因循，一仍旧习，欺罔蒙蔽，

---

[1] 张元济无标题奏折，戊戌年七月二十，即1898年9月5日，载翦伯赞编《戊戌变法》卷二，页42—49。

毫无朝气……虽日言"变法",终涉皮毛而不能得其实际也。

他进一步警告面临失败的光绪:

> 今我皇上日日变法,而相与审脉察情者谁乎?绘图布算者谁乎?夫一事之行,其起点甚微。及其究竟交相引摄者,已不知几千万绪。稍一不慎,败覆随之矣。

因此,在他五条主要建议中,第一条就是设议政局,以总变法之事。他认为这应是一个由不超过二十个"年富力强、通达事务、奋发有为"的人组成的咨询机构。它应当是全国改革活动的中心,光绪每天在与军机处商议之后应同它再商议。它应当讨论和研究所有与改革有关的奏折,同时为像京师大学堂、铁路矿务总局和农工商总局这样的新机构制定统一法则,以便使它们系统化。

张元济第二条主要建议是废除满族旗人的特殊地位而主张种族调和。他提出几个实际步骤——鼓励满汉通婚;废除关于满人从事工商业的禁令;为二百多年来闲散和寄生生活的满族旗人建立技术职业学校。他指出,消除种族界限带来的一种附带好处是可以裁撤掉数量可观的不必要的职位。清政府的许多行政部门都有两个首脑——一个汉人和一个满人。如果不再有任何种族界限,那么留下来的将是最有办事能力的人。

他的第三条主要建议是进一步开放建立皇帝与地方及低级官员之间的正常联系。这是清流派的一个最得意的建议。为了说明光绪被官员愚弄和欺骗，张元济大胆地指出：

> 今岁广东大疫，死者十万人，东南各省，每石米几值银十元。此亦可为谓非常之变矣，皇上其知之乎？臣窃料各省督抚未必为我皇上告也。

为了了解国家正在发生的事情，张元济建议光绪应当亲赴在京的所有新机构、学院和官僚部门。将来他还应访问各省，如有可能还应出访国外。为了得到第一手的数据，应任意召见各省的地方官和低级官员。张元济还提议对召见的方式作一些细小而实际的变革。皇族家法规定每位谒见者要在黎明时就开始等候，张元济指出没有任何理由要他们来得这么早，对皇上来说更实际的是应在早上抽时间读完每天的奏折，在下午接见大臣。他还进一步建议废除叩头礼：

> 臣工入觐，莫不有拜跪之文，少壮者犹可，耆年高秩，屈膝数时，岂复能从容论道？裨益圣听，且臣子忠爱之忱，断不在此区区末节。

实际上，以往没有任何一个朝代执行像清朝那样严格的叩头礼。例如，汉朝和唐朝的皇帝在召见臣子时通常给年长大臣赐座，以便讨论得更为自然。但清朝规定臣子在和皇帝谈话时应当下跪。据我所知，张元济是大胆地直接上奏反对这一礼仪的第一人。

张元济的第四条建议是关于人才选择的问题。他提出：

> 今之策时事者，动曰人才缺乏，臣则以为人才自在，不善用之。故有才如无才耳。

他赞扬光绪在后来的内阁中再次裁撤大批无能官员的行动，并建议当设立新的部门和机构时，应当要求懋勤殿（张元济建议设立的）为它们制定管理法规，这些新机构应当有一整套吸收官员的规定。他极力主张废除科举考试，有才能的人应当通过现代学校获得认可的资格。皇帝应在受过现代教育的毕业生中选拔官员。此外，他还极力主张废除捐官的办法，尽管他明白捐官是清政府收入的来源之一，而支持这项财政改革需要重新找到每年"二百万元"的收入来源。对于官员，张元济建议应当允许他们自由选择执行改革纲领或辞职。辞职的官员应当给予适当的年薪，并且他们的子弟可以进入京师大学堂——这样可以保证在一个新的改革的官场中保持未来的家族荣誉。

第五条主要建议是国家的财政管理。张元济再次强调全面计划的重要性，指出自1895年以来，在银行、矿务和铁路等各个领域所实行的零敲碎打的经济改革有很大的随意性，这样绝不可能使国家富强。张元济提出基本的改革应当从调查户部和各省所有账目入手。只有通过全国范围的审计，才能为未来制订一个良好的计划。张元济建议户部应把过去十年的收支记载入册，并公开全国十年的资金平衡表。张元济的基本想法无疑是科学而明智的，因为只有在知道过去的收支情况以后，新的预算才能够准确。然而，中国的户部决不能控制整个财政，因为财政体系仍然建立在包税制的基础上：各省官员负责征收一定的税额上交户部，同时为他们自身和地方政府保留一笔数额未经确定的税收。面对晚清财政体系这种非常落后的状况，户部能否制订一个十年的平均账册，实在令人怀疑。

特别要提到的是张元济建议实行币制改革。那时法定的流通货币是朝廷确认的铜钱。但人民仍宁愿使用银子，在东南的广东、福建和安徽等省尤其如是。张元济提出中央银行在全国发行法定货币应有绝对权威——最好是纸币或金属钱币。他设想一个能促进国内贸易的币制体系，以根绝在银两折算成铜钱时官吏舞弊侵吞的机会。

最后，他在结束有关财政改革的建议后，还请求皇帝提高商人阶层的地位和保护他们的权益。这对于一个来自传统受尊重的中国社会高层的文官来说，是一个不寻常的建议。张元济的措辞是直言不讳的："今日为商战世界，中国向有贵农贱商之说，故无商学。无商学故无不败。"

对于一个儒家学者来说，能把商人的利益放到如此之高的地位是鲜见的。这种把中国在历次战争中失败的原因都归之于轻商的观点，与激进的改革者有根本的分歧，后者仅仅把中国的失败原因归之于军事上的劣势和政治上的软弱。到19世纪末，尽管已有越来越多文官认识到世界的秩序不再是一个仁慈的中华帝国及其周围蒙受恩惠的蛮夷所构成，但几乎没有人从商业竞争的角度来看待世局的发展。

张元济提议维护商人的权利并认识其重要性，指出大部分文官过多的干扰已阻碍了商业进步。他抨击那种所谓"官督商办"的做法，反问道："不知官也者，昔日日以腹商为事者也！"他特别以新建立的农工商总局为例，要求光绪预先警告官员摒弃官僚主义，并告诫他们的责任应是保护而不是威吓商人。为了防止可能产生的官僚政治的恶行，张元济甚至建议商人应有直接向皇帝上奏的权利。他最后还建议起草商法，并以之为协调各方的指导原则。他以这样的预言作为整篇奏折的结束语：只有这些商业改革得以实现时，中国才能使经济繁荣。

张元济奏折突出的特点并不在于思想深刻，而在于向皇帝提出种种建议时，所显示的那种清晰的思路和高度的系统性。很难断言他哪些建议影响了光绪并促使他采取有效的行动。然而，仔细核对《大清德宗景帝实录》所载1898年9月5日之后光绪颁发的大量诏书，会发现其中包含了某些张元济在他的长篇奏折中所提出的要点：

首先也是最明显的是光绪试图建立某种小型顾问会——一个称为"懋勤殿"的中央核心机构,以帮助他管理及推行与新政有关的一切事宜。郭廷以曾提供两条与初期咨询机构有关的材料:

1898年9月9日(七·二四)英教士李提摩太应康有为邀,自上海赴京(传帝拟开懋勤殿,以李提摩太为顾问大臣)。[1]

1898年9月13日拟开懋勤殿,设顾问官,太后不允。[2]

事实上,任何诏书中不曾直接述及懋勤殿——可能因为光绪不能无视慈禧的反对意见。但他设立懋勤殿的愿望似乎有不少人知道。例如1898年9月17日天津《国闻报》上有这样的报道:

拟开懋勤殿述闻

近月以来,朝廷创兴百度,并谕内外大小臣工及士民人等,均得上书言事。因此条陈新政者,封书日以百计,而前者特简参预新政之四京卿,亦颇有眼花手乱,应接不暇之势。故近日又有拟

1　郭廷以:《近代中国史事日志》(台北,1963年),页1019—1020。
2　同上书,页1029。

开懋勤殿，令三品以上保举人才，召见后派在懋勤殿行走，以备顾问之说，闻数日内当即有明发谕旨矣。[1]

然而政变在很短时间内发生了，光绪尚无时间实践这一主要的改革措施。结果《大清德宗景帝实录》中完全没有提到懋勤殿。但这一机构无疑是考虑过的，其计划也曾付诸实行，甚至人员的名单也已确定。《北华捷报》曾刊登过作为懋勤殿成员的十位改革家的名单，张元济的名字也赫然在其中。[2]

现存所有的证据都表明光绪设立懋勤殿的具体计划是要将它作为自己推行改革计划的咨询机构。裴士丹(D. H. Bays)把它作为"一个初步的有代表性的审议团体，是迈出分享皇权的第一步"[3]。这描述相当牵强并夸大了一点，但懋勤殿的确可以在维新运动中起到一种统筹大局的作用。

张元济的第二条主要建议"融满汉之见"以废除满族旗人的特殊地位，在《大清德宗景帝实录》中亦有反映：

> 旗丁生齿日繁，徒以格于定制，不得在外省经商贸易，遂致生计益艰。……现当百度维新，允

1　翦伯赞编：《戊戌变法》卷三，页407。
2　同上书，页443。
3　D.H. Bays, *China Enters the Twentieth Century. Chang Chih-tung and the Issues of a New Age, 1895—1909* (Ann Arbor, 1978), p.50.

宜弛宽其禁，俾得各习四民之业，以资治生。[1]（1898年9月4日诏书）

诏书给户部进一步的指示是核对旧有土地登记册，并尝试在旗人中制定新的土地分配法则。

应当指出有许多人曾奏请废除满族旗人特权，并改变他们经济上无所事事的状况，张元济只是其中之一。因此诏书极可能是这些要求的共同结果，而不是对某一份特别雄辩的奏折的一个迅速的回复。

光绪皇帝财政改革的若干条目也与张元济奏折中的建议吻合。1898年9月11日诏书要求总理衙门制定一部通商约章，排印数百部颁行内外各衙门。这样，各有关人员都有一个正确处理贸易问题的参考标准。总理衙门的回答是编制一份全面的、完整的商法，需要较长时间，建议由北洋商务主管人员负责起草约章。[2]

1898年9月16日，光绪颁布一份要求户部进行一项主要改革的诏书，要求它对国家的税收和皇室的费用提供一份细目。而且，从此以后，要求户部每月提供相似的财务报表。[3]这一措施，如果能切实执行，就便于引入一种预算制度，且能为中央政府全面地规划中国的金融问题提供一个非常正确的依据。它能铲除一切腐败、受贿的

---

1 《大清德宗景帝实录》，页3887。
2 同上书，页3893—3894，又参见郭廷以《近代中国史事日志》，页1020。
3 《大清德宗景帝实录》，页3878。

机会，并最终使未来的改革建立在财政切实可行的基础上。但是，这一改革自然也只能是纸上谈兵而不可能真正实行。

从9月7日至9月19日，光绪在诏书中频繁地谈及财政改革这个主题。9月7日的诏书要求总理衙门提出一份关于在各省"请用机器铸造铜钱银圆"的可行性报告。[1]随后一份诏书是关于计划采用银圆和铜钱的内容。[2]最详细的诏书是9月10日颁发的，包括试验制造银圆、防止可能作为仿造之弊的详细规定。

光绪所颁行的措施是否是张元济长篇奏折的直接结果，这并不重要。光绪皇帝企图在政治上、社会上和经济上实行这些改革的事实，表明了张元济的建议并非空中楼阁。然而，没有一项改革计划能有机会实行，因为变法很快就因宫廷政变而告终。

百日维新的失败

1898年9月初的几周，北京的政治气氛如同一个摇摆不定的天平。理论上，改革计划是受慈禧太后恩准后才由光绪皇帝实行的。尽管她退居颐和园，但光绪每隔几日就要觐见她，并汇报国家事务的进展。在改革计划展开之

1　《大清德宗景帝实录》，页3879。
2　同上书，页3881。

初，她曾宽宏大量地表示支持光绪："苟可致富强者，儿自为之，吾不内制也。"[1]但实际上她疑心光绪企图通过推行改革来遏制她的权力。早在变法之初，她就通过两个行动以削弱光绪的权力和加强自己的力量。首先是撤去翁同龢的职务，使光绪失去了这位经验丰富的、对政治敏感和具有很高威信的年长政治家可能给变法带来的帮助。在翁同龢被撤职后，光绪不得不依靠那些不了解政府实际情况的青年激进分子。第二步是太后委任荣禄为直隶总督，以保证即将到来的摊牌取得军队支持。此外，她还依靠那批因光绪变法而被动摇地位的大臣和官吏。比较来看，光绪的地位确实是软弱的。他的周围是一群激进的理想主义者，年轻而又缺乏经验。他们不知道如何把理想变为现实，他们疏远和激怒了中立派，因而失去了大部分支持。最糟糕的还在于光绪手中没有任何军事力量。

在保守派的反扑日益逼近、不祥之声日盛一日时，光绪和他的改革家不顾一切地暗中寻找军事领导人的支持。他们找到了袁世凯——荣禄的部下，也是以前维新团体强学会的成员之一。9月16日，光绪召见他并授予新的荣誉，光绪对袁世凯的寄望公开地写在诏书中：

> 责成（指袁世凯）专办练兵事务，所有应办事宜，着随时具奏，当此时局艰难，修明武备，实

---

[1] 汤志钧：《慈禧太后传》，载《戊戌变法人物传稿》，页207—211。

为第一要务。袁世凯惟当勉益加勉，切实讲求训练，俾成劲旅。[1]

光绪的意图变得越来越清楚，保守派则更不含糊，就在光绪提升袁的第二天，保守派监察御史杨崇伊率领一群官员去颐和园请求慈禧归位训政。事情清晰地演变为一场政变和反政变之争。胜败取决于哪一方先动手。碰巧，改革家要求袁世凯使用他的新军迫使保守派就范，并阻止慈禧发动政变。[2]可是，袁世凯出卖他们，结果是愤怒的慈禧太后9月19日从颐和园返宫，剥夺了光绪的一切权力。两天后，即9月21日，以光绪名义颁诏宣布慈禧太后决定归位训政；因为光绪有病，难以负担亲政的使命。同时，康有为一伙被宣布为"首倡邪说，惑世诬民，而宵小之徒"，[3]并命令逮捕他们。康有为和梁启超在外国人的帮助下逃跑了，而六位变法领导人被杀害，许多变法支持者遭监禁、放逐或受到控告，标志了这场变法运动全面失败。维新变法前后持续103天(6月11日至9月21日)。

张元济在回忆录中说，有不少人在1898年9月中旬已预感到一场危机不可避免。但由于他也只是在激进改革

1　《大清德宗景帝实录》，页3891。
2　1898年9月18日袁世凯和谭嗣同会面，由于记述有矛盾，这在历史学家中仍是一个有争议的问题。袁世凯声称改革派强烈要求他包围颐和园监禁慈禧太后，暗杀荣禄，并杀掉所有保守派。李提摩太则力称帝党并无杀害慈禧或荣禄的意图。
3　《大清德宗景帝实录》，第426章。

者核心的"外围"[1]，未参与他们秘密的政治策划，他对改革者与袁世凯交涉及袁世凯叛变全然无知。直到9月21日下午他才听说慈禧太后已归位训政。那天早晨，他仍像往常一样值班工作。日本著名改革家和有威望的老政治家伊藤博文(1841—1909)刚到北京访问，张元济安排通艺学堂的学生于9月21日早晨到日本公使馆官邸拜见这位著名的日本政治家。伊藤已经知道发生了政变，就在中国的士大夫都还不清楚发生了什么时，他故意对张元济暗示：

> 一个国家要变法，不是一件容易的事，一定要经过许多挫折才会成功的。诸位有志爱国，望善自保重。[2]

张元济对此并不理解。直到听说慈禧太后已发动政变，才知道伊藤的话是暗示百日维新已失败。

在太后盛怒之下，北京城已是一个对变法者非常危险的地方。张元济在1898年9月23日(这天也是慈禧正式庆贺垂帘的日子)写给汪康年的极有价值的信最能说明首都的事态，也能揭示张元济本人对这一危机的看法，这封信写道：

> ……康于初五日出京，初六日奉命拿问，(先至

---

1 张元济：《戊戌政变的回忆》，页18。
2 同上书，页19。

樵野处搜拿半日，怪极！)仅获其弟，在南海馆被获。此事因由，非一言所能尽，亦不忍为诸公言之。康固非平正人，然风气之开，不可谓非彼力。现闻尚未弋获，将来必有株连。事变之来，且更有不可意想者。自来变法，莫不如是。惟望新堂勿为所摇夺耳……。阅后祈火之，再迟一二日或当在沪上相见也。[1]

除了包括对康有为难得和直率的批评外，该信更为难能可贵的是表明了张元济尽管在逆境之中，仍真诚地寄希望于变法。从这封信也可以看到他个人在维新运动中的角色，尽管他预言"必有株连"，一大群变法同情者将被牵连进去，但并不为自己的命运特别担忧。他的"当在沪上相见"是一种他对自己不会遭到监禁、放逐或杀害的乐观预言。他认为自己会被革职和逐出京都，只有在这样危急时刻他才能在上海看到汪康年。这封写在危机之中的信，也间接地证明他只是在变法者核心的外围。不然怎会知道自己受到的处分会较轻呢？

事情发展正如张元济所预言，他的远见是令人赞叹的。在9月28日"六君子"被杀后，另一些较温和有威望的著名变法者不是被监禁，就是被流放。慈禧太后甚至仍未忘记她的宿敌翁同龢和文廷式，并对这些已被褫夺

---

[1] 《汪康年师友书札》卷二十四。

官职和失宠官员再加以新的惩罚。按照张元济的回忆，一些朋友曾劝他逃跑，但他拒绝了。因为他知道一旦逃跑，那么惩罚就会落到年迈的母亲或直系亲属头上。他不但没有逃跑，反而每天到总理衙门继续工作，并特意留下行踪以便被逮捕。他在一首《杂咏》中回忆了1898年秋天那些担心厄运降临的日子里的心情：

> 满朝钩党任株连，有罪难逃心自安。
> 分作累囚候明诏，敢虚晨夕误衙班。[1]

预料之中的惩罚在1898年10月10日终于到来了，张元济和两个低品维新人士一起，受到革职永不叙用的惩罚。[2]张元济认为惩罚较轻是因为在百日维新期间他始终给人一种低调印象。他也认为犯有这样明显的罪证（在保守派的眼里）——9月9日的长篇奏折——而能逃过御史的打击，是十分幸运的，相信一定是光绪皇帝亲自帮助他减轻处罚。他解释道：

> 九月二十三日余与王锡蕃、李岳瑞同拜革职永不叙用之命。越数日谒廖仲山师，师时值枢廷，语余是日王李处分既定。德宗特逾枢臣，张某亦

1　张元济：《追述戊戌政变杂咏》，第16首诗。
2　《大清德宗景帝实录》，第428章。

尝上书妄图国事，应并案办理。盖隐有保全之意。余封奏语涉狂妄。设有人弹劾，必膺严谴，即幸而漏网，余亦不能乞假出京。[1]

无论张元济受到从宽处罚的背后原因是什么，事实上他再也不能从政了，也失去了继续逗留在北京的任何理由。他很有兴趣长期在上海工作，也许因为上海是一座世界性的都市，有许多西方思想正是通过上海而传入内地。他一向从上海为通艺学堂买到许多世界地图、科学图表和西方书籍；他还试图在上海聘请英文教习。这个城市也是一个迅速发展、充满机会的城市。他预言与汪康年"当在沪上相见"是不难理解的。

离开北京前，张元济做的最后一件事是正式关闭通艺学堂，天津《国闻报》在"通艺罢学"的通栏标题下作了报道："北京向有通艺学堂，由已革刑部主事张元济创办。此学堂已经开设两年有余，堂中洋文书籍、图书以及仪器等件，亦均小有规模。自张主政罢官之后，此学堂遂无人接办。肄业各学生因八股取士已复旧制，亦各意存观望，纷纷告退。张主政因将学堂中所有书籍、器具及积存余款开列清单，呈请管学大臣孙中堂将通艺学堂归并于大学堂，闻日前已由管学大臣派人接收，然从前肄

---

[1] 张元济:《追述戊戌政变杂咏》，第17首诗注。

业各京官，则均已风流云散，不知去向。"[1]

这一插曲可以解释张元济认真负责的个性和有条不紊的行事作风。即使在最不稳定的时候，他也不像其他许多变法者那样仓皇出逃。学堂是他脑力劳动的产物，他把对中国可能产生的启蒙的崇高愿望寄托于像通艺学堂那样的教育机构。因此，即使面对个人的革职和失败，他仍试图以一种很好的方式把它保留下来，将它委托给同情变法并在政变后幸存下来的孙家鼐。尽管张元济最初曾拒绝在京师大学堂里工作，但现在他正确地看到必须这样做，才能挽救在通艺学堂中所干的事业。他这样做十分正确，因为京师大学堂在百日维新中幸存下来。慈禧太后未干预它。而京师大学堂就是北京大学的前身。

张元济对改革和改革家的评价

张元济如何看待改革运动？无论是在改革期间还是在后来生活的各个阶段，他始终认为自己不属于以康有为、梁启超为代表的激进分子的核心。他是比较独立和稳健的，他的发展道路也与康、梁全然不同。他认为一系列激进的行政改革不能达到维新目的，相反，他把希望寄托在启蒙和解放人的思想上。

对于光绪皇帝，张元济对他在改革方面的真诚表示

---

[1] 《国闻报》，转引自翦伯赞编《戊戌变法》卷三，页449。

尊敬。他不像许多史学家那样，试图去区别光绪是努力拯救中华民族，还是拯救大清王朝。[1]他决不贬低光绪的变法，也从未将变法运动看作是光绪与后党争夺政治权力的手段。对于张元济来说，变法运动意义之重大已远远超过了宫廷的权力之争。在给汪康年的私人信件中，他指出光绪缺乏实际经验而为人软弱。即使在得到皇上召见的殊荣之后，他仍然保持头脑的冷静和客观而从未像康有为在自编年谱中那样——过分夸大光绪皇帝的圣明。[2]最使他感动的是光绪对改革的真诚、开明意识以及希望通过广泛阅读来保持见闻广博的愿望。

张元济如何评价康有为的呢？他反复强调自己曾劝告康有为减少那种激烈的变法，退居广东再从事教育活动。私下里张元济对康有为的行政及变法能力评价并不高。当他在一封私人信函中讨论梁启超的为人时曾间接揭示了自己的思想："卓如固不羁之才，然以云办事，则未见其可，亦其师承然也。"[3]

而且，由于张元济和康有为在同一天上午面圣，因此他认为康有为把这场面圣夸大为无先例的长时段的召见，是毫无价值的。尽管他所在的地位足以揭穿康有为的自我吹嘘和宣传，但出于礼貌他从未直接和公开指出康有为的夸大。直到晚些年代张元济仍然对康有为保持着应

---

1 *The Reform Movement of 1898* (Beijing: Foreign Languages Press, 1976), pp.9-11.

2 Lo Jung-pang（罗荣邦）, *Kang Youwei*, pp.120-121.

3 《张元济书札》，页42。

有的礼貌，即使当康有为因为言论不符合事实受到质疑而变得不受欢迎时仍是如此。他对康有为的好意可以从他个人的观点中得到解释："康固非平正人，然风气之开，不可谓非彼力。"[1]从张元济的观点来看，康有为最大的弱点是未能为变法培育出更多的支持者。他急于推动一场政治变革，但忽视了首先要培养一批支持变法的力量这项基础工作。他的褊狭和傲慢又使许多持稳健态度者反感。1899年张元济在上海会见了日本重要的汉学家内藤湖南(1866—1934)[2]，尽管最初因为谨慎，张元济未能评论"国事"，后来他还是谈及康有为："像康氏那样的人想把自己的意见强加于大多数人，结果遭到惨重的失败。"[3]

对于维新运动的同志，张元济对他们的英勇精神很尊敬，并认为他们是试图拯救中国的伟大爱国者，在1898年已过去二十年之后，他公开为他们写颂辞。1918年他编辑了《戊戌六君子遗集》，并为这本书写了序言，言辞里充满了不同寻常的感情，所包含的个人感受之多，远远超过了他平日那些简洁、富有学者风度、很少流露情感的作品。[4]他写道：

1　《张元济书札》，页46。

2　Joshua A. Fogel, *To Reform China, Naito Konan's Formative Years in the Meiji Press*, Modern Asian Studies 16, 3(1982), pp.353-395.

3　同上书，页386。

4　通常这些评述是真实的，而且也同样适用于他有关《翁文恭日记》的序言。载《涉园序跋集录》，页129—130。翁是他钦佩的良师益友，甚至他在给家族成员的著作选集作序时也不包含个人思想和情感。

> 六君子之遇害至惨且酷，其震骇宇宙，动荡幽愤，遏抑以万变，忽忽蹈坎阱，移陵堙谷，以祸今日；匪直前代之钩党株累，邪正消长，以构一姓之覆亡已也！故挽近国政转变，运会倾圮，六君子者，实世之先觉，而其成仁就义，又天下后世所深哀者。独其文章若存若亡，悠悠者散佚于天壤间，抑不得尽此区区后死者之责，循斯以往，将湮于丛残，旧文益不可辑，可胜慨哉！默念当日，余追随数子辇下，几席谈论，旨归一揆。其起而惴惴谋国，盖恫于中外古今之故，有不计一己之利害者，而不测之祸，果发于旋踵。余幸不死，放逐江海，又二十年，始为诸君子求遗稿而刊之。生死离合，虽复刳肝沥纸，感喟有不能喻者矣！[1]

在这一序言中，他不仅哀悼了这六位死难者，而且也痛惜所有怀抱崇高理想却遭到可悲失败的改革家。

张元济是如何从整体上看待这场维新运动和估计其成功机会的呢？在《戊戌政变的回忆》结论中简短地提及了：

> 在当时环境之下，戊戌变法的失败是必然的，断无成功的可能。当时我们这些人要借变法

---

[1] 《戊戌六君子遗集》（上海：商务印书馆，1918年），页1—2。

来挽回我们的国运，到后来才知道是一个梦想。[1]

我们应注意：这些话是在1950年接见中国年轻历史学者时所讲的，颇有幡然醒悟之意。马克思主义史学家认为资产阶级改良运动的失败是必然的。他们认为改良主义是"最大的欺骗"，因为它反对群众革命而试图强化现存秩序。[2] 总之，仔细分析张元济的作品可以看出，尽管在会见之时（1950年是新中国刚刚成立不久）他表示用改良来拯救中国的命运是一种梦想，但他早期是一直抱有乐观希望的。

在20世纪30年代后期，当中国受到日本侵略和面临全面崩溃的威胁时，他曾给维新运动相当高的评价。他对国民党政府的不抵抗政策完全失望。这时他不由自主地想道，如果清朝没有崩溃，情况将是什么样子。他在题为《戊戌奏稿》的19世纪90年代康有为奏折集的跋中，简要地叙述了1898年6月15日皇帝的召见，并将这次召见视为变法的前奏。然后他简短地说明是康有为的激进活动导致政变，接着他阐述了他对整个运动的看法：

夫以数千年之古国，一旦欲效欧、美，变易一切，诚非易事。然使无孝钦后之顽梗，又无庸

---

1 《戊戌政变的回忆》，页20。
2 例如《戊戌维新运动》一书第九章"改良主义的一个死胡同"，见该书页93—105。

劣守旧之大臣助长其焰,有君如此,上下一心,何至酿成庚子之役?即辛亥之革命,亦何尝不可避免。和平改革,勿伤元气,虽不能骤跻强盛,要决不至有今日分崩之祸。每一念及,为之悲愤![1]

这一跋文比较真实地代表了他对百日维新的全面看法。后来他一直在商务印书馆工作而远离政治,他为自己镌刻了一枚图章,共有六个字:"戊戌党锢子遗"。他从不赞成纯粹的政治激进主义,眼前的流血和悲剧使他深信激进主义者轻浮的言行所造成的危害。这些人企图在"时机成熟",即对改革的需求有了适度的传播之前推行改革,就等于自己投入保守派的罗网,而导致宫廷悲剧。此后,就像文化改革者所理解的,做一些明智的工作,如继续开办他们的新式学堂和现代报纸。由于紧接在一次大反扑之后,他们不得不采用低姿态来谨慎行事。张元

---

[1] 张元济:《戊戌奏稿》,载《涉园序跋集录》,页127—128。

济、严复、张謇和汪康年——稳健的、渐进的和务实的那一批人都选择了这条道路。在1898年之后，随着光绪被软禁，由最高层领导的改良和现代化的希望也破灭了。更多士绅阶层的开明人士不得不靠个人力量来做一些零星的改革。变法时期，他们中的大部分人作为光绪或康有为梁启超的助手或顾问而云集北京。政变之后，他们流散各处，有的回家乡，有的到上海。在那里，他们可以避开京城内保守派的视线，仍然以士绅阶层领导者身份发挥他们的影响。1899年张謇创办了大生纱厂，同时蔡元培在他的家乡浙江建立学堂。无论是创办民族工业还是培养具有现代思想的人才，这些人的目标广义上概括地说是以个人努力推动中国的现代化。张元济的经历显示了同样的倾向。从北京退出后，他选择教育和出版作为自己的事业。在这些领域中，他能发挥自己的才干传播学问和广开民智。

第四章

士绅改革家和立宪主义者

——1898—1911

戊戌政变、光绪皇帝被监禁、"六君子"被处决，以及清廷的大规模追捕维新余党，使改良主义分子无法在国内公开活动。康有为和梁启超被政治放逐，只能在海外为变法和"勤皇"继续鼓动。[1]他们俩成为西太后通缉名单中的首犯。同时，光绪的许多变法措施被废除。人们谨慎地避免谈论"变法"。

政变后不久，张元济决定离开北京去上海。以后的两年中，他所干的一切颇能代表具有政治理想而身处窘境的士绅阶层。起初，他企图保持一种低调形象，重新开始他所热衷的用现代教育救国的工作。两年后的1900年，义和团运动和清廷的盲目排外主义使他感到痛苦和震动。八国联军入京和中国全面崩溃的危险已迫在眉睫，时局呼唤着他去从事激烈的行动。大概在1900年，张元济像许多学者一样，开始认真考虑立宪政府的优点（可能是在修复光绪的变法），同时因为慈禧太后的政府本身劣迹重重，甚至像张元济那样温和的改革家也产生了用暴力来推翻它的想法。在这一段短时期里，众多改革家都支持自立会起义。[2]

---

[1] 1899年7月，康有为在加拿大成立"保皇会"。

[2] 有关自立会起义曾参考下列资料：Daniel H. Bays, *China Enters the Twentieth Century*, pp.71-101; Joseph Esherick, *Reform and Revolution in China* (Berkely, 1976), pp.11-34; E.S.K. Fung, *The T'ang T'sai-chang Revolt, Papers on Far Eastern China History*, Vol. 1 (March 1970), pp.70-114; E. Joan Smythe, *The Tzu-li Hui—Some Chinese and their Rebellion, Papers on China*, Vol.12 (1958), pp.51-68；汤志钧：《唐才常传》，载《戊戌变法人物传稿》，页189—197。

张元济在南洋公学，1898—1902

1898年10月，张元济被革职时，已因为通艺学堂的成绩而被认为是成功的新派教育家，他对西学的涉猎以及对新式学堂的行政管理能力也很闻名。李鸿章是他在总理衙门时的上司，很赏识他的才干，[1]当听说张元济被革职后，就对他私下表示了关心，建议他到上海后去找盛宣怀(1844—1916)[2]。盛宣怀是李鸿章的幕僚，也是一位非常成功的企业家。至1898年，他已拥有船舶公司、电报局、棉布厂和一个兴旺的钢铁企业。他还建立两所现代学堂，一所在天津，一所在上海。两所学堂的经费都是依靠自己经商的利润，但同时也为他提供不少受过现代训练的人才。在上海的学堂就是南洋公学，张元济在这里工作了四年。

南洋公学建立于1896年，校址在上海徐家汇（即今日上海交通大学），和张元济的通艺学堂同时。其时，总理衙门鼓励和倡议开办一大批私立学堂。公学的总办名叫何梅生——一个对现代教育知之甚少的旧学者。他之所以被选中主要是因为他是盛宣怀的表兄弟。张元济被指定负责新设立的译书院。由于中国在不少现代学科方面都缺乏基本书籍，译书院对于那时各种较大的学堂来说，都有现实的需要。南洋公学成立了中

1　张元济在《戊戌政变的回忆》中记述，当他获知李鸿章已在上海为他安排了新的非官方的职位后非常惊喜。
2　盛宣怀做李鸿章的幕僚后开始自己的事业十分成功，力量稳固，以至于李鸿章在1894—1895年甲午战争期间的耻辱，也未对他的命运产生不利影响。

国第一所现代师范学院，并在1897年出版全国首创的模仿欧洲教科书的基本教材。在京师大学堂建立之前，南洋公学被公认为中国设备最完善、人才最鼎盛的高等学府。[1]

张元济接管译书院之后，开始组织翻译重要的政治、技术和社会学方面的著作。南洋公学出版的图书中，最有名的是严复翻译的亚当·斯密的《原富》[2]。从前几章可以看出，严复和张元济是好朋友。在戊戌变法期间，严复在天津的《国闻报》最为同情和支持维新派，曾多次报道通艺学堂。事实上，严复的侄子在学堂任总教习。当光绪皇帝召严复到北京时，严复就下榻在通艺学堂。他曾对学生作过一次演讲。[3]到戊戌维新失败时，严复几乎已完成《原富》的译述工作。[4]他常常和张元济讨论他的翻译工作和想法，特别对这本书寄予厚望："……此书(指《原富》)系要书，留心时务、讲求经济者所不可不读。"[5]

后来，张元济花了两千元为南洋公学买下了这部手稿，并在1901—1902年出版。它成为公学学生的必读书籍。张元济还负责编了一个综合术语表作为书的附录，因为他认为这可以方便读者检视。[6]

1　丁致聘：《中国近七十年来教育记事》(台北，1961年)，页6。
2　《原富》，直译为《国民财富的性质和原因的研究》(*An Inquiry into the Nature and Cause of Wealth of Nations*)，现一般译为《国富论》。——编者注
3　陈应年：《严复与商务印书馆》，《馆史资料》(北京)，第8期(1981年)；也参见张元济《戊戌政变的回忆》，页20。
4　Benjamin Schwartz, *In Search of Wealth and Power : Yan Fu and the West* (Harvard University Press, 1964), p.115.
5　严复致张元济函，1899年，手稿，上海图书馆藏。
6　同上。

由于译书院是新成立的，因此缺乏各种基本的条例和规则。张元济和严复在1899—1902年间的通信中常常就下列各种问题交换看法：每月付给译者的报酬，如何合理安排工作分量，按什么标准选定译书，词典的使用，整理者和校对员的工作职责，等等。似乎中国许多翻译工作指导原则的基础就是在这两位先驱者的通信中确立的，因为他们的决定，包括严复关于译者税权的建议，首先被张元济所接受，后来被商务印书馆——中国最大的出版机构广泛采用，接着又被其他出版机构模仿和采用。[1]

约在张元济进入南洋公学一年之后，总办何梅生突然因病去世，由张元济接任总办。他在课程方面实施一些变化，使其更现代化和更适合这一时期中国的迫切需要。他的学生回忆当年他们必读的新书[2]有：严复译《原富》、张之洞《劝学篇》、郑观应《盛世危言》。它们取代了传统书籍如《史记》《汉书》和《资治通鉴》。值得注意的是，很长时期以来这些传统的古典历史教科书一直被视为智慧的源泉，所谓"以古为鉴，可知兴替"，古代的例子被认为是提供给明智的政治家的最好的指导。何况，张元济本人是一位埋头于古代典籍的传统学者。事实上他对旧史学有相当浓厚的兴趣（这将在以后的章节中讨论）。在学生的课程中删去旧的历史书而代之以新的社会科学书籍，表明了他没有让自己的个人偏爱影响实际的判断，

---

[1] 陈应年：《严复与商务印书馆》，页11—12。
[2] 平海澜等：《南洋公学的一九〇二年罢课风潮——座谈会》，载《辛亥革命回忆录》卷四（中华书局，1962年），页63—73。

也显示了他尽管是一个传统的儒家学者，但同时也是不抱成见和开明的。

20世纪50年代，他的学生在一次座谈会上回忆称他是一个要求严格的教师，对学生要求甚高，但他也尝试采用比较新的教育方式，并常常接见学生，关心他们的课余阅读，和他们详细讨论这些书的内容。他也是一个仔细的管理者和非常注意细节的纪律维持者。晚上学生就寝后，他常常提着油灯巡查整个校园。

他在南洋公学最重要的创新是成立"特班"。公学由小学、预科和商科组成，还有一个师范学校。学生较为年轻。而"特班"是专门为那些已受过旧学训练的学者开设的，当年应试者有数十人，先笔试后口试，而绝大部分学生都已获得科第。[1]张元济已感到儒家学者也应当有机会学习一些切合实际的西学知识。在戊戌维新期间，他也和许多人一样建议废除科举考试和建立新式学堂，以此作为使中国走向现代化的最重要的一步。所有这些建议和努力都因为西太后的政变而付之东流。张元济创设"特班"是与他的教育改革思想相联系的。现在，由于他无法阻止有才能的学者把他们的时间花费在旧学中，他至少能使他们进入特班以学习一些现代知识。顺便提一句，加入这批学者，使公学生色不少。借用他学生的话来说，"谁能胜任教育这批骄傲的'举人'和'秀才'呢？"除了蔡元培这个现代中国最著名和最受尊重的教

---

[1] 《张元济年谱》，《出版史料》，总16期（1989年），页74—81。

育家，[1]没有其他人能成为他们的教师。蔡元培从1892年以来一直任翰林院编修，尽管他未曾积极参加戊戌维新运动，但对接踵而来的失败感到非常失望。由于厌恶官场生活，他辞职返回家乡从事推进新式教育的工作。1901年，像张元济一样，蔡元培决定到上海这座大都市来扩大眼界。由于他俩之间的亲密友谊，很可能他是接受张的邀请而来担任"特班"教习，尽管这一点未能见之于任何的记载。南洋公学特班训练了一大批有名的学者，包括黄炎培——20世纪30年代的著名教育活动家和胡仁源——后来的北京大学校长。

同时为准备新的教学笔记、教科书、刊物和补充阅读材料，张元济开始接触上海的印刷商。他找到一家简陋的印刷所"商务印书馆"。经理夏瑞芳是一位精干和相当耿直的人。他原是一个识字不多的排字工，勤勉和决心使他和同伴办起一家小印刷厂。尽管他们有不同的背景和社会地位，张元济和这位"商务印书馆"的老板成了好朋友。张元济辞去南洋公学职务，并在1903年正式进入商务印书馆。根据一些资料，张元济辞职主要是因为他与福开森——盛宣怀所信赖的私人顾问和公学的学监——意见不合。根据他学生的观察，一致认为"福开森同张先生不大对头"，一个明显的事实是"尽管福开森那时候是学监，……却在自己的信纸上就写

---

[1] W.J. Druiker, *T'sai Yuan-pe'i—Educator of Modern China* (Pennsylvania, 1977), 这本书对蔡元培作为教育家的经历，作了详细的介绍。

PRESIDENT，PRESIDENT就是校长了"。[1]张元济则简单地提及"福开森和我意见不合"。[2]他的儿子和他亲密的助手从不同的观点解释：福开森赞成全盘美国化的教育体系，而张反对这样干。[3]

无论辞职的背后是何种原因，他放弃了在一所已经建立起来并享有一定威信的大学的领导地位，似乎是冒险的一步。这是一个提供机会给他以实现通过教育和启迪民智来拯救国家的理想的地方，更可能是他放弃南洋公学的职位而进入简陋的商务印书馆（以下简称"商务"）从事出版事业时，已经估计到能够采用一种不合传统却又更为有效的方式来实现更深远的目标。

1900年的"中国议会"和"自立会"起义

研究张元济在未加入商务前的经历，一定要提一下他短暂地介入1900年8月流产的自立会起义的外围活动。这次起义是由曾经参加戊戌维新的青年学者唐才常（1867—1900）组织的。他的支持者来自中国社会的同一阶层，即戊戌维新的最热心的倡导者——开明的士绅阶层。自立会与被放逐的改良派首领康有为和梁启超有直接联系。他俩在"勤王"口号下

1　平海澜等：《南洋公学的一九〇二年罢课风潮——座谈会》，载《辛亥革命回忆录》卷四（中华书局，1962年），页64。

2　张元济：《戊戌政变的回忆》，页18。

3　张树年在1979年11月和笔者谈话时曾强调这样的事实：父亲张元济辞职后和福开森仍维持着良好的关系。顾廷龙在《回忆张菊生先生二三事》也提到此事。

在海外华人团体中募捐大量钱财。现在他们允诺财政上给予自立会武装起义以必要的支持。1898年以来试图用和平改良的愿望,证明是毫无成果的,1900年他们打算通过武装起义和得到秘密会社的帮助来实现自己的目标。目标就是要推翻西太后而使光绪皇帝复位,以便领导中国走上拯救国家的现代化道路。

1900年夏天对于推翻西太后的计划似乎特别合适。中国政府从未如此软弱和混乱。义和团运动受到西太后的鼓励,企图驱逐洋人,使首都地区陷入大混乱。她接着下令驱逐一切洋人,又命义和团占领使馆区,从而导致八国联军入侵。尽管西太后已向外国宣战,但直接负责中国最富饶的东南各省行政的地方总督则称太后的宣战诏书为"假诏书",不执行中央命令,并各自同外国领事签订地方和平协议。这一史无前例的做法被称为"东南互保"。它有效地把义和团运动局限在中国北部。当时张元济已是在野之身,与政府的唯一联系是与盛宣怀的个人交情。6月17日八国联军攻陷大沽口的翌日,他急忙上书盛宣怀,认为"现在事变更急,断非寻常举动所能挽回",建议"速兴各省有识督抚联络,亟定大计,以维持东南大局"。[1]他显然和其他有识之士一样,不再寄望于朝廷。而朝廷因外国军队进京被迫仓皇出逃,清朝的政治权威降到最低点。自立会起义的时机似乎已经成熟。

起义者计划在汉口和长江流域的城市举事。他们招募各

---

[1] 《张元济年谱》,《出版史料》,总16期(1989年),页77。

种秘密会社的斗士作为支持者，还在上海建立总部作为未来政府的中心。上海总部是在"中国议会"的名义下组织的，实际上这是一个前线组织，试图寻求外国势力的支持和认可，用以给自立会带来声望和法律保障。议会于1900年7月26日至30日在上海外国租界的一个私人花园——愚园召开，约八十人参加，其中绝大部分是经历过百日维新的著名的学者或地方士绅。容闳(1828—1912)是中国第一批留美学生的领队，被选为主席；严复为副主席；张元济也参加了议会的两次会议。张在第一次会议上被选为委员[1]，在第二次会议上被容闳提名为财政掌管人，但他拒绝担当这个职位。[2]

张元济卷入议会活动是可以预料的。作为一个早期维新派，作为一名著名地方士绅以及容闳和严复两人的密友，他必然会被邀请加入议会。议会的总目标是崇高的，又是含糊的。其五点宣言提倡：

一、不承认慈禧太后的满清政府；
二、平内乱（指义和团）；
三、联合外交；
四、保全中国自主；
五、推广中国未来之文明进化。[3]

---

1 张玉法：《清季的立宪团体》(台北，1971年)，页255—352。
2 孙宝瑄：《日益斋日记》，载《戊戌变法》卷一，页540—541。由于作者本人加入议会，因此他的记载是可靠的。
3 张玉法：《清季的立宪团体》(台北，1971年)，页257。

张元济从未解释过为什么他拒绝掌管"中国议会"财政的职位。是由于对议会未来前途缺乏信心，还是因为忙于南洋公学的行政和教育呢？没有任何确切的答案。但当我们试图勾画1900年中期的背景时，可以说张元济对议会的主要目标寄予很大的同情。容闳在宣言中声称要建立一个立宪政府以及一个与西方密切合作和友好的中国，很符合这一时期自由知识分子的理想。我们无法证明议会成员对唐才常与秘密会社之间密切的军事合作究竟了解多少。

结果自立会起义流产了。逃亡海外的康梁并未提供所允诺的大量经费。在起义计划日期确定之前，起义的细节已被湖广总督张之洞获悉。此时他牢牢地控制着战略重镇汉口地区，起义很快遭到镇压，起义主要领袖被杀。由于他们大多来自受人尊敬的士绅家庭，又是爱国的年轻人，因此他们悲剧性的结局为文官所哀叹，甚至连负责下达执行死刑命令的张之洞也深深地为他们的命运而感到惋惜。[1]

作为动乱地区的总督，张之洞对形势了如指掌。在镇压叛乱并根本扫除秘密会社之后，他对上海的"中国议会"成员采取宽大的态度。他为这些稳健中庸的改革者、自立会的支持者写了一本小册子，并在知名的议会成员和可疑的士绅同情者中散发了500本。其中，他清楚地表示并不想追究此事，但严厉地警告他们，任何以改革和进步的名义所进行的

---

[1] 张之洞对自立会起义的态度是充满矛盾的，参见Daniel H. Bays, *China Enters the Twentieth Century*, pp.88-91.

政治颠覆都会带来难以预见的剧变和毁灭。因为大多数重要的士绅领袖在他们家乡拥有可观的土地或其他财产，所以张之洞的话颇为见效。

士绅阶层的和解

在清朝最后的十一年中，中国的士绅领袖再次与政府和解并效忠政府。戊戌政变使他们很失望，对政府失去信心，但1900年自立会轻率的军事行动所导致的灾难性结局，也使大多数人的幻想破灭。在紧接而来的时段，年轻的留学生很快地掀起了革命和反清活动，但中国的士绅阶层——仍然是非常有威信的和在社会上有影响的阶层——则回心转意，准备与朝廷再度合作。部分原因是传统经典教育的熏陶，使他们不愿意成为激进的革命纲领的追随者。[1] 另一个重要原因是西太后的大转变，因受了八国联军进京之辱，她突然宣布愿意再次把中国引上新政之路。

1901年1月在中国西部的陕西行宫，慈禧太后以光绪皇帝的名义发布全面改革纲领。[2] 改革包括科举制和教育、军队的编制、财政的法规。事实上，慈禧太后的计划与1898年戊戌维新人士所推行的改革非常相似。这时，她又以皇帝的名义发布了一个正式的罪己诏书，为朝廷因无知地支持义和团

---

1 自然也有一些突出的例外，如蔡元培和章炳麟，两位著名的儒家学者最早转向革命。

2 慈禧太后诏书的原文，参见Cameron, *The Reform Movement in China*, pp.57-58.

而给国家带来的灾难表示内疚和忏悔。此后，朝廷从它的"狩巡"返回北京。西太后转变了态度——一方面表示出了对国内改革的热情和诚意，另一方面又试图对外国人表示友好和殷勤——这些都使主张改革的士绅大为鼓舞。许多在1898年被定为有罪的温和的改革者获得赦免，有些人则官复原位。[1]1904年在慈禧太后七十诞辰之际，除了康、梁（他们在海外发表日益尖锐的反慈禧太后言论）之外，所有戊戌党人均得到赦免。诏书宣称：

> ……其余戊戌案内各员，均着免其既往，予以自新，曾经革职者俱着开复原衔，其通饬缉拿，并现在监禁，及交地方官管束者，一体开释；事犯在此次恩旨以前者，概行免究。[2]

张元济也在被赦免之列。事实上，1905年的一份特别诏书曾命令他再度出任京官。[3]但那时候他已积极地投身商务印书馆的事务，因而拒绝。1907年清政府决定建立一个新的邮传部时，张元济再度被邀掌管该部。他直截了当地表示自己对现代邮政全然无知并自称患有"脑病"，恭敬地要求免除这一沉重的担子。[4]他的要求得到恩准。因此尽管他已获得官

---

[1] 《大清德宗景帝实录》，页4886。
[2] 郭廷以：《近代中国史事日志》卷二（台北，1963年），页1205。
[3] 《大清德宗景帝实录》，页5077。
[4] 张元济：《上太后和皇帝拒绝邮传部职位的奏折》（无标题），1907年，手稿，上海图书馆藏。

衔，但直至清朝灭亡，他从未担任过任何官职。

然而，他对官场的冷漠态度并不表示他是反清的。他确实讨厌慈禧太后，但许多改革派学者都对她1901年后的改革纲领，如有关教育、铁路和财政等方面的措施抱着希望。士绅阶层对立宪改革表示出异乎寻常的热情，他们中绝大多数人希望一个开明的立宪政府以完成1898年的理想，并认为它是最适合中国国情的。张元济在清朝最后十年的活动代表了他所处阶层的政治希望和理想。作为一个旧学者，他按照政府的路线积极促进教育改革。作为浙江士绅的一员，他敏感地意识到地方对中国铁路的权力，从而积极地投身于"保路运动"。最后，作为一个地方立宪主义者，他试图迫使清廷给省议会更大的权力，并尽早召开全国议会。

张元济在政府允许范围内所进行的活动和工作是值得被注意的。一开始他在三方面都作为朝廷改革纲领的支持者，但当看到清政府行动迟缓、不愿意彻底改革以求进步时，学者阶层就成为一个难以应付的压力集团，他们敢言善辩，而且在地方很有影响力。他们对清廷的忠诚并不是无条件的，如政府缺乏诚意，他们会成为最严厉的批评者。

张元济与教育改革

以往张元济的教育努力主要集中在英才教育。通艺学堂是为了迎合经典学者、文官和他们子弟的需要。南洋公学有初等和中等教育，但张元济的特殊兴趣是为年长的学生和为儒家学者所办的"特班"。这也许是出于他较懂得自己所在阶层的需要和短处，也因为只是独力工作，容易应付较小的、专门的学堂。

20世纪初张元济在教育方面的兴趣扩大到草根阶层的基础教育。在他的领导下，商务印书馆出版了中国第一套完整的初等学校教科书[1]，他因此成为国内初等学校教育的权威。与此同时，清政府废除科举制度，建立全国性现代教育，[2]张元济与政府合作，在1905年建议成立浙江教育学会。这些省教育学会旨在帮助中央政府推动现代教育。张元济的浙江教育学会旨在"帮助省的教育管理工作"，[3]其职责有三：学习(学生的需要)、编辑(新教科书和参考书)和调查研究(省内新学校体系的情况)。学会正式成立于1907年，张元济被选为第一任主席。同时类似的教育学会在各省纷纷建立，所有这些义务组织都由热心的地方士绅所领导。邻省江苏的教育学会由杰出的学者和实业家张謇(1853—1926)主持建立。江西教育学会由1898年湖南著名的改革家陈三立(1852—1937)领导。安徽、湖南、福建、广东、直隶、河南和山西也建立了同样的组织。到1908年为止，见诸记录的教育学会已有506个，学会成员共计37188人。[4]这些教育学会是有威信和影响力的，他们的提议不会完全被清政府所忽视。总之，当政府在毫无经验和几乎没有任何指导方针

---

[1] 本书第五章将详细讨论商务印书馆在出版教科书方面的努力。

[2] 1905年清政府明确规定，从1906年开始废除旧的科举制，并成立学部，以管理新的学校。

[3] 王尔敏：《晚清政治思想史论》，页135—162。

[4] Jean Chesneaux, *China from the Opium Wars to the 1911 Ravolution* (New York, 1976), p.346.

的情况下开始建立现代教育，必然十分欢迎甚至积极寻求这些来自教育学会的杰出学者的建议。所有这些学者，主要在19世纪90年代晚期，都多少有一些自己在各省促进现代教育的经验。他们都碰到过一些实际问题，因而比清政府有更多实际的知识。例如，在张元济的旧手稿中，有十封致学部的信，讨论许多主题，如外国传教士要求建立医科学校和学院时政府应采取的措施，官办乡村学校的学费，等等。[1]

总之，政府一贯尊重这些地方教育家的建议。

同时清政府国库极度空虚，因而也得依靠地方士绅对新教育体系的财政支持。因此，中央政府和地方士绅在教育现代化方面的合作很顺利。1911年，学部大臣建议在京召开一个"中央教育会"，[2]目的是汇集全国优秀教育家的意见。每省派出两名代表，教育部也派出自己的代表。教育会的作用是作为学部的顾问，张元济是副会长，张謇是会长。[3]教育会开了十八次会议，通过十二个决议，有记录表明学部采纳了教育会的许多建议，其中有些是非常激进的，包括中国文字的简化和采用拉丁字母拼音，[4]如果能继续发挥作用，中国教育会将给中国教育行政机构和文化政策带来更高的内聚力和中心方向。这也给政府提供了一个与士绅阶层合作的基点，可

1　《致学部书》，1908—1911年，手稿，上海图书馆藏。又见《张元济诗文》，页121—159。

2　中央教育会的详细内容可参考丁致聘《中国近七十年来教育记事》（台北，1961年），页33—34；有关张元济对教育会的个人看法可参见《张元济书札》，页61。

3　学部指派张謇为会长，张元济、傅增湘为副会长。见《大清宣统政纪》卷五十四，《教育杂志》，第3卷第6期。——译者注

4　丁致聘：《中国近七十年来教育记事》（台北，1961年），页34。

以给国家带来实质性的进步。然而，由于同年10月武昌起义爆发，起义导致清朝覆没，中国教育会夭折了。教育改革与所有政府倡导的改革一样，在革命动荡的日子停止实行。及至和平时，国家忙于建立新的政治体系。

清朝在教育领域所实施的现代化尽管是零散和不均衡的，但成就却很可观。在教育方面，政府得到士绅阶层自发的支持和合作，在其他现代化政策方面，清政府就没有赢得如此多的支持。

张元济在浙江保路运动中的作用，1905—1910

政府与士绅的关系在其他方面相当紧张，保路运动就是一个最好的例子。张元济也卷入了其家乡浙江省的运动。保路运动产生于20世纪初中国民族主义被唤醒的土地上。[1]义和团运动和日俄战争造成一次又一次的羞辱，使有思想的中国人担忧自己的国家面临被瓜分的危险。随着留学生归来，新兴的民间出版物所传播的国家权利和主权的新思想使更多人觉醒，认识到中国究竟失去了

---

1 记述浙江保路运动的资料有：Madeline Chi, *Shanghai-Hangchow-Ningpo Railway Loan, A Case Study of the Rights Recovery Movement, Modern Asian Studies*, Vol. 7 (1973), pp.85-106; Lee En-han, *The Chekiang Gentry——Merchants against the Peking Court Officials: China's struggle for Recovery of the British Soochow-Hangchow-Ningpo Railway Concession. 1905—1911, Bulletin of the Institute of Modern History* (Academia Sinica, 1970); 全汉昇、何汉威：《清季的商办铁路》，《香港中文大学中国文化研究所学报》，第9期，(1978年1月)。

什么。人们逐渐把注意力集中到外国拥有的铁路上，因为这是国家被迫作出种种退让的最具体和最现实的象征。铁路纵深贯穿许多内陆省份，那里还没有接触到其他外国的影响。由政府倡导的"新学"产生了一个明达事理的阶层，他们意识到外国把持铁路足以引起外国对中国商业和财政的控制，而且对中国有着深远的战略性影响。士绅阶层也清楚外国铁路公司正攫取他们的巨大权益。由于铁路由外国银行建造，并由外国人管理，因而所有利益都被外国股东拿走，一种类似"经济爱国主义"的思潮由此萌生。由士绅和企业家控制的中国主要报刊，因此大谈特谈关于中国路权丧失的问题。最好的例子是《东方杂志》——由商务印书馆出版的一份重要杂志。它以一种强烈的兴趣关注和报道1905—1911年期间各省的保路运动。青年学生把恢复路权作为维护国家主权和战略关系的重大事情，士绅企业家和商人则思考如何收回建造和管理自己铁路的权力，以保障国家利益。结果"保路热潮"高涨起来。许多省份设法收回被清政府签字出卖的铁路权力。最初这样的努力通常是由地方士绅领袖发动，并受到清政府全力支持。然而，政府渐渐发现难以控制被唤起的地方爱国热情，也难以应付外国的强硬势力。终于这个运动日益给政府造成困扰，在许多场合使中央政府处于与地方政府对立的尴尬局面。事实上，四川的保路运动已使地方士绅转变为反政府力量，并成为促使武昌起义爆发和清政府崩溃的重要因素。

张元济是反对苏杭甬铁路英国借款的保路运动的中心人物之一。[1]英国长期以来试图把长江流域作为他们的势力范围，并在1898年和中国签订一个"初步协议"，准备在这一地区建造四条铁路，苏杭甬铁路是其中一条。中国方面参加签署协议的代表是清政府铁路局总办盛宣怀。然而，英国在中国获得的特权太多，以致他们缺乏必需的资金及时实施所有计划。其中浙江铁路计划被搁置遗忘了，直至1903年才被地方士绅提起。

1903年浙江商会主席向盛宣怀提议请求政府建立民间铁路公司。盛宣怀渴望讨好浙江有势力的士绅——商人集团，因此给英国公司写了一封信，告知由于这些年来英国无所作为，清政府考虑废除1898年的初步协议，除非英国在六个月内开始筑路工作。英国拒绝放弃这一协议，但盛宣怀却一直未向浙江人公布英国方面的答复，而允诺继续协商。浙江地方领袖就这样被一个虚幻的希望引导着。

当时的习惯做法是推行爱国的保路运动，从而集资建立一家铁路公司。浙江人在1905年也是这样。张元济成为浙江铁路公司的创办人之一。邻省江苏也同时进行保路运动。两家铁路公司为了事业和募捐问题，在上海、杭州、苏州和一些城市多次公开集会；他们还同海外留学生联系。当地人称之为"爱国保路运动"，并予以广泛而热情的支持。这场运动同时具有强烈的地方性和民族性，很快上升到一个新高点，

---

[1] 关于浙江保路运动的同代人记述，可参见《汪穰卿先生笔记》(台北，1979年)，页1—9。

并得到中国各省的响应。[1]浙江铁路公司作为最成功的铁路公司之一，其资金纯粹依靠募捐而不需要采用诸如附加费、附加厘金、新税种以及来自官方或民间的种种强制性摊派（在一些贫穷和较僻远的省份所办的铁路公司不得不采取后一种方式）。保路运动在地方优秀分子的控制和领导下展开，由传统士绅、企业家和商人以及一些新派学生组成联盟。由于民间出版物的兴起和流行使知识播散，人们能较详细了解运动的进程，使地方铁路公司获得空前的群众支持。保路运动领导人也知道动员"公共舆论"的价值。此外他们召开公众集会并直接露面、在主要报刊上发表他们的计划书、开设铁路技术学校以训练必要的人才，并向公众报告他们是采用本国汉阳钢铁厂造的铁轨。然后他们请求朝廷废除与英国签订的初步协议。在1907年下半年一场拒英借款的群众运动因此爆发。

张元济被选为浙江"全省拒款委员会"主席，筹划策略的人士同时在北京以及各省，甚至在日本和东南亚互相声援。而推行保路的士绅领导人向军机处和外务部请愿，寻求支持的电文飞向各地铁路公司。最为感人的情景出现在多次公众集会上。在这些"声讨大会"上，年轻激进的学生通常发表抨击外国侵略和鼓动群众支持的演讲。铁路风潮确实为大批立宪派的演说家和政治家提供了很好的锻炼机会。[2]

最后，这一"拒款"活动对清廷也是一个很大的考验。由

---

[1] 关于地方铁路公司的名称和创办日期可参见全汉昇和何汉威的文章，见本书106页注1。
[2] 例如汤尔和、马叙伦和罗家伦，这些民国政坛上的突出人物，都参加过浙江的保路运动。

于英国拒绝让步，清政府不得不圆滑地阻挠各省领导人。浙江和江苏两省铁路公司各选三名代表进京。张元济率领浙江代表团，他们得到慈禧太后本人接见。政府解释称英国贷款是不得不接受的，但保证铁路仍将在中国人的控制下，并且中国会获得一部分利益。结果是1908年中国向英国借款一百五十万元，而英国的利益也被削减。中国方面铁路总理汤寿潜负责监督铁路。汤寿潜是一位突出的士绅领导人，与张元济"同年"。他竭力维护中国的利益，以致英国人企图把他赶出浙江。但他的崇高威望阻止了这一企图。后来，当清朝崩溃时，汤寿潜成为浙江民选的省长。

历史学家从不同的角度出发评论保路运动，得出了截然不同的结论。有的认为一些本地公司管理不善和有欺骗行为，事实上建成的铁路只有几百里。[1]有的强调这是一个值得赞扬的功绩，因为当国家已因赔款负担而走到破产边缘时，这些铁路公司提供了很高的税金。[2]本书的目的主要是强调，张元济作为一个开明士绅领导人和有影响力的出版家，即如在教育改革事业上一样，他最初参与保路运动是地区性的介入，但因其他省份士绅领袖的响应而很快发展为全国性规模。清政府和地方士绅的愉快合作只限于教育领域，而在铁路问题上不可能使地方士绅感到满意，保路运动因此演变成

---

[1] Madeline Chi, *Shanghai-Hangchow-Ningpo Railway Loan, A Case Study of the Rights Recovery Movement*, Modern Asian Studies, Vol. 7 (1973), p.105.

[2] 全汉昇、何汉威：《清季的商办铁路》，《香港中文大学中国文化研究所学报》，第9期（1978年1月），页169—171。

反政府力量。

张元济与立宪运动，1906—1911

在清朝统治的最后几年，绝大多数由士绅领袖组成的立宪派，试图迫使政府召开全国议会。他们的活动包括演讲、编写小册子、组织立宪团体、出版立宪期刊和杂志，动员群众参加向清政府请愿的队伍。就像教育改革和保路运动那样，立宪运动最初也是清朝改革计划的一部分，并得到朝廷含含糊糊的鼓励。但立宪派的要求渐渐变得愈来愈具体和迫切，清政府就试图遏制它。在这个阶段，立宪派成为一股反清的力量。

张元济在立宪运动中是相当积极的，作为一个出版家和预备立宪公会成员之一而试图推进该项事业。然而，在他的回忆录中从未提到他作为立宪派所做的工作和抱负。相反，他提到在1900年——义和团运动期间，他已对清政府失望了。[1]也许在1900年时确实如此，但后来他对清朝恢复部分信心。不然我们如何解释他在教育改革和立宪运动中的热情呢？但由于他未曾直接谈及他在立宪这一阶段的状况，因此这时期的政治思想倾向，只能通过勾画这一事件来评估。

晚清立宪运动夭折是戊戌维新的副产品。立宪派批评政

---

[1] 张元济：《戊戌政变的回忆》，页19。张元济提及他如何去见为义和团问题和外国列强谈判而途经上海的李鸿章。张元济记述他对李鸿章说："不必再替清廷效力了。"

府无能和腐败，拥护在中国建立一个君主立宪政体的理想政府。事实上，他们的理想、计划甚至最终目标都与孙中山领导下的激进革命派非常相似。两派都鼓吹进行深广的改革，以使政府变得更有效率；两派都旨在改善中国的国际形象；两派都支持民权意识。他们之间所不同的仅仅在于现代中国政府应有的形式。立宪派要求维持王权，只是要达到控制和分享君权，而革命派则要求建立一个共和国。然而，在清朝统治的最后十年间，国家复兴的主流是维新派而不是革命派。正是这一批现代化的、具有自由意识的改革家，努力实施教育改革及保护中国的经济和铁路权益。事实上，正是立宪派的宣传和批评刺痛了政府，因为他们的刊物能公开流行，并受到尊重，以至温和和中立的人都能阅读。比较来看，这一阶段革命派的活动是在外围和秘密的，只在很少激进分子中产生影响，而未能作为主体影响中国知识界。有史家指出：是维新派而不是革命派，对辛亥革命的成功做出了最大的贡献。[1]立宪派是真正令人注目的政治中心人物。

中国应当有一部宪法这种思想是在戊戌维新时期首先提出的。1900年，当自立会的改革家企图通过军事手段掌握政权时，君主立宪就成为他们未来政府的纲领，并通过上海的"议会"来宣布。在1905年的日俄战争中，日本的胜利一般被视作立宪政府比独裁政府优胜的证明，立宪主义的热情

---

[1] M. Gasster, *Chinese Intellectuals and the Revolution of 1911* (University of Washington Press, 1969), pp.18-19.

风靡全国。甚至俄国也计划成立立宪政府，中国应不甘落后。1905年年末慈禧太后派遣第一个宪政考察团去国外，1906年又派出另一个，他们去研究全世界的政府制度，然后向慈禧太后报告。1906年9月1日，颁布皇诏宣布赞同立宪主义原则。具体步骤非常缓慢：首先在1909年召开各省议会，作为1910年召开国家立宪议会的第一步。

在清政府谨慎而缓慢移动步履的同时，立宪预备会议在全国各地迅速召开。[1] 组织得最好和最突出的是总部设在上海、分部设在北京的"预备立宪公会"。公会在江苏著名教育家和企业家张謇的领导下建立，他和张元济在教育改革和保路运动中紧密合作。张元济被推举为公会上海总部的会董，并担任这一职务至命运攸关的1911年，其时他当选为副主席。公会成员大部分是改良主义的士绅领袖。更值得注意的是，不少成员是商务印书馆的职员。这些人除张元济之外还有高梦旦——一个重要的现代教育家和商务编译所所长，孟森（1868—1937）——张謇的忠实追随者和日本留学生，他是商务有影响的《东方杂志》的主编。1907年孟森在杂志上搞了一个特辑，称为"宪政社说"。他所作有关立宪运动的报告如此仔细和深入，以至《东方杂志》普遍被认为是有关立宪派历史资料的最好来源。此外还有陆尔奎，他以主编中国第一部现代辞书《辞源》而闻名。

---

[1] 张朋园：《立宪派与辛亥革命》（台北，1969年）。张朋园罗列了上海、湖南、湖北和广东的主要立宪派组织机构。

预备立宪公会的工作包括出版小册子和杂志，阐述各省议会的工作。他们还与梁启超在东京成立的"政闻社"密切合作。梁启超在他自己的报纸（在中国属非法的）上刊登的文章，被立宪协会主办的多种出版物忠实地转载。协会还为其会员组织解释现代宪政的专门讲座。演讲者通常是从日本归来的留学生。他们的目的很清楚——形成一个普遍、广泛的有利于国会召开的外在环境。他们还有一个更直接的目的——控制各省将在1909年召开的省议会。这并不太困难，因为只有范围很小的阶层，如科举出身的士绅、现代学堂毕业的知识分子和富有的地主才有选举资格。[1]选民数目只占全部人口的0.42%，而且一般人对选举的反应也是极其冷淡的。[2]这种情况对立宪主义者非常有利，因为这意味着只有那些对进入各省议会非常有兴趣的人才能当选。获得合法地位之后，这些都市的改良主义精英发现他们真正享有前所未有的政治地位。尽管清政府反复强调各省议会只有咨询和顾问的权利，但议员发现他们已拥有一个较好的舞台，哪怕他们对改革的鼓动过于激进、超出了朝廷的意愿，他们的合法地位也使得朝廷不可以随意解散和抑制他们。各省的议会一召开，他们的领导人就为鼓动召开一个全国国会而展开一个全国性的运动，政府最初允诺九年后实行充分的君主立宪（从1908年起）并不能使他们满足。在预备立宪公会主席和新任江苏省议会主席

---

1 各省议会选举人和候选人资格的详细情况，可参见Peng-yuan Chang, *The Constitutionalists*, in M. Wright, *China in Revolution*, *The First Phase*, pp.145-153.

2 Joseph Esherick, *Reform and Revolution in China* (Berkely, 1976), pp.94-95.

张謇领导下,他们开展了一场全国性的请愿运动。1910年先后上过三份请求立宪的奏折(1月、6月和10月)。当政府采取不理不睬甚至敌视的态度时,运动变得更浩大,也更变化多端。立宪运动起初只有士绅精英参与,随即像滚雪球一样成为一场"群众运动",参加的人形成了一个比议员和预备立宪公会成员多得多的集团,第三次请愿签名中(号称2500万人)有许多商人和海外华侨的名字。运动的口号和策略变得更有军事性和反清色彩。清廷因为不能满足立宪主义者并命令他们解散而使双方日益疏远。和平请愿和合法行为的成就有限,使他们的幻想破灭,其中一些人因此转向了革命派。

张元济对促进立宪活动的贡献主要在组织出版工作。大家相信《东方杂志》发表"立宪社说"主要由于张元济持赞成及支持的态度。[1]杂志极度亲梁启超的态度也应归因于张元济,商务印书馆出版梁启超的著作和译作,由张元济本人写信给梁启超讨论各种出版物的条款和形式。[2]张元济还要求梁启超为《东方杂志》写一些关于时局的文章,此外张元济还以商务的杂志为梁启超这一中国有关立宪问题最有影响的作家提供论坛。张元济还做了其他一些力所能及的工作。早在1911年,他就创办了一份新的月刊,其目的是在"冀以普通政法知识灌输国民"。[3]在1910年他给梁启超的信中多次提到

---

[1] 张玉法:《清季的立宪团体》(台北,1971年);张朋园在《立宪派与辛亥革命》书中指出在这一事件中张元济的个人影响。

[2] 梁启超:《梁任公知交书札》(台北,1960年),页326—327。

[3] 同上书,页328。

这一私人杂志，并要求梁启超为第一期写一些文章并定时不断来稿。[1]他希望这份杂志能"上助宪政之进行，下为社会谋幸福"。[2]

在此期间，张元济也在上海为一些志趣相投的朋友提供一份报纸，这就是《时事新报》，它成为上海最风行的报纸之一。他告诉梁启超，报纸是影响公共舆论和传播立宪思想的工具，[3]提供这份报纸是为了果断地改变它的方向，以至"拯救国家和启迪民智"。张元济也悲叹资金不足和缺乏优秀工作人员，表示热切希望梁启超能返回中国，合作促进开办现代报刊。同时因为梁启超仍是朝廷钦犯，他只好请梁启超常常交来一些稿件。《时事新报》每日送到梁启超处，以便他发表观点和提供建议。

除了专门创办宪政杂志和接办报纸之外，张元济还负责出版一系列有关立宪政府的小册子，并由商务承印。张元济的态度也是重实效的，这样的书和小册子也是特意为了赢得那批对立宪主义有一定兴趣的稳健派士绅，他们小心翼翼，不愿承担太大风险。在一封致商务三位年长高级编辑的信中，张元济写道："鄙意尤重在先编浅近诸书，层层解说，如何为议院？何为选举？每类一册。……成一丛书，专备内地

---

1   张元济致梁启超的信中把该杂志称为《政法杂志》。关于该杂志，在这一时期上海出版物的书目以及商务印书馆记载中，均无详细材料可以引用。然而，在《东方杂志》第8卷第5期，1911年7月的一篇文章中，张提到他已在创办一份新的《政法杂志》，很可能是同一份立宪杂志。

2   《法学协会杂志序》，《张元济诗文》，页289。

3   张元济致梁启函，1910年12月28日，载丁文江：《梁任公先生年谱长编初稿》卷二 (台北，1958年)，页333—334。

绅士入门研究之用。文字宜稍优美而解释务宜明晰,理想切戒过高。"[1]

从这一时期的新书目[2]可以看到张元济推广立宪知识及有关地方自治是不遗余力的。这些书包括从对宪政的全面分析到对地方选举、地方政府和省议会职能的初步解释。书目包括:《十六国议院典例》《议会政党论》《新译日本议员必携》《自治论》《地方自治浅说》等。这些都是解释立宪政府基本知识的先驱作品。

张元济对立宪运动鞠躬尽瘁的工作还有一段有趣的小插曲。在1911年1月29日农历除夕,他在船上给梁启超写信(他环游世界旅行期间,曾在神户与梁启超见面),谈及在回国旅途中,他和高梦旦在船上设计了一个游戏,目的是使人明白选举的方法:

> 弟与梦旦归国时,海中无事,编有《选举图》。筹借新年游戏之趣,为补助教育之用。谨各寄呈一份。伏祈教正是幸。[3]

中国新年是传统聚会和团圆的时间。在新年期间,游戏十分普遍,但通常与赌博有关。要弄清张的"选举游戏"的效果是不可能的。通过新年的游戏来促进立宪派的事业,这只能是他对立宪主义事业的热情的一种解释,很明显的是,他

---

1 《张元济书札》,页182—183。
2 《王云五年谱》,页52—54。
3 《梁任公知交书札》,页328。

理解到立宪政府需要有更广泛的支持才可以成功。

改良主义的精英对辛亥革命的反应

要弄清楚张元济何时从一个热心的立宪主义者变为一个共和制的支持者是不容易的。当1900年许多立宪主义者醒觉并变为革命者时,[1]所有迹象仍表明直至1911年的最后几个月,张元济仍是一个皇权拥护者。他最亲密的朋友张謇和梁启超,甚至直到武昌起义后不久仍忠于清朝。[2]起初他们都不相信革命者能够建立一个取代皇权的有效政府。但由于清朝当局很快崩溃及各省相继宣告独立,立宪主义者明白了试图支持皇权是毫无用处的,形势需要尽快稳定,因为如果革命一旦陷入混乱,会给民众带来更大的不幸并导致外国干涉。他们已经找到一项有效的、有秩序的办法,使清帝退位并建立起一个共和国。立宪派在各种党派即清廷、孙中山领导的革命派和控制着新军而举足轻重的袁世凯之间扮演了一个中间人的角色。他们的威望、他们广泛的社会联系和政治经验,特别适宜充当中间人。此外,立宪派还通过各省议会控制了首先宣告独立的十四省中的九个省。他们本身也是一种相当重要的政治力量。

武昌起义后,一群立宪派常常在赵竹君的私邸会晤。赵

---

1 张朋园:《立宪派与辛亥革命》(台北,1969年),页168—178。
2 李时岳:《张謇和立宪派》(北京,1962年),页40—43。

是上海有影响的立宪派报纸《申报》的创办人和最大股东。他们聚会的大厅称为"惜阴堂"。幸运的是,即使在这危难和动荡的时期,这些精英知识分子仍保持着聚会时在专门册子上签下名字的好习惯,所以我们知道张謇、张元济、赵竹君、汤寿潜等人是经常出席的人物。[1]在会晤中,他们讨论了当革命既成事实时他们应当如何为中国服务。与袁世凯谈判,使他成为新共和国的总统,并劝告新的皇太后隆裕和摄政王体面地退位,这些计划就是在这里提出的。在确保中国不经过更大的动乱而成为一个共和国的过程中,立宪派起了关键性的作用。

一般说来,立宪派未能得到中国历史学家的公正评价。"立宪派"这个名称经常是用于贬义的场合,常常用来描绘那些年迈的、退步的和拒绝接受变化趋势和不愿支持共和革命的顽固派。他们的爱国事实经常被忽视;他们通过传播报刊和小册子增强人民政治意识的努力经常被遗忘;他们在各省议会实行选举的成就受到贬低。所有这些都因为中国成为共和国,立宪派未能最终实行君主立宪。

立宪派应当得到公正评价:不能忘记他们曾经扮演了建设性地批判清政府的角色;他们在传播诸如国家主权、公民权、代议制、个人主义和现代自由冒险精神等现代思想方面的贡献,远远超过共和思想的宣传家;他们在使政治体制从

---

[1] 严独鹤:《革命时期上海新闻界动态》,载《辛亥革命回忆录》,页82—85,又见Chu. S., *Reformer in Modern China*, pp.75-77.

皇权转变到共和方面的努力、他们在1911年10月后尽可能快地恢复秩序方面的努力，也都应当恰当地承认。张元济从1898—1911年的活动，典型地反映了大部分自由改革家阶层这一时期的所作所为。张謇、汤寿潜和赵竹君的活动也非常相似，他们的教养和气质与激进革命家相去甚远。他们满足于慈禧太后的改革宣言，在江苏—浙江地区的教育界中扮演突出的角色，在保路运动中确立了领导地位，并且是热情的立宪派。在清朝的最后十年里，这些士绅领袖保持了对皇权的合作和支持，希望朝廷能真正地实行改革而使中国现代化。他们扮演了双重的重要角色：作为地方领袖，支持建立各省铁路的权利和促进内地的现代学校的建立；作为国家层面的领导人，试图促进对立宪主义的广泛支持和阐述全国范围的教育改革的方针。可以说这群人在晚清的政治中扮演了具有高度建设性的、进步的和明智的角色。

张元济有关革命的个人看法尚不清楚，但由于他也是在

"惜阴堂"会晤中讨论什么是中国转变为共和国的最佳途径的立宪派领导人之一,可以确定就在这个时期他的态度发生了变化。他的变化很可能是基于实践的必要,而不是理论的原因。经常被引用来说明他勉强地转变为共和主义者的论据是商务印书馆未能及时变更教科书内容而遭到的失败。据说在1912年,即民国元年,商务教科书仍印了清朝的"黄龙旗"而滞销。[1]共和主义的历史家经常嘲笑立宪派,指后者在看到立宪主义没有出路时才见风使舵。无论这一观点是否真实,它显然不适用于张元济。他偏向共和主义者的决定似乎真正是出于国家利益而非出自个人野心。1913年,他的老"同年"、统一党的熊希龄(1870—1937),试图在袁世凯总统下组织内阁,邀请张元济出任教育部长的职务。一些老朋友包括张謇和梁启超都进入内阁,但张元济坚决拒绝,[2]宁可留在商务印书馆,这显示了他在把出版业作为自己的事业以实现传播知识使中国富强一事上很有信心。

---

[1] 蒋维乔:《创办初期之商务印书馆与中华书局》,载张静庐:《中国现代出版史料》卷四,页395—400,蒋维乔评论:"彼本有保皇党臭味,提及革命,总是摇首。"
[2] 《张元济书札》,页63。

第五章

商务印书馆股东、经理和编译所所长

——1901—1911

商务印书馆的起源

商务印书馆是中国首屈一指的出版机构，这对于中国学者来说是一般常识。[1]它是怎样创办起来的呢？张元济决定从著名的南洋公学辞职进入商务时，它的情况如何？更令人深思的是：当他迈出这果断的一步时，觉得商务有什么潜质？

商务印书馆实际上是在1897年由上海四位富有创业精神的人办起来的，他们是夏瑞芳（1872—1914）[2]、鲍咸昌（卒于1929年）[3]、鲍咸恩（卒于1910年）和高凤池。四个人中，夏瑞芳是领袖，创办商务印书馆很可能是他的主意。四个人都没有受过中国经典教育，他们不是传统的知识分子。他们大胆的精神，加之上海作为中国最西化的港口的有利环境，使他们因势利导从而得到极大成功。四个人起初都在上海美华书馆工作。美华书馆因为在1860年率先采用电版印刷汉字而闻名。最初长老会创办该馆，主要是为了印刷《圣经》和另一些中文基督教文献，同时也承印一些账单、票据、信笺和上海一些西方

---

1   商务印书馆的历史可参考以下各书：Chien, Florence, *The Commercial Press and Modern Chinese Publishing: 1897—1949*, (M.A.Thesis,University of Chicago,1970);*Drège, Jean-Pièrre La Commercial Press de Shanghai 1897—1949* (Collège de France,1978);

    王云五：《商务印书馆与新教育年谱》(台北，1973年)；商务印书馆编：《最近三十五年之中国教育》(上海，1931年)；香港商务印书馆编：《商务印书馆八十周年纪念特刊》(香港，1977年，以后简称《纪念特刊》)；

    商务印书馆编：《商务印书馆九十年》(北京，1987年)；

    商务印书馆编：《商务印书馆大事记》(北京，1987年)。

2   关国煊：《夏瑞芳》,《传记文学》(台北)，第34卷第5期，页144—145。我也感谢R. How夫人给我提供了她父亲生平的详细情况。

3   陈真等编：《商务印书馆创办人鲍咸昌》,《中国近代工业史数据》卷一, (联合出版社，1957年), 页578。

洋行所需的各种纸品。

夏瑞芳和鲍氏兄弟进入圣心书院学习英语。同时夏瑞芳成为美华书馆的雇员前，已在一些英文报馆里学会了检字和排字。其间正是甲午战后几年内的事，当时社会很快地形成学习西方知识的风气。当康有为、梁启超那样的改革活动家提倡政治改良、并试图为其重新解释儒学辩护时，当张元济正忙于在通艺学堂为京官的年轻子弟实施现代实践教育时，当官僚企业家如盛宣怀创办像南洋公学那样的现代学堂时，这四位来自社会底层的创业者决定通过创办自己的印刷所来试一试他们的运气。这四人并非受崇高的救国理想所激发，他们只是感到时代的变化，懂得中国对西学空前的渴望会为公司提供良好的机会，并意识到中国人将大量需要各科"新书"。然而他们所受的教育极为有限，对各类书的重要性和需要缺乏了解。夏瑞芳找到一本为印度学生写的名为《印度读本》的英语教科书，认为如果加上中文译注的话一定会畅销，因此请一位中国传教士翻译第一册，定名《华英初阶》，印制后亲自到上海各学校去推销。由于当时英语教科书很少，而市场需要量却很大，《华英初阶》销路大畅以至他们四人都获得相当可观的利益。他们决定离开美华书馆，建立自己的印刷所并拓展业务。他们集资3750元，租借一幢房子，购置一些印刷机器，并称之为"商务印书馆"，英文名为"Commercial Press"。名称的选择反映了该馆起初低微的地位：创办者的目标主要是印刷一些他们在美华书馆工作中熟悉的票据、商务记录、收据和其他文具纸品等。夏瑞芳本人负责招徕洋行、学校和上海的小机构客户的订货，并继续印刷这本带来很大利润的《华英初阶》。这本书是商务最初几年仅有的出版物，当时主要活动是按照委托人的订单从事印刷业务。

约在世纪之交，张元济和夏瑞芳相逢了。夏瑞芳去南洋公学译书院接洽业务，而张元济委托这一小印刷所印制他的教学笔记和数据。夏瑞芳对张元济的深厚古典学养和广泛的西学兴趣一定非常钦佩，而张元济对这位地位低下的印刷工人的勤勉，以及发挥一家小型现代企业的效率和对事业的雄心同样留下良好的印象。包天笑这一位了解他俩的同代学者，曾在文章中回忆了夏瑞芳对他公司的态度：

> 夏瑞芳不是中国旧日的那种老书贾，而以少年失学，于文学知识上是有限的。他极思自己出版几种书，但不知何种书可印，何种书不可印。不过他很虚心，人家要托他们所印的书，他常来问我是何种性质？可销行于何种人方面？当然他是为他的营业着想，要扩展着他的生意眼，忠实于他的事业。……夏瑞芳虽然不是一位文化人，而创办文化事业，可是他的头脑灵敏，性情恳挚，能识人，能用人，实为一不可多得的人才。[1]

---

[1] 包天笑:《钏影楼回忆录》(香港，1971年)，页230—237。

如果夏瑞芳常常寻求知识者的提议和意见，那必然要向张元济征询。当他渴望出版一些书时，曾急于转向各科的日本书，并请一些学生译成中文。这样的书，选择盲目，翻译粗劣，全然卖不出去，商务不久亏本约一万元。[1]夏瑞芳感到将来不能依靠这种方式的译稿。按照蒋维乔的说法，正是张元济为夏审读这些日文译稿，并指出它们粗制滥造，充满错误。于是夏瑞芳对现实有了清醒的认识：如果他要成为一个真正的出版家，就一定要在公司里建立一个可靠的编译所。包天笑也回忆夏瑞芳认识到需要自己有一个编译所，以便让有知识的学者来此任职：

> 他又常常询问我："近来有许多人在办编译所，这个编译所应如何办法？"我说："要扩展业务，预备自己出书，非办编译部不可。应当请有学问的名人主持，你自己则专心于营业。"夏君摇头叹息道："可惜我们的资本太少了，慢慢地来。"[2]

张元济早期与商务印书馆的关系

商务印书馆扩展并吸收股东的时机不久就到来了。1901年它组成一个有限公司，资本扩大到五万元。就在这一关头，

---

[1] 关于商务最早的失利，可参阅《王云五年谱》，页2—3和蒋维乔的文章。
[2] 包天笑：《钏影楼回忆录》（香港，1971年），页237。

张元济成为商务印书馆股份有限公司的股东,尽管他继续在南洋公学任中文系主任、译书院院长以及公学总办。1901年起,夏瑞芳更经常向他征求意见,不断劝他辞去公学职务到商务工作。张元济愿意帮助并提供意见,但与商务一直保持非正式关系,直到1903年才辞去南洋公学职务。[1]

当张元济做了股东,就必须更热情慷慨地向夏瑞芳提出建议。此外,他经常使用商务所提供的服务印刷教材。他也创办了一家私人报纸《外交报》,[2]创刊于1902年1月4日,是中国最早专门论述国际关系的刊物。中国确实需要外交技能的现代化并且能理解外国事务——因为自义和团之乱后,认识到盲目排外显然是行不通的。创刊号叙例中,张元济解释了创办这一刊物为什么是必要的:"……人与人有伦理,而国与国有外交……当世君子,诚欲审国势,诇外情。"[3]

报纸是旬刊,其内容包括论说、谕旨、重要的备忘录、有关外交事务的文牍、来自外国报纸的译文和重要的内部电文。张元济强调那些译自外国的文章,尽管含有敌视中国的材料,但必须忠于原文,这是中国真正了解外国态度的唯一方式。张元济发起办这一报纸,因为他坚信广泛地了解国际形势,有助于使中国变得更为现代化。从其内容来看,《外交报》刊登的绝大部分材料是来自官方文书和其他报纸,唯一

---

[1] 不同的材料谈及张元济正式进入商务时提供的是不同时间。正式的《纪念特刊》、他的讣闻和颂辞称为1901年。《王云五年谱》,页9—10,讲为1902年。茅盾讲为1903年,见《新文学史料》,第1卷第1期(1978年),页3。

[2] 包笑天:《外交报汇编》(台北,广文书苑影印本,1964年),卷三十二。

[3] 同上书,卷一,页1。

创作的部分是论说。这些论说是由张元济及其老朋友蔡元培交替执笔的。蔡元培还为杂志提供了三百元资金,并常常撰写文章。[1]《外交报》从1902年1月发行到1910年1月停刊,共出三百期。商务总是把创办中国第一本外交刊物作为自己的光荣。[2]严格地讲,报纸是出于张元济的个人努力,除了印刷技术方面,商务不应当享有这一荣誉。早期《外交报》封面上都印有"商务印书馆印刷"的小字。《外交报》出版一年之后,张元济进入商务工作,不再仅仅是个投资者时,商务才要求该报作为其正式出版物。然而这样区别是没有意义的,因为后来张元济加入商务,《外交报》仍继续出版。

顺便提及,张元济创办这一刊物,又是商务承印该刊,这一事实是使"张先生进入商务"的准确时间产生混淆的原因之一。

张元济与商务还有另一些联系。1901年夏瑞芳准备出版一本《华英词典》而征求张的意见,张元济和严复讨论了这件事并请求严复为词典作序,这样使商务的出版物能借助中国最著名的翻译家的权威。[3]1902年一整年,商务致力于创建编译所。张元济介绍一大批南洋公学的学生帮助夏瑞芳重译那批翻译质量极其糟糕的日文书。夏瑞芳要求张元济出任编

---

1 高平叔:《蔡元培年谱》(北京,1980年),页13。

2 例如《王云五年谱》页80说,"商务在1910年出版第一期《外交报》",《纪念特刊》页102称:"1901年商务出版《外交报》。"顺便提及,所有参考书都把1901年而非1902年作为《外交报》开办的年代。这可以用该报采用阴历来解释。光绪二十七年是与阳历1901年一致,然而为人所忽视的是"十一月二十五日",实际上是1902年1月4日。

3 陈应年:《严复与商务印书馆》,页15。

译所所长，张元济拒绝并推荐其好友蔡元培。如前所述，蔡元培和张元济都是翰林，都在1898年离开了仕途。他俩又都在南洋公学工作。蔡元培曾在南洋公学当"特班"学生的教习。当学校当局因偏袒一位顽固的教师而于1902年10月开除一群学生后，蔡元培率领了一百多名学生自动退学并组织自己的学校，命名为"爱国学社"。今天，这一学社受到历史学家特别重视，因为它具有鲜明的反清和民族主义色彩。那时，该校受清廷严密监视，并陷入持续不断的财政困扰。这是蔡元培同意接受商务聘请的原因之一。他还推荐一些来自爱国学社的教师作为译者，一起成为初期商务编译所的骨干，但他们仍然保留在爱国学社的职位，只是以部分时间为商务工作。实际上，在书籍的翻译和出版方面，他们对商务的具体贡献是微小的。但蔡元培向夏瑞芳提出的一项建议，价值无法估量。他提议商务应当开始准备编辑一系列适宜新式学校的教科书，以备慈禧太后万一全面废除科举制度时采用。蔡元培和爱国学社的教师开始准备教科书，但由于他们忙于反清活动及其他教学任务，也由于商务仅仅是一个小公司，他们采用了"承包"的方式。蔡元培认为三种教科书是最必要的，即中文、历史和地理。他指定他的职员撰写各种课文。商务印书馆给他们每两课一元钱。用一位这些教科书编者的话："编者既乏教授上之经验，即有经验，亦不得从容研究，惟知按课受酬，事实如此，殊觉可笑。"[1]

---

[1] 蒋维乔：《编辑小学教科书之回忆》，载张静庐《中国出版史料补编》，页138—144。

这样"承包"编写的教科书没有印出来，因为1903年6月的政治事件使这项工作很快中止。蔡元培自己也受"苏报案"[1]的牵连而匆忙离沪去青岛。离开之前他辞去了编译所的职务。编译所尚未完全建立就失去了负责人。

就在这样的情况下，张元济才最后辞去南洋公学的职务而同意担任商务印书馆编译所所长。1903年标志着商务印书馆进入历史上的转折点。张元济的到来，使该馆终于找到一位通晓中西学识的人来指导采用何种出版方针。张元济决定在其所里搜罗最优秀的人才。两位最早由蔡元培推荐的爱国学社的人员——蒋维乔和庄俞——仍留任，他们都是有经验的教育家。张还劝说一位好朋友、传统学者和改良派立宪主义者高梦旦担任编译所中文部主任。他还邀请杜亚泉（1873—1934）[2]这位中国最早受西学教育的科学家，担任理化部主任。杜亚泉是蔡元培的朋友，也是《外交报》的财政资助者之一。张元济得到这些杰出人物的帮助后，可以从事较严肃的出版事业。实质上张元济把那些志趣相投的学者招募到商务时，他的作风很富传统儒家色彩——他希望通过文字来改变风气。然而尽管作风不是新的，但信息却完全不同了。他是一个试图改变国民心态和思想的爱国者。况且，他在商务印书

---

1 《苏报》是一份上海报纸，标榜民族主义和反清，颇为激进。主要作者包括蔡元培、章炳麟和吴稚晖。1903年6月，清廷封闭《苏报》馆，并发出对作者的逮捕令。参见周佳荣《苏报案与清末政治思潮》（香港，1979年）; J. Lust, *The Su-pao Case: An Episode in the Early Chinese Nationnalist Movement*, Bulletin of the School of Oriental and African Studies, Vol. 27, Pt 2 (1964), pp.408-429.

2 关于杜的详细情况参阅《追悼杜亚泉先生》,《东方杂志》第31卷第1期（1934年），页301—304。

馆的经历也显示了不同于一般士绅的活动模式。传统学者讲究建立私人印刷所印制珍本，但张元济旨在为读者提供阅读资料。他对这一出版机构成为一个成功的企业而非常自豪，要求商务掌握在经过新式训练的人的手里，使行政管理机构具有效率。1903年，当张元济掌控了该馆的大部分方针政策时，商务做好了腾飞的准备。

与日本合作的神秘事实

也是在1903年，商务把其资本扩大为二十万元，是1901年资本五万元——张元济和另几个人加入商务，与四位创办者一起成为股东时资本——的四倍。这突然出现的四倍资本来自何方？商务印书馆现存的少量正式记录对此事避而不谈。我们认为从1903—1914年是商务历史上一个特别尴尬的阶段，因为它与日本出版机构合作非常密切。商务编译所有日本顾问，而印刷厂有大量日本技师。在十余年里，商务实际上是一家中日合办的公司。由于种种原因——这将在后面予以研究——无论商务印书馆还是金港堂这个卷入其中的日本出版公司，都不愿意强调这一时期的合作。事实上，双方都试图忘记他们这一段历史，因此有关的原始资料很难找到。然而还是有一些资料留下来，足以表明这段对商务而言极其重要的形成年代里的一些令人感兴趣的事实。商务和金港堂合作的意义是一个很有研究价值的课题。商务早期与日本合作的态度，可以从庄俞所写有关商务历史的文章

中看到:

> 当时(1900)闻有日本金港堂欲在沪设立印书馆,资本极为雄厚。本馆鉴于当时之中国印刷业颇形幼稚,绝难与日人对抗竞争,只有暂时利用合作之一法,以徐谋自身之发展,乃与商定,各出资本十万元,并聘请日本技师襄助印务。[1]

文章的语气明白无误的是辩解,而且极不自然,随后继续提供了一些商务与金港堂合作的细节,不是说日本方面做了什么贡献,而是说他们的力量和影响是有限的:

> 惟所订条件,并非事事平均,如经理及董事会系华人,只一二日人得列席旁听,聘用日人得随时辞退等是也。然本馆与日本人合资,本为一时权宜之计,盖以利用外人学术传授印刷技艺,……方更借外股以充实资本,为独立经营之基础。[2]

虽然对于这场十年之久的合作竟会以这种方式掩饰而感到奇怪,但是必须记住的是在写这段正式的历史时,日本已成为中国的头号外敌。在1930年,中国遭受日本军队的侵

---

[1] 庄俞:《三十五年来之商务印书馆》,载《最近三十五年之中国教育》,页3。
[2] 同上。

略和占领，商务本身也在1932年遭到日本飞机的猛烈轰炸而焚烧。庄俞以这些简短的事实表明商务早期对日本资助的依赖，这种忠于历史的态度是值得赞许的。他的叙述是所有中文资料中最详细的一份。在王云五厚达1101页的《商务印书馆与新教育年谱》一书中，从未提到"金港堂"的名字，十万元的日本资本也只字未提。Ch'ien和Drège的著作，很大程度上是以王云五书为资料来源的，对这一时期中日在这方面的合作情况同样是含糊的。[1]

为了得到一个清晰的脉络，不得不对当时的商务出版物进行彻底调查。在20世纪到来之际，日本被中国视为楷模，而商务的出版物并没有显示很多的反日倾向，反而准备公开宣布他们的雇员中有一些有学问和经验的日本教育家。1904年第一期《东方杂志》就有关于这些日本顾问的广告。这则《初等小学国文教科书》的广告写道：

……本馆特请通人精心编纂，兼聘日本文部省图书审查官兼视学官小谷重君、高等师范学校教授

---

[1] 关于商务与金港堂的合作，高凤池有如下记述："当清光绪二十九年，正是公司规模粗具之时，听说日本金港堂要到中国来开办印刷所——金港堂是日本极大的印刷公司，资本极为雄厚。当时金港堂托上海三井洋行经理山本君调查并计划，山本的夫人是金港堂主的女儿，所以也是金港堂的股东，在金港堂方面是有点势力并且极为信任的。山本同夏瑞芳、印锡璋二先生都很熟，谈起之后，山本倒有意同本馆合办。当时本馆鉴于中国的印刷技术非常幼稚，本馆虽说是粗具规模，但是所有印刷工具能力，只有凸版，相差很远，万难与日人对敌竞争。权宜轻重，只有暂时利用合作的方法，慢慢的再求本身发展，可以独立。遂由山本介绍议定，由日方出资10万，本馆方面除原有生财资产，另加凑现款亦并足10万。这是商务与日人第二期关系，并聘请日本技师襄助印务。但是所订的条件并不是事事很平等的，我们方面有二个主要条件：一是经理及董事都是中国人，只举日人一人为监察人。二是聘用的日人随时可以辞退。"（高凤池：《本馆创业史》，《商务印书馆九十五年》，页8）——编者注

> 长尾槇太郎君及曾从事中国学堂之福建高君风谦、浙江张君元济详加校订，一字不苟，经营数月，始成数册，因应急需先将首册出版，用见方半寸大字附图九十余幅……[1]

这则1904年的广告把这些日本专家的姓名和头衔置于中国专家之前，对他们的资历也详细介绍。非常明显，与日本的联系被认为是商务的一项资本，而不是需要隐瞒的丑事。另一些与日本人合作的线索也能在《东方杂志》上找到。早期《东方杂志》经常刊有题为"对客问"的社论，文中编辑借回答有关当前重要主题所虚拟的问题，表达对时事的见解。所有这些社论专栏的作者姓名是：长尾雨山。雨山事实上是长尾槇太郎的署名。在早年的《东方杂志》上，小谷重的文章也经常出现。

然而当1911年清朝被推翻后，与日本的合作就成了商务的一个不利条件。满族被驱逐和共和国的建立，使中国的民族主义上升到一个新沸点，商务突然面对一个强有力的竞争对手中华书局。这是一个以往曾受商务信任的雇员陆费逵突然离开商务后创建的公司。中华书局（以下简称"中华"）于1912年1月1日正式成立——这也是中华民国宣布正式成立之日。公司名称的选择和创办日期，和其高度的民族主义的"出版宗

---

[1] 《东方杂志》第1卷（1904年3月11日）。

旨宣言",[1]都显示了这一新公司是要借助成功的共和革命的影响力。中华特别喜爱的两个口号是"用教科书革命"和"完全华商自办"。[2]一方面,是利用民族感情;另一方面,对商务的挑战是非常明显公开的。进一步的竞争导致了在报纸上的笔战,其间中华对商务与日本的合作做了不怀好意的揭露。夏瑞芳慎重考虑了形势,决定和日本人中断合作。通过长达三年多的谈判,于1914年买回所有日本人的股份,使商务转变为一家全部华资的中国出版企业。

既然与日本的合作在1911年后成为别人的话柄,因此商务以后不愿承认与日本的关系。而日本对中国连续不断的侵略(首先是1915年的"二十一条",然后在第一次世界大战后争夺德国在山东的权力,1931年直接军事入侵东北,最后在1937年爆发全面中日战争)不可避免地激起中国人的抗日情绪。商务决定把与日本合作的历史重要性减到最低程度,并避免谈到金港堂的投资,其用意是可以理解的。但是,有两个主要问题至今找不到切实答案,诚属遗憾:

(1) 商务与金港堂合作的条款如何?是否真如庄俞的文章所述对中国方面如此有利?

(2) 1914年夏瑞芳提供什么条件使金港堂同意出售这一蒸蒸日上的企业股份?

今天是可以平心静气考虑这一问题的时候了。我们很难同意庄俞的说法,即在商务决定性的初创期内,中日合作的

1　《中华书局大事纪要》,载张静庐《中国出版史料补编》,页565—571,又参见中华书局编《回忆中华书局》(北京,1981年),页2。

2　樊仲云:《商务印书馆与中华书局》,《大人杂志》,第37卷(1973年5月),页16—19。

十年仅仅是一种"暂时的办法"。十万元日本投资给这一企业提供了雄厚的财政基础。日本在印刷技术方面远比中国发达，商务以作为上海最现代化和最有能力的印刷机构而闻名，日本印刷技师无疑做出了很大的贡献。但也许更重要的还是几位在教育和编辑教科书方面有经验的日本顾问的帮助。商务在为中国提供第一套综合现代教科书获得骄人成绩，其中日本顾问扮演了重要的角色。然而，这些在商务的日本顾问的实际职责仍是十分含糊，并难以核实。关于商务与金港堂合作方面中文资料的缺乏与粗略，当归咎于因为持续不断的日本侵略而伤害了中国的民族感情，那么日本方面也许应该公开地承认这十年合作的原始资料[1]。众所周知，金港堂是明治早期一家以历史悠久而闻名的出版机构，至19世纪80年代晚期，金港堂已是东京最著名的教科书出版商。在1902年（也就是与商务合作的前一年），它号称为日本教科书的四大主要出版机构之一，至少有64种教科书被日本学校采用，当时其他出版商无法堪与匹敌。[2]令人感到特别奇怪的是，这一成功的公司竟未撰写自己的历史，有关与中国合作的资料也非常不完整。金港堂幸存的雇员也对与中国合作一事了解甚少，他们只强调这一投资仅为金港堂创办人原亮三

---

1 实藤惠秀在早期日本对商务的影响方面做了大量的研究。他的文章有《民国以来的商务印书馆》，《中国文学》，第77期（1941年10月）；《初期的商务印书馆》，《Ga Ku-Sho》，第7期（1939年3月）；《支那书店盛衰记》，《图书馆杂志》，第253期（1940年12月）。他的发现在《日本文化给中国的影响》（上海，1944年）有过概述。
2 樽本照雄：《金港堂、商务印书馆、绣像小说》，《清末小说研究》（日本），第3期（1979年12月），页300—339。

郎的个人事业。[1]

日本方面的含糊其词显得很神秘，原因是金港堂开始发展在中国的企业时并不光彩。1902年年末金港堂卷入了"教科书丑闻"，有152人被起诉，被告中有著名的教科书出版商、学监和日本文部省的参考书审查官，以及在文学领域享有盛名的人物。一系列审判持续到1904年6月，共有116名被告被判有受贿、滥用特权和敲诈罪。"教科书丑闻"震动了日本的出版界和文学界。长尾槙太郎是著名教育家和高等师范学院的教授，他被指控在一次教科书审查中因受贿而偏袒金港堂。小谷重是金港堂的编辑，被指控行贿。加藤驹二是金港堂的高级职员，亦被指控行贿。经过长时间的审判，三人被定罪，判处两个月监禁，并处以很重的罚金。这是1903年3月的事。

在日本"教科书丑闻"后不久，金港堂代表就在上海出现，寻找投资的机会。对于1903年那些模糊不清的事件，我只能推测原亮三郎感到应对这三人涉及丑闻负责任，因此设法为他们制造机会，离开日本，另谋生计。

金港堂代表起初要在上海开设一个分公司，但他们对夏瑞芳印象良好，并发现商务是一个值得合作的伙伴。十万元的巨额投资很有可能是作为对中国人允诺给予三名日本学者以适当职位的一种回报。大量雇用日本技师也可能是条款之一，鉴于明治维新时期日本印刷技术的迅速发展，这应当也

---

[1] 樽本照雄：《金港堂、商务印书馆、绣像小说》，《清末小说研究》（日本），第3期（1979年12月），页338。

是一项受欢迎的建议。

商务对日本合作的态度具有三重性。他们公开承认受惠于日本的印刷技术,并详细记录了他们向印刷所内直接雇用的日本技师,或选送中国留日学生所学到的各种工艺,[1]但不愿提及日本对商务的巨额投资。凡提及这十万元日本投资,总是随后声明接受日本的钱只是一种权宜之计,且公司在1914年成功地收回了所有日本股份。

至于有关在整整十年中为商务工作的日本教育家的贡献,则长时期被遗忘了。蒋维乔本人就参加过教科书编辑小组,曾写过两篇详细的有关商务教科书编辑的文章[2],解释他们为什么会如此成功。在所有问题上都谈得非常详细,却只字不提编辑小组中有日本人。商务的正式出版物也同样如此。[3]

长尾槙太郎、小谷重和加藤驹二这三位日本人,以他们在明治初期有关现代日本学校教科书编辑方面的第一手经验,肯定是担任商务国文教科书的编辑,不说是极其重要的,也至少是主要的角色,这一点是不容置疑的。中国方面不愿承认他们的贡献,在1940年曾引起实藤惠秀的强烈责备:"在我们看来,长尾雨山被忘却确实是不科学的。"[4]他还把

---

[1] 贺圣鼐:《三十五年来之中国印刷术》,载《最近三十五年之中国教育》,他详述1903年商务印书馆雇佣日本技师制作铜版和锌版的情况;1905年日本技师传授了彩色石印术和铜版雕刻术;1908年中国技术人员又去日本学习彩色版的印刷术。在大多数场合,他只提及日本技师的名字,而绝不提"金港堂"的名字。

[2] 蒋维乔:《编辑小学教科书之回忆》,载张静庐《中国出版史料补编》。

[3] 包括三十五周年纪念和八十周年纪念的出版物。

[4] 实藤惠秀,见本书136页注1。

建立编译所归之于日本人的成就，指出长尾槙太郎是"编译所所长"[1]。按照实藤惠秀的看法，最早的商务教科书简直是日本教科书的翻版："早期（商务）初等小学教科书只是日本教科书完整的翻版。有时他们甚至使用原版教科书和原版的解释，只是加一些（中文）翻译而已。"[2]

由于最早的商务教科书已不再存世，因此评估日本教科书对它们的影响程度很困难。[3]但就算是真的全盘翻印日本教科书，也一定为时很短，不然就不必有编审教科书的委员会了，同时如果商务教科书仅仅是日本教科书的翻版，它就不能获得如此成功。

根据现存已获得的材料，要恰当评估作为投资者、技师和顾问的日本人所起的作用是不可能的。就本文的目的来说，认识到与金港堂的合作在商务形成时期必定起过重要作用就足够了。需要注意的是，近期中国学者的著作比较直接地承认日本学者对早期商务的贡献。[4]他们的名字被提及，身份有了简略的介绍，甚至被称为是与中国学者共同工作的编辑。所有这些都是出自北京的内部出版物，当大量这类材料被披露出来时，商务和金港堂合作之谜，也许可以有真相大白的一天。

1　令人感兴趣的是所有日本人提到长尾槙太郎时都把他作为1903年以后"商务编译所所长"，而中国资料认为接替蔡元培的是张元济。

2　实藤惠秀，见本书136页注1。

3　笔者看到香港中文大学谭汝谦博士所藏一些早期商务教科书的照片，清楚地显示了日本人的插图附上中文图注。

4　胡愈之：《回忆商务印书馆》，《文史资料》（1979年4月）；以及章锡琛、郑贞文等的文章都承认日本人的贡献。

商务教科书的成功

众所周知，商务教科书的成功很大程度应归功于教科书编辑小组制订的严格基本原则。编辑小组由中国教育家(张元济、高梦旦、庄俞、蒋维乔)和他们的日本同事(长尾雨山、小谷重和加藤驹二)双方组成。一位日本归国的留学生刘崇杰担任翻译。这四位中国人都有从事教育中国学生的实践经验，但他们通常是教育成年的和较有文化水平的学生。相形之下，日本学者在编辑教科书方面有实际经验，对如何编写初等教科书有一整套基本原则。他们可能替商务起草过一套新的编写方针和基本计划。

蒋维乔记述了1903年编辑小组商定的基本计划，所有未来教科书都必须按照计划所规定的详细条款来编写。他们同意小学教科书应当只包含少量笔画简单的字，教科书选择的字应当是日常使用的，对每堂课引入的新字数量以及在日后各课的重复率也有规定，还商定了每课书中的总字数，在课程内容的选择上也有一个全面的计划。每册60课中，包括科学、历史、地理、修身、卫生、政治等，各课皆附有图解。

蒋维乔没有说明编辑小组如何拟出这一复杂的基本计划。这符合儿童学习模式和智力发展的科学性计划，很有可能是受到日本编辑的指导。

商务教科书的成功也在于选择了正确时机。事实证明，蔡元培断定清政府不久将修正其教育制度的预言是正确的。1905年8月，清政府宣布废除科举制度，甚至在更早的1904

年就宣布新学校体制的详细规定和各级学校的完整课程设置方案。商务印书馆精明地预料到这一切：第一册《最新初等小学国文教科书》在1904年投放市场，在几个月内销售了十万多册。他们还为即将出版的十册初小教科书和四册高小教科书大做广告。两年后商务完成了该系列的各册读本。每册都配有教师参考书——这是实际的需要，因为大多数传统的教师不太了解新教科书中介绍的科学、地理和世界历史的内容。每册还附有合适的学生补充练习，以使学生不需要教师太多指导也能练习。

1904年以后，商务已在中国新式教科书市场上独占鳌头。它的垄断地位直到1912年才面临挑战。1912年中华书局崛起，宣称他们具有更正确的共和思想。商务印书馆教科书之能成功，主要应归功于编辑小组的开明精神，特别是为了按照一个公认的基本准则而愿意放弃那种传统学者的自傲。从限制所用文字的笔画和强调生字的重复率可以看出他们对儿童学习能力有清醒的认识。在版面设计方面，将与课文密切相关的图示和生动解释置于十分重要的地位，这一点也应给予开创性的评价，因为这在中国历史上是第一次承认应寓学习于兴趣——而学习不仅仅是作为自我修养的需要。这是对传统中国教育思想的一个革命性创新。

商务印书馆创办的学校

在商务继续为自己在教科书市场上独一无二的地位沾

沾自喜时，它也知道自己正面临一个艰巨任务，即旧式的教师对现代课程几乎一无所知。因此首先要使他们受教育。常常有教师不理解课本中使用的新名词，他们没有教学方法方面的知识，因为传统的中国学生只是简单地通过死记硬背来学习一切知识。1905年7月，商务为小学教师开办了第一期师范讲习班，六个月时间内训练了32名教师。同年12月又办了第二期教师训练班（约有100名教师），课程扩充到一年。还开办了一所附属于师范讲习班的实验学校，并经常介绍新的教授方法和新的材料。师范讲习班和实验学校不久享有盛誉，一直持续到民国成立以后。它们无疑帮助改善了许多教师的素质，帮助他们应付那些新科目。从商务印书馆的观点来看，它训练了大批熟悉商务版教科书和教学参考书的教师，对于公司的声誉和业务都会带来很大的收益。

1910年，商务办了一所学制更长、人数更多的师范学校，[1]是为初等小学和高等学校教师举办的训练班。学期末举行正规的考试，商务邀请知名教育家如吴稚晖、黄炎培等担任主考人。考试成绩出色的考生可以获得巨额奖金、购书赠券和去国外研究教育的津贴。每个学期，商务也编辑一些有关现代教授方法和班级管理的实用笔记，这种笔记很受欢迎。师范学校对教师提供相当多的实际指南，同时邀请知名人物担任主考人，并发放奖金等等，表明其计划部分是为了其宣传价值。商务印书馆就是以这种方式逐渐成为中国首屈

---

[1] 庄俞：《三十五年来之商务印书馆》，载《最近三十五年之中国教育》，页17—20。

一指的出版机构。

在1905—1906年间附属于师范讲习班的实验小学继续发展，渐渐成为一所专门的商务职工子弟学校，尽管也公开招生。校舍位于厂房附近，并定期由商务提供经费。1907年正式命名为"尚公小学"。"尚公"意谓"崇尚公共精神"，这也可能是受1906年成立的新学部公告的影响。因为学部规定中国教育的基本目的是："尚君、尚孔、尚公、尚实。"

无论如何，尚公小学是上海管理最好的学校之一。它有受过现代训练的教师，以良好的体育设施、新的教育方法和高度的学术素质而闻名。[1]曾有一个时期，它还附设一所幼儿园。商务印书馆特地为职工子弟提供教育的事实，也为它赢得了欧文主义的名声：它成为旧上海极少数几家照顾工人福利的资本主义企业之一。

除师范讲习班和实验小学外，商务还开办了"职业学校"，其实是一所为商务印书馆各行政机构培养不同层次管理人员和技能人才的学校。这所学校是由张元济亲自领导的。它开办于1909年，到1921年为止共办了六期。职业学校聘请最好的教师教授语言、算术和商业。公司的学徒必须上课，工作的分配和晋升的机会都由他们在职业学校学习的成绩决定。其他雇员亦被鼓励到学校去学习某些课程。那些成绩优秀的都有奖金、提升机会或其他鼓励。张元济运用此方

1　方桂生：《我和商务印书馆》，《馆史资料》，第10期（1981年6月），页8—12。方桂生是实验小学的一个学生，他的记述是我见到的材料中最详细的一份。

式提高雇员的智力和技术水平。众所周知，商务分馆的大多数经理都是职业学校的毕业生。[1]现代工商业无疑需要现代管理，商务在印刷、出版和销售方面的优势，大部分应当归功于张元济的远见和他为公司开办训练必要的干部的专门学校。

商务开办这些学校，因而在社会上享有好名声。它对教育的兴趣是真诚的，同时，也成为商务行政管理、编辑和技术人才方面的宝库。

涵芬楼

张元济采取的另一项重要新措施是为商务印书馆建立一个内部参考图书馆。1904年就在他担任编译所所长不久，便开始为其收集图书。中国传统的图书馆几乎都是藏书家私人拥有的藏书楼，没有近代意义上的公共图书馆。皇家图书馆仅开放给极小部分优秀学者，但他们也只能在得到专门的许可下方可参阅。张元济总感到在商务印书馆编译所工作的编辑手头上必须掌握广泛的参考资料，因为他们需要有可靠的数据来核实书籍和杂志上的材料。张元济曾记述自己在这方面的困难："每削稿，辄思有所检阅，苦无书，求诸市中，多坊肆所刊，未敢信。乃思访求善本暨收藏自有者。"[2]

1　罗品洁：《回忆商务印书馆》，《馆史资料》，第3期（1980年11月），页18—22。
2　张元济：《涵芬楼烬余书录序言》，载《张元济诗文》，页282。

当时张元济认为商务必须有一个良好的参考资料图书馆。他把它命名为"涵芬楼",意即这一图书馆包含大量智慧和知识财富。张元济专门从以往一些藏书家手中征集图书,这些书通常为一些已故版本目录学家的后代所出售。他的第一个计划是以八万元收购著名的陆氏皕宋楼藏书,当时商务的流动资金才四十万,可见他对善本收购的重视。只可惜日本财阀岩崎男爵以十万元抢购,于是中国四大藏书楼之一的皕宋楼便成了日本的静嘉堂文库。二十余年后,即1928年,张元济东渡再访寻这批书籍并影印部分归国。(本书第八章会谈到)

虽然收购皕宋楼藏书失败,但张元济没有气馁,经同年好友蔡元培的介绍,他终于为商务收购蔡元培的同乡徐氏"镕经铸史斋"五十余橱藏书,然后吴县蒋氏"秦汉十印斋"、太仓顾氏"谀闻斋"等名家散出的书,亦被网罗入涵芬楼。到了民国初年,他更收入了几个大藏书家的善本,如盛昱"意园"、端方"匋斋"、丁日昌"持静斋"、缪荃孙"艺风堂"等。到了此时,涵芬楼已被公认为上海有数的藏书楼,成为全国规模最大的私立图书馆。

除了通过商谈购下知名藏书楼的全部收藏外,张元济还常常定期到一些书市去访书。他在所有旧书店老板处留下姓名,建议他们把收集到的珍本古籍卖给商务。他甚至在自己的住处设置了醒目的标记,欢迎人们给他带来善本经典或历史书籍。在他的通信中写满了这些例子,他和同时代的版本目录学家讨论某些"新发现"的价值,并请求他们将他引荐给这位或那位藏书家。[1]

晚清时代张元济抱着一种强烈的爱国信念，努力从事于为涵芬楼收集有价值的善本。因为政治动乱，大量善本书楼出卖藏书。一些日本汉学家也携带着大批现金伺机获得中国的一批批珍本。因此张元济的行动也在于保护中国文化珍宝不致流落国外。

同时，他已雄心勃勃地制订了长期规划，准备把这些最宝贵的善本描摹重新印制，广为流传。到了20世纪，汉唐以来的经、史典籍，经过世代的坊间粗糙印刷，渗进了不少错误，许多严肃的学者要通过仔细辛劳的研究来纠正这些错误，可惜几乎没有足够的权威版本可以作为他们工作的依据。张元济创立涵芬楼，就是为了推广优秀的孤本，这是为漫长艰巨的工作跨出了第一步。

涵芬楼图书馆无疑是一个值得赞美的文化事业，同时它也必须付出高昂的代价，在最早期情况更是如此。善本书之昂贵的一例，见于1906—1907年间，当时张元济正洽谈购买陆氏"皕宋楼"（一家以收藏宋版书而闻名的藏书家）的全部收藏。正是由于夏瑞芳支持，张元济出价八万元，而那时商务的资本总共才四十万元多一点。[2]很明显，张元济愿出这样的代价并非出自商业上的用意，因为即使最稀有的珍本也不会对公司的销

---

[1] 《张元济书札》，特别看他本人的信。致缪荃荪函，页1—7；致傅增湘函，页70—124；致顾廷龙函，页167—179；致孙伯恒函，页196—204。

[2] 这一事实见之《涵芬楼烬余书录》及下列各书馆：胡道静：《上海图书馆史》；张静庐：《中国近六十年来图书馆事业大事记》（台北，1972年）；《王云五年谱》，页470—473；汪家熔：《涵芬楼和东方图书馆》，《馆史资料》第7期（1981年3月）。

售统计带来任何直接的效益。如果一个人仅仅为利润所诱惑是绝对不可能将公司资产中为数可观的一部分用于一个图书馆的。张元济努力不懈搜求高质量的孤本、夏瑞芳对涵芬楼坚定不移的支持，进一步证明了他们共同致力于出版业的崇高理想，远远高出于创办一家单纯牟利的资本主义企业。

到1907年，商务印书馆总厂迁至一处占地80亩的新址。涵芬楼也迁进一幢五层楼混凝土防火建筑，与编译所同在一处。其最初为编辑参考图书提供服务的目的已经达到，然而它以所收藏的高质量的孤本而闻名遐迩，要求查阅可靠资料的热切学者总是受到涵芬楼的欢迎。他们常常能和张元济切磋探讨，因为他在目录学方面渊博的学识和校勘学方面的研究得到社会广泛的承认。

张元济慷慨地向他同时代的学者展示了那些珍本，这些珍本在其他私人藏书家那里常常被视为珍宝以致无法见到。他们也谈论不同版本的优劣，对不同版本中出现的矛盾之处发表自己的见解。

早期商务的出版物

商务从各类教科书的编辑和出版中获得了很可观的利润，但它也同时承担了一些显然只能带来很少利益的出版物的出版工作。例如在1904年日俄战争爆发后不久，商务推出的一套《日俄战记》，每卷都包括有争议地区的地图、作战图，以及双方政治和军事领袖的照片，其中还有陆战和海战的最新报告。这24册书帮助中国公众了解这次战争。

在本书的第四章中我们已看到，商务的出版物积极迎合清政府的立宪改革计划。1906年，多卷本《日本法规大全》出版。早在1901年张元济就主持该书的翻译，当时他还在南洋公学译书院工作。[1]那时候八成的书稿已经译出，但没有人认为有出版的必要。这时皇诏颁布中国不久将有一个立宪政体，这部书因此重新得到重视。商务译完并出版了全书。全书共80册，它包含对明治日本的各个方面的综合研究，包括官僚政治、教育体制、财政体制、军事和警察系统。正当中国决意转向日本，以其维新作为自己改革的模式时，这部译作提供了日本体制全面情况的参考。

1907年商务受清政府委托出版32册的《列国政要》，实际上这是一份各国立宪实地调查团的报告。

1908年商务出版了有关中央和地方宪政的图书和小册子。这些书包括：《六国国会规则》《日本议会规则》《日本议员必览》和一些有关地方自治政府和君主立宪理论的书籍。

商务印书馆对立宪改革的热情支持，反映出张元济和在编译所工作的密友的政治态度，因正是这群人掌握着商务的编辑和出版方针。正像第四章所述，他们企图

1　《王云五年谱》，页43。

通过为中国读者提供可靠的资料来源而使他们保持警觉和消息灵通。事实上，绝大部分中国公众对国家的政治发展是漠不关心的，众所周知，清政府的立宪努力并未唤起更多的支持或兴趣。从这些事实来看，承担这些出版物的出版不会带来很多的商业利润。作为一个改良主义的爱国者，张元济试图转变民族的风气和观念，从而使民众乐于接受现代化。

在清王朝统治的最后几年里，除上述的一些严肃的著作外，商务也创办了一些非常成功的杂志。《绣像小说》半月刊创刊在1903年，是中国最早的小说杂志之一，在晚清小说杂志中出刊年份也是最长的。它之所以被称为"绣像小说"是由于连载小说的每回都有两幅插图作为图解。插图清晰生动，虽然是通俗刊物，但所刊小说的选题，也反映了编辑的严肃主旨。大部分小说是以义和团以后八国联军入京为背景，对人民的苦难作了感人的描绘；另一些小说暴露了普通百姓在腐败官吏压迫下所承受的悲惨生活；有一些则嘲笑无知而自大的官员空谈"改革"，却不知改革为何物；另一个受欢迎的题材是反映外国人在中国专横跋扈的小说。这些小说被公认为"谴责小说"，因为暴露了腐败的政治和恶劣的社会状况，并鼓励改革。《绣像小说》中这类创作占了很大比重，相比之下，西方作品的翻译则较少。其中有《格列佛游记》《天方夜谭》和娱乐性的侦探小说。《绣像小说》于1903—1906年间出版，总共出了72期，每期页数八十余。

《绣像小说》长期以来是中日学者共同探索的一个令人感兴趣的研究课题。早在1935—1936年间，专门研究晚清小说的阿英和毕树棠有专文介绍《绣像小说》。到了1983—1985年，《绣像小说》的编辑是否为李伯元以及刊物的主旨问题，又在国内《光明日报》《文学报》等引起广泛的争议，历时三载，[1]撰文讨论的不下十位学人，包括日本《清末小说研究》主编樽本照雄氏，国内学者魏绍昌、郑逸梅等，笔者亦有撰文，抒陈管见。[2]

小说虽为传统士人所轻视，但时届晚清，不少有志之士如梁启超、严复等，都不约而同地在自己的报刊上增加小说副刊，反映时政，痛下针砭，希望能促使社会风气一新。《绣像小说》的创刊号有"缘起"：

> 欧美化民，多由小说；扶桑崛起，推波助澜。……察天下之大势，洞人类之赜理，潜推往古，预揣将来，然后抒一己之见著而为书，以醒齐民之耳目，或对人群之积弊而下砭，或为国家之危险而立鉴。……本馆有鉴于此，于是纠合同志，首辑此编……月出两册，借思开化，夫下愚逞计贻讥于大雅……

---

1 争议和讨论的始末详见《出版史料》第5期（1986年6月），页142。
2 叶宋曼瑛：《张元济、李伯元与〈绣像小说〉》，同上书，页143—147。

从"缘起"看，编者的目的是很积极的。《绣像小说》的主旨显然是很严肃的，所谓"以痛哭流涕之笔，写嬉笑怒骂之文"[1]，一般人以小说为消遣的软性读物，但俳谐嘲讽的文字、浅近俚言更能深入人心。张元济知人善任，不因李伯元被讥为"花界提调"而为忤，反而嘉许他的活泼文笔而委任他作《绣像小说》的编辑，也可见他不墨守成规，不是"老冬烘"，所以才可以领导商务，迈进新的纪元。

创办于1904年的另一份杂志，则更为成功，影响亦更大，那就是《东方杂志》。[2]它是中国近现代发行时间最长的杂志，销路甚广，直至1949年停办。[3]创办伊始，它确确实实是一份内容驳杂的刊物，恰如它的英文名"Eastern Miscellany"。其中绝大部分材料直接选录"……各种官民月报、旬报、七日报、双日报、每日报名论要件"[4]。办这一杂志的最初目的是提供一系列来自各种报纸的社论和报告，使读者便于参阅。它并不自命有自己主要的特征。内容分为社说、时评、谕旨、内务、外交、教育、实业、丛谈等专栏。这一安排是为以各种原因寻找有关时事的原始资料的读者提供一条快捷方式。《东方杂志》之所以受

1　郑逸梅:《晚清小说的宝库〈绣像小说〉》，载《书报话旧》(学林出版社，1983年)，页148—149。

2　关于《东方杂志》有两份较好的研究——黄良吉:《东方杂志之刊行及其影响之研究》(台北，1969年); 汪家熔:《东方杂志概况》,《馆史资料》，第5期(1981年1月)。

3　台湾商务印书馆在1967年7月重新创办的杂志，也叫《东方杂志》。

4　《东方杂志》第1卷(1904年3月11日)，页1。

欢迎，部分是由于它选题广泛，部分是由于它印制精良，商务为杂志使用高质量的纸张，同时每期至少有10幅照片。到1910年，其发行量已高达15000份，是当时中国发行量最大的杂志。

早些年，《东方杂志》编辑部里有许多日本人。[1]如同以前所提到的，在杂志内最初几乎很少有署名的情况下，长尾雨山的社论和文章显得非常突出。在20世纪头十年后期，杂志曾介绍过《大宪章》和详细报告过各地选举的最后结果和立宪会议的进展。

《东方杂志》在其漫长的生涯中经历了许多变化，这些将在以后各章中再加考察。

另两份有影响的杂志也创办于这个年代。1909年《教育杂志》创刊，商务选定其英文名称是The Educational Review。它把西方和日本教育的最新理论介绍给读者，同时报道中国公立和私立学校的发展，也报道在教育领域中最新的新闻。再者，张元济在教育方面的极大兴趣[2]对该刊的创办必有很大帮助。今天《教育杂志》为所有研究清末民初中国教育情况的学者留下了一份重要的参考资料。

《小说月报》创办于1910年，到1932年才停办。它是近现代中国发行最久的小说杂志。这一杂志在近代中国

1　胡愈之：《回忆商务印书馆》，《文史资料》（1979年4月），页52。
2　参考本书第四章。

文学的发展中起了重要作用,这将在第六章中论述。

由此可以得出结论,张元济在商务的头十年中可以说是相当成功的。另一方面,公司的销售总额高达一百六十万元,成了庞大的民族企业。[1]它的工厂拥有最现代化的印刷机,在中国、日本、东南亚和意大利举办的各种工业展览会上,商务类型繁多的印刷品以其高质量的图版赢得大量的奖章。[2]教科书市场事实上被商务所垄断。但张元济的成功并不仅仅在经济和工业方面,更重要的是,他成功地坚持了最初文化教育的目的,整整十年,通过出版启迪民智的信念从未动摇过。《绣像小说》和《东方杂志》两者都是赚钱的杂志,但两份杂志都有一个更重要的目标:培养和传播开明的风气,以为日后国家走向现代化开辟道路。刊物的要旨在于唤起人们对中国贫弱、社会不公和需要政治改革的觉醒,促进国民对时事、国际外交和海外现代教育的高度了解。张元济既能追求这样高尚的理想,又能同时扩大公司的事业,是值得称颂的。张元济的使命感实际上常常帮助了企业,例如《绣像小说》刊载的小说选择了严肃的社会主题和传达的爱国信念、《东方杂志》刊载的分析性社论和深刻而富有特色的专栏,对当时的读者很有吸引力。商务教科书的巨大成功,也应当归功于张元济在接受日本学者和下属编辑的建议

---

1 《王云五年谱》,页61。
2 同上书,页46—58。

方面所表现出的进步和开明态度。作为一个有声望的翰林学者、编辑小组中资历最深的编辑和编译所所长，张元济必然对这些著名教科书的编辑方针有着决定性的影响。在传统文人相轻的情况下，商务编辑却是和谐和坦率的。[1]张元济开拓性的功绩，在于创办师范讲习社使教师获得现代科目的训练，还有创办为商务的管理机构训练干部的职业学校，这两者既给公司带来很大的利益，又富有现代精神。

然而，也有几次公司业务与传播知识、启迪民智和现代化的主要目的有抵触。当意识到中国需要更多有关国际法、外交和立宪主义的书籍时，尽管它们没有广大市场，商务仍然及时予以出版。就涵芬楼而论，尽管严格地讲不能算作财务上的沉重负担，但它也不是一项有利可图的事业。

正是在这些事例中，张元济管理商务方面的基本态度非常明显地显示出来。他无疑要建立一个由受过现代训练的人有效管理的现代出版企业，但同时也要确保企业的最终产品，即书籍和杂志，必须为中国实现现代化、传播知识这一远大目标而服务。这就可以解释何以商务出版了许多不能立即畅销和得到经济利益，但符合公众的要求，而且试图鼓励变革的书籍。

---

[1] 蒋维乔:《编辑小学教科书之回忆》，载张静庐《中国出版史料补编》。蒋维乔提出种种例子说明编辑通过激烈但却是坦率的讨论，解决了他们在教科书编辑上的分歧。

张元济的环球旅行，1910—1911

　　1910年3月，张元济开始为期十个半月的环球旅行。[1] 他从上海起航，在往新加坡和马来西亚的途中，停留厦门和香港，随后访问了锡兰（现今称为斯里兰卡），再往西航行进入红海，并通过苏伊士运河到达赛伊达港。在访问埃及后，他乘船横渡地中海，通过直布罗陀海峡到达伦敦。在访问都柏林和贝尔法斯特前，他在伦敦逗留了一个多月。离开英国后，他又到比利时、荷兰，参观了好几个城市。下一个地点是德国和奥地利。他的旅行所到的欧洲最东部的城市是布达佩斯。在访问了匈牙利后他又向西到了慕尼黑，经过瑞士、意大利和法国。随后他横渡大西洋到达美国。他参观的城市有纽约、华盛顿、芝加哥、萨克拉门托和圣弗朗西斯科（即旧金山），从那儿他又航行到达日本，在横滨上岸，访问东京、奈良和神户，并从神户返回上海。1911年1月29日他再度登上中国的土地时，正好是中国的除夕。

　　张元济此行的目的是获得欧美和日本有关出版和印刷方面的第一手知识。显然，他希望带回一些新式印刷机，并和西方出版公司签订一些在中国出版其图书的合同。私下他还有兴趣考察这些国家的基础教育和职业教育的体系。他在《东方杂志》上的连载文章《环游谈荟》

1　张元济：《环游谈荟》，《东方杂志》第8卷第1期（1911年3月），页14—20。

中，仅仅写了一些公众感兴趣的事，但在此文序言中强调将在其他场合写一些有关教育的情况。不幸的是，这篇连载仅登载了两次，1911年8月23日的那期《东方杂志》就中断了，仅仅记述了他到达伦敦前的旅行。很有可能是1911年中期他被任命为中国教育会主席，要求他离开上海两个月，从而打断了他的工作，或许是他卷入了反对铁路国有化和立宪的运动中，两者在这一时期都处于关键时刻。

这篇未完成的文章为我们提供了一个难得的机会去了解张元济性格的其他方面。文章最显著的特征是他对外国社会及政治制度的洞察力。他最初经过的地区，如新加坡、马来西亚和斯里兰卡，都是英国的殖民地或保护国。除承认英国管理机关的高效率、赞赏清洁的街道和良好管理的公园等之外，他也注意到英国狡猾地通过马来西亚土著苏丹的间接统治。他亲眼看见由英国士兵列队游行庆祝苏丹即位周年纪念的庆典，写道："……鹄立营前，鸣炮二十一响，为苏丹贺。若执礼甚恭也者。揣彼苏丹之意，岂不谓吾国虽弱，亦居然有陆军，且习洋操……而英人必故为阿顺，遗将弁为之经营，且表示其尊崇之意，非戏谑也。盖既为本国制造军火厂推广销路，而又为本国军官谋一啖饭之地。且可实行其监视之权，其用意可谓周全矣。"[1]

---

[1] 张元济：《环游谈荟》，《东方杂志》第8卷第1期（1911年3月），页18。

他的文章的另一个主要特点是真诚地关心他所到之处的中国侨胞。当船经过福建沿海的厦门时，他注意到有一群人(数量超过1700人)登上船并被驱赶到三等舱，张元济怀疑他们是那种被卖为"猪仔"的劳工。他试图和船长与领航员谈谈，但他们都推说不知情；他又试图直接和劳工谈话，但他们讲的是闽南方言，又是文盲，不能笔谈，不能自达其意。张元济最后试图通过一些船仆和一位乡村教师与他们再交谈，但被押送"猪仔"者发现，阻止他们继续谈话。这一段插曲可以说明他的社会精神，也足以证明他直接关心一般传统士人所看不起的低层劳工。

在新加坡和马来西亚，他对中国食品充斥当地市场大为满意，并愉快地见到艰苦劳动的橡胶种植工人和渔民。但他也指出马来西亚的赌场皆由华侨所开设，并对此深表痛心遗憾。

船航行到红海，并通过苏伊士运河到达埃及。除赞美运河的机械工艺外，他还注意到塞得港和苏伊士港两港口的卫生官员都是埃及当地人，这使他非常伤感，并为中国的软弱而感到羞愧，因为中国港口的卫生官员全是欧洲人。

他还注意到埃及邮票能为设在赛伊达港的英国邮局所用："埃及半主，他人得于其国举办邮政，固无足怪。吾国各租界内，外国亦遍设邮局，吾苟欲保此完全自主之权，安可任其自由耶。英邮局信面所用者，仍为埃及邮票（法邮局如何余未知之）。而在吾国境内，则悉用其本国邮票。是视吾国犹不如埃及也。可耻也夫？"[1]

由于他的文章写到英国时就中断了，因此关于他旅行首要目的之细节——访问出版商和印刷厂以及考察教育制度——全然缺乏，这令人十分遗憾。幸运的是在他回国后给朋友和商务印书馆下属的大量信件，能再现他这部分旅行的内容。众所周知，他经常按时写信给商务的出版所和发行所，就总方针和具体问题给予详细的指导，尽管这方面的公务信件现在已所剩无几。

他给高梦旦这位商务同事和立宪运动与教育改革方面的同志的私函中，提及他对英国教育体系的看法。他赞扬英国在科学和技术教育方面的成就，但指出在义务教育方面英国不如德国和美国搞得好。张元济对柏林的职业教育留下了很深的印象，那儿所有商人、理发匠、邮递员、屠夫和铁匠都受过与他的工作密切相关的教育："……教铁匠学徒则教以铁之历史，教鞋匠则教以人足之构造及皮革之种别及应用之法……柏林一区，在柏林之中心，学生有三万三千人，岁费一兆马克。"[2]

德国的聋、盲人学校和智障者学校也给他留下很好的印象。他允诺"归国之后当纂述成书"。[3]

除参观学校外，他还访问了许多出版机构。在他的信

---

[1] 《东方杂志》第8卷第2期（1911年8月），页24。
[2] 张元济致高梦旦函，1910年8月27日，写自德国，手稿，上海图书馆藏。
[3] 同上。

中提及一份与英国《泰晤士报》所签的协议,[1]关于协议的详细内容,要求高梦旦参阅"第12号写给出版和发行所的信"。他还访问了一些专门出版教科书的图书公司。显然,签署这些协议,能使商务成为各种西方图书公司在中国的唯一代理人。然而,协议受到政治激变的影响,1911年中国的共和革命引起了国内极大的恐慌,其后欧洲也受到第一次世界大战的影响,阻碍了商务印书馆和西方出版商的合作。

在海外期间,张元济保持了与商务印书馆的密切联系,除上述提及按时给发行所的信件外,每当需要时他也给许多编辑写信。例如,他从伦敦、罗马写信给他的下属同事,在编辑方针和图书选题方面给予专门指导。[2]

到达日本时,张元济会见了老朋友梁启超[3],两人谈了许多事。梁启超把一批中国学生、他的宪政会成员推荐给商务担任翻译工作,还推荐了各种他认为能够翻译并在中国有市场的日本书籍。梁启超还答应为商务的各种杂志和张元济自己的立宪派报纸撰文。张元济提供的报酬是每千字七元钱——这在当时是相当高的稿酬,反映了梁启超的地位与名望。

当他在1911年1月春节返回上海时,各方面已出现了新的危机,政治形势显得异常紧张。从1909年12月起各

---

[1] 张元济致高梦旦函,1910年5月26日,手稿,上海图书馆藏。

[2] 《孙毓修友朋手札》,手稿,上海图书馆藏。

[3] 《梁任公知交手札》,页327—328。

省议会就酝酿召开首届国会。1910年10月正式召开的国会被认为非常糟糕，其一半成员都由清室指定。在张謇领导下的立宪派最近向皇上提出了第三次请愿。清廷的耽搁被看作是故意拖延，士绅的心情变得愈来愈坏。四川的保路运动造成了不少省份反中央政府的情绪。清廷似乎很快失去了它的天命。

国家的政治形势是如此不稳定，而一次意外的财政危机也给商务以严重的打击。从1903年以来，公司正稳步扩展，销售教科书带来了可观的利益，至1910年其资本已扩大到一百万元。公司买下了上海北部的80亩地，渐渐扩充印刷厂、仓库、实验学校和工人住宅。到那时为止，公司已在全国各地开办了三十多家分店。[1] "商务印书馆"的名头很快家喻户晓。然而，正当一切看来那么顺利的时候，夏瑞芳动用了公司资金，在上海股票市场投机，

---

[1] 庄俞：《三十五年来之商务印书馆》，载《最近三十五年之中国教育》，页35。他提供商务分店表。

1911年秋天一次意外的打击，使商务陷入了财政危机。[1] 夏瑞芳能滥用大量公款说明中国旧式企业管理的一些基本缺陷。中国企业的老板通常把自己凌驾于公司规章之上，他们可以经常以种种借口挪用公司资金，而不必同合作者和其他股东商量。张元济决定对商务的管理机制做彻底的改革。下面第六章将说明，他把商务转变为一个有效率的、有组织的现代企业，使其能面对一些严重的挑战而做出的努力。

同时，无论是国家还是公司，都有许多问题等待张元济归来。1911年10月共和革命突然成功使他措手不及，不得不放弃自1898年以来一直积极维护的立宪主义，而渐渐转变为一个共和主义者。就商务而论，张元济最为迫切的问题是挽救教科书市场，因为一部分市场已落入新崛起的中华书局之手。

---

[1] 章锡琛：《漫谈商务印书馆》，《文史资料》(1964年3月)。

第六章

新时代的旧学家

——1912—1919

中华民国成立后，商务就腹背受敌。如本书第五章所述，张元济起初是半心半意转向共和主义，这是商务未能及时修正其教科书出版政策的部分原因。夏瑞芳滥用公司资金及此后在1911年上海股票市场的失败，使商务陷入了一场财政危机。公司被迫出卖一大排新建的房屋和辞退一批资历较浅的编辑以挽救危机。[1]

与中华书局竞争

正如第五章中所述，商务对清政府的突然崩溃和中华民国的诞生毫无心理准备。这给中华书局提供了一个千载难逢的机会，它迅速崛起，并在此后二十年中成为商务最大的竞争对手。在中华民国创立时，书局亦跟着命名"中华"，它的四点宣言以共和为口号，具有特定的意义，其出版政策的原则宣称"养成中华共和国国民"。[2]它自称拥有二万五千元资本，其中心也在上海，并很快在全国各地建立了分支机构。它第一部最主要的出版物，是1912年1月发行的、专门为共和时代编写的《中华教科书》。

创造这一切的是一位二十七岁有野心的天才，前商务一位能力极强的编辑——陆费逵(1885—1941)。[3]早在少年时代，陆费逵就对现代教育和现代思想产生了浓厚的兴趣，梦想成为

1　章锡琛：《漫谈商务印书馆》，《文史资料》(1964年3月)，页70。
2　企虞：《中华书局大事纪要》，载张静庐《中国出版史料补编》，页565。
3　陆费执：《陆费伯鸿先生年谱》(香港，1946年)。

一个出版家。十八岁那年，他在湖北加入了兴中会，但表现并不积极。1908年，陆费逵进入商务印书馆，成为编译所中最年轻的编辑，他的工作能力和热情很快得到承认，不久就被提升为出版部主任。1909年《教育杂志》创刊，陆费逵成了主编。1910年，张元济选择他陪伴出席北京中国教育会大会。正是这个如此受商务器重的人物却演出了出人意料的一幕。作为以往兴中会的一员，陆费逵对共和事业充满了信心，正确地预见了清朝崩溃将给他提供一个终生难得的机会。一种新的政治制度需要一套表达新的价值观念的教科书，以便灌输给青年人。从1911年10月起，陆费逵组织一批商务的编辑同事，在其家中着手编写一套适合共和时代的学校教科书。他毫不费力地找到了编辑，因为商务此时正由于股票市场的失败被迫辞退大批资历较浅的编辑。他们经过两个月的精心准备，在1912年的元旦正式推出这批新教科书。

实际上，新的民国教育部也是非常宽容的。1912年2月它仍同意上海书商的联合要求，允许清朝时所编的教科书经适当修订后，可暂时使用。[1]但是中华书局的新教科书已经出版了，新的共和旗帜赫然印在封面上，并专门编写了解释民族主义和共和主义意义的课文，使中华的教科书很快被全国各地的学校所采用。商务的旧教本不得不修订，错过了春季学期。陆费逵灵活敏捷的算计和对时机的选择，成功地打破了商务在教科书市场的垄断局面。教科书是当时中国出版业

1　《王云五年谱》，页67。

最赚钱的部分。

此后，商务和中华之间的竞争成为中国出版界众所周知的事实。各种已由商务草创的杂志，都被中华效法模仿。1914年它创办《小说杂志》，1915年创办一份反映政治时局的杂志，其风格和材料都与商务的《东方杂志》十分相似。1914年商务创办《学生杂志》，中华很快在一年后推出与它相应的《中华学生》，双方都在1915年创办《妇女杂志》。[1]

中华异军突起与商务节节失利是民初出版界的新局面，张元济是否该负责任呢？在时人眼中，他是前清的立宪派和保皇党，与曾是兴中会会员的陆费逵相比显然是落后了一截。

商务的教科书是否也因此落后？商务的教科书一向是力求领导潮流，担任启迪民智的责任，可说曾走在时代尖端，十分积极地前进。清朝末年立宪过程缓慢的主因是民众的推动力不够，当时张元济亲自编写校订一套《立宪国民读本》希望能推动普及君主立宪的意识，促进朝廷立宪。"此书备言国家与人民之关系，及其权利义务，其立法司法行政之制度亦言之纂详。"这套《立宪国民读本》在1911年年中编成，但不久武昌起义成功，读本内容立刻过时。

张元济对民主共和的接受起初可能不是十分积极，但在实际行动上，也不能说不认真。商务的《共和国教科书·新国文》一共六册，在民国元年6—8月初版，是由高梦旦与张

---

[1] 《中华杂志》的目录，参考企虞《中华书局大事纪要》，页565—566。

元济一起校订的，每册都有直接讲授共和政体的基本知识，其他与共和相关的内容，以至其他国家的政体、科学知识等，都很充实。到了1913年初，商务更出版了《高等小学女子新国文教科书》，也分订六册，内容"本男女平等主义……详言团体政体及国民之常识及公德，期合于共和国民之用"。

1914年与日本的合作中止

最令商务头痛的事情之一，是对手不厌其烦喋喋不休地反复讲述共和主义和民族主义。中华最得意的口号是"教科书革命"和"支持民族资本企业"，都是故意针对商务。其时可怜的商务教科书因拥护君主立宪而明显地过时，所以第一个口号是对这些教科书的不公开抨击，第二个口号则间接指出商务和日本的合作。1912年后中国的反清情绪和民族意识十分高昂，为了借助这高涨的民族主义浪潮打击对手，中华多次在国内主要报纸上大做广告，高呼"中国人应使用中国人的教科书"，并反复讲述商务与日本的合作。[1]

同时由于日本加紧对山东半岛的侵略扩张，反帝意识在中国掀起了新高潮，与日本的合作也就成了商务的一大尴尬事。他们同金港堂的代表开始了长时间、持续不断的谈判，而金港堂非常不愿出让这个蒸蒸日上的中国出版机构的股

1　章锡琛：《漫谈商务印书馆》，《文史资料》(1964年3月)，页72；樊仲云：《商务印书馆与中华书局》，《大人杂志》，第37卷 (1975年5月)，页16。

份。到1913年,商务的资本已由金港堂加入时的二十万元增加到一百五十万元。夏瑞芳亲自到日本谈判,主动提出什么条件已无人知晓。[1]最后,1914年1月6日,金港堂同意出让所有股份,并从上海撤回所有日本雇员。商务在所有重要报纸上得意扬扬地宣布公司终于成了完全的民族资本的企业。就在这一胜利的同时,灾难再度打击商务:1914年1月10日,夏瑞芳在商务发行所门口被刺身亡。凶手的动机至今仍有争议。[2]夏瑞芳的死对商务是一个沉重的打击。作为四个创办人中最有能力和远见的夏瑞芳,通过巨大的努力把一所简陋的印刷所变成第一流的出版机构。也正是他决定邀请张元济加入商务,并委以制定所有管理政策和编辑方针的重任。他全心全意支持张元济,使其在政策制定方面有完全的自主权。他的企业家精神支撑着公司,即使在1912年危机中也是如此。夏瑞芳也是一个毫无架子的人,即使是后来成为中国首屈一指的出版机构的总经理时也是如此。他可以脱下长袍,卷起袖子来帮助工人排字。[3]夏瑞芳是一个有眼光、肯实干的人,是上海滩上富有实践精神的企业家。

---

[1] 日本研究商务和金港堂合作的权威实藤惠秀,1980年3月19日曾写信给我,称他也不知道1914年金港堂为什么和如何出让股份的。

[2] 夏瑞芳的传记把刺客描述为是一伙"未得到他钱的失望的流氓所干的",而章锡琛和胡愈之两位都认为是国民党的陈其美所派出的刺客。

[3] 包天笑:《钏影楼回忆录》(香港,1971年),页382。

紧缩和多种经营的时期

中华民国的诞生给商务带来了首次挫折,也给中华书局提供了一个千载难逢的机会,使它在教科书市场中打入了一个楔子。然而在1912年中期商务又恢复了其丢失的一些地盘,出版了一些新的杂志和辞典,而更有意义的是它发展出一些辅助性的活动,如制造教具,生产幻灯片、玩具和其他教育辅助物。从1912年至1914年,夏瑞芳和张元济分别担任商务的总经理和编译所所长,这两人卓有成效地以自己的力量面对中华的挑战。

在1912年初的几个月,张元济忙于整套商务教科书改革的紧迫任务。商务虽有经验丰富的教科书编写人员的专门小组,但他仍在邀请具有现代意识的教育家,从事教科书的全面修改。[1] 终于在1912年4月,商务宣布"重订共和教科书"已准备就绪:

> ……我们已有超过十年编辑教科书的经验。(自从共和革命以来,)我们公司已按教育部颁布的条例全面修订教科书。任何与满族或清朝有涉的内容现在都已完全删掉……[2]

---

[1] 包天笑:《钏影楼回忆录》(香港,1971年),页383—395。包天笑详细记述了他如何受邀加入编译所,并于1912年全速为修改教科书所做的工作。

[2] 《王云五年谱》,页68—69。

这套共和教科书在1912年的第二学期及时发行。商务的声望使其教科书占市场的60%，只有30%为中华所夺取。[1]

1912年商务另一种主要出版物是《新字典》。这是中国编辑现代综合性辞典方面的第一次主要的成果。在此之前，学者不得不使用清初遵照皇帝旨意编纂的《康熙字典》，这部两百年前的老字典不收集因时代进步而产生的新词。《新字典》试图包括常用词、俗语、方言、新创设的矿学和化学的新词、从日语中借来的科学术语以及中西对照的纪年表、中西重量单位和测量单位名称表，且译名都提供了出处。[2]《新字典》是中国辞典学发展史上的一个重要里程碑，也是张元济这类旧学家的心血结晶。字典收四万多字，张元济及其编辑小组花了五年多时间才完成这项工作，它成为现代工具书中的先驱者。[3]

较出版图书更有意义的是商务的多种经营活动。1912年，商务建立了两个专门部：博物部和铁工制造部。[4]前者旨在制造各种标本模型，例如作为教具使用的地球模型、矿物、花卉和植物的陈列品以及鸟类、昆虫的模型。后者是为公司的工厂制造印刷机器，以及学校理、化课程中使用的仪器。众所周知，1915年前后，由商务制造的各种模型、陈列品和

---

[1] 这一比例根据主要竞争对手陆费逵的《六十年来中国之出版业与印刷业》一文，载张静庐《中国出版史料补编》，页272—284。
[2] 《王云五年谱》，页74—76。
[3] 1915年中华书局接着搞了《中华大字典》。
[4] 张静庐：《中国出版史料补编》，页559。

仪器，在不同的国际展览会上获得了许多奖状和奖章。[1]获得广泛赞赏和认可的商务产品有科学仪器、体育训练器材、蒙台梭利教育法教具、教育玩具、教学幻灯片和手风琴，范围是相当广泛和令人惊奇的。

尽管商务没有任何记录提及公司生产这些教学仪器和模型的原因，现存的材料证明这些显然是来自张元济的个人影响。首先，张掌控着公司的总方针，其次，在1910—1911年环球考察旅行期间，张从欧美出版印刷公司学到了许多东西，他预言商务不能过于依赖教科书。为了给公司一个坚实和健全的基础，他推荐和引进了一些新的、有效的印刷机器，这些机器不仅能适应教科书特有的季节性要求，而且也能承担来自另一些出版商的印刷业务。他曾要求夏瑞芳经西伯利亚铁路去德国，以便能在柏林会晤，去看一些最新的印刷机器以便决定是否为公司购买。[2]他们带回国的机器中有一架铸字机，它能自动浇铸金属汉字，1913年首次使用时震动了上海印刷工业界。公司的铁工制造部能仿制这种机器，并用作大量生产自己使用的金属字形。张元济的另一封信中提道，他访问伦敦的幼儿园实用器具制造商，对所见到的产品印象很深，因而购置了一些。他在信中写道："我回国时，将尝试仿造。"[3]我推测，张元济对西方教学用品和教育玩具留下

1　庄俞：《三十五年来之商务印书馆》，载《最近三十五年之中国教育》，页58。
2　张元济致高梦旦函，1910年5月9日，手稿，上海图书馆藏。
3　同上。

了极深的印象，因此促使他在商务建立制造标本模型的博物部。公司因此从事多种经营，发展教育用品的生产。1914年公司开始生产教学幻灯片，[1]这些幻灯片都采用中国背景和中国主题，所以受到各地学校的普遍欢迎。

商务这些辅助产品获利可能不如教科书，但在改进中国教学设备以及使上课过程生动活泼方面，起了重要作用。商务在这方面扮演了先驱者角色，应当赢得在困难的转变年代里整整一代学生的感激。

商务印书馆经理任内，1914—1920

1914年，正当商务印书馆坚定地和扎扎实实夺回其大部分市场和声誉时，夏瑞芳突然遇害，这对张元济来说是一场个人悲剧。张元济失去了一位知心的朋友和可靠的支持者，他不得不花费许多精神和心力去应付商务权力圈子的人事关系。公司的四个主要创办人都有亲戚关系，他们的儿子、亲戚及其追随者结成一团，形成所谓"教会派"，[2]因为这四位创办人都是基督教徒，并且毕业于西方教会所办的技术学校——清心书院。其中一些人不免心胸狭窄，要维护他们的家族利益，不想让张元济这样的局外人插手其中。当夏瑞芳活着的时候，他的威信和不

1　倪纹波：《回忆在商务印书馆的二十年》，《馆史资料》，第19期（1982年11月），页15—19。该文综合地和细致地描述商务的幻灯片和电影事业。

2　章锡琛：《漫谈商务印书馆》，《文史资料》（1964年3月），页73—74。

同凡响的领导才能控制了所有的妒忌者。夏瑞芳去世后,张元济及其追随者——由于他们靠自己的学问为商务服务,因而被称为"书生派"——面对令人不快的非难和评议。"教会派"要求高凤池(最早的创办人之一)取代夏瑞芳的地位做总经理。高凤池是一个俭朴和谨慎的人,总是企图把商务按照传统的方式变成家族企业;他既缺乏远见又没有理想,赞成节俭和依赖陈旧方式。1915年董事会会议推举高为总经理,张元济为经理,在高凤池的领导下管理复杂的行政事务和日常工作,而实际上,高凤池是一个有名无实的总经理。[1]

在夏瑞芳的任期内,总经理的职位一直是有职有权的。他才识过人,凡事亲力亲为,因而不需要下设经理一职。由于高凤池的能力有限、身体又虚弱,不能定时到馆办公,需要在手下设有一名经理。张元济是夏瑞芳最亲密的助手和最可信赖的顾问,董事会决定给予其这一职位。矛盾的局面因此产生:张元济名为经理,实际上却掌有夏瑞芳当日的大部分职权。因此,张元济经常被误认为商务的"总经理",虽然高凤池实际上仍挂着这个头衔。[2]总之,1914年后,张元济是商务最关键的人物,这是

---

[1] 商务董事会在夏死后最初任命大股东印锡璋为总经理。印的任命是一个妥协的措施,但他于1915年去世。这时董事会不得不任命高,但对他的能力并不十分信任。有关商务历届负责人的职称及名字请参看《解放以前商务印书馆历届负责人》,《馆史资料》,第19期(1982年11月),页20—21。

[2] 如茅盾在其撰写的回忆录中自始至终称张元济为"张总经理",而一次也未提到高凤池。实际上张元济从未有过"总经理"的头衔。

无可争议的。

作为商务"经理",事无大小,张元济都亲自管理。现存他于1912—1922年写的工作日记,[1]提供了他繁忙的日常工作的记录。在不断阅读呈送稿件、把它们推荐到各个部门、决定出版政策的同时,他不得不调查许多事情,诸如分公司经理被控贪污,某些雇员迟到早退等,其他诸如公开招考新雇员、接见受荐者也是经理的事。他也抽空为公司的函授学校撰写教材,甚至为发行部推荐详细的"促进事业发展的建议"。经理的职责还包括接见各种重要的来访者。[2]茅盾在回忆录中也对张元济繁忙的生活惊叹不已:1916年某一天早晨九时见张元济,而在他之前张元济已见了十六位来访者。[3]

很不幸的是,在这期间张元济和他的"顶头上司"高凤池之间产生了许多矛盾。这两人在许多方面不同:用人观、基本消费观念、对商务远景的构想以及商务是否需要改革。高凤池的用人观是赞成雇用老商务高级职员的子弟,显然想制造一种"家庭气氛",并鼓励雇员效忠。但张元济认为这种做法是裙带作风,会引进一群依靠家庭关系的青年人,就算他们受过良好教育,也很可能会利用父

---

[1] 张元济1912—1922年的工作日记,手稿,北京商务档案室。1982年,该手稿以《张元济日记》为题分两卷由北京商务印书馆出版。已印出的本子包括了我在原稿中未曾见过的两个部分:(1)1926年4月至8月,是他辞监理后极困难日子的记事;(2)1923年10月至12月,主要记述他为建立香港分馆和印刷厂而赴港寻找合适土地。

[2] 例如1916年7月20日,他陪同法国汉学家伯希和到涵芬楼观看藏书。1916年7月25日,他接待孙中山、廖仲恺和胡汉民。

[3] 茅盾:《回忆录》,《新文学史料》第1卷,页2。

兄的职权和情面，希望在公司内取得种种特权，而不会安安分分努力工作。张元济在退休前的数年中曾多次向高凤池写信，慷慨陈词，试图改变高的作风，但都没有显著的效果。[1]

张也发现自己改革商务的计划受到牵制，主要是由于大批依靠家族关系的老雇员安于现状，墨守成规。他要求公司给这些保守派丰厚的退休金，使他们早日离开，以便聘用年轻、精神饱满的新人。他指出大批老雇员缺乏效率、拒绝变革，他们不仅是公司的财政负担，而且还影响士气，[2]"公司专为老旧无能之人保其地位，而新进之辈必将灰心"。高凤池的保守，使张元济焦虑不安，他写信告诉高氏"弟与公政见大不相同"，"公主张用老人，弟主张用少年人，公主张用平素相识之人，弟以为范围太狭，宜不论识与不识，但取其已有之经验而试之"。[3]

高凤池墨守成规，过于谨慎，是典型的旧式商人风格，他们实质上是把公司看作一种家族生意。他的政策若是在公司最初建立的年代里尚有作用，而在20世纪的第二个十年，在商务面对如中华书局那样年轻和生气勃勃的竞争者时已不再有效了。

到了1915年，商务终于走上了体制改革及现代化之

---

[1] 张元济致高凤池函，1918年9月21日，手稿，上海图书馆藏。

[2] 在给高凤池的一系列信中，如1917年2月10日、3月9日、1918年5月29日、1919年10月8日，张元济反复地提出辞退这些保守派的问题，要求起用受过现代教育的年轻人。

[3] 张元济致高凤池函，1917年2月10日，《张元济书札》，页184。

路，这无疑是张元济的个人胜利。

1915年10月的机构改革

张元济的主要改革是设立一个"总务处"，以集中控制商务企业的三个主要部门：印刷、编译和发行。从1915年10月起，这一体制被称作"一处三所"制。从此，商务日益成为一个大型企业，一个集中的、分层次的管理体制实质上是为了不同部门的紧密合作，保证整个公司各种业务顺利运作。为了建立这个总管理处，张曾多次与保守的"教会派"争论，他们多是印刷排字工人出身，显然很想保持在印刷及发行两所的固有势力，而编译所一向是张元济、高梦旦这批"书生派"的地盘，所以高凤池等人对总务处的成立抱有戒心，生怕失去他们在两所的独立地位。尽管力量对比悬殊，张元济的管理改革计划最终赢得鲍咸昌的支持，鲍咸昌是四位创办人中另一位尚存者，"教会派"的另一位领袖。

总务处实际上是由总经理、经理和三个部所的负责人组成。他们定期举行会议，决定全公司的政策。三个部——编译、印刷和发行的活动从此集中管理。总务处决定全公司的行政、用人和财政事务。

1916年，张还把现代簿记、会计和稽核制度引入商务。一位年轻的归国留学生杨端六负责为整个商务建立现代会计制度。附带说明一下，商务印书馆在上海华商企业中是第一个使用现代会计制度的。[1]

1920年张元济退居监理

尽管张元济在商务现代管理体制改革方面成功了，但长年累月地与人对峙总令他觉得不快和紧张。早在1918年他就想退休，[2]经董事会一再恳求他才打消原意。从他给高凤池语重心长的信中，我们感受到他对保守派阻挠的焦躁与无奈，同时对商务前途的担忧。1920年他终于辞去经理职务，他给好友梁启超的回信概括地说明自己的困难：

> 承询敝处近日情形，弟之辞职确有其事。缘弟与总经理高君翰卿宗旨不合，弟意在于进步，而高君则注重保守。即如用人，弟主张求新，而高君则偏于求旧。隐忍五年，今乃爆发。[3]

然而，张元济辞去经理职务并不意味着他退出商务。董事会提出妥协办法：劝高凤池也辞职。这时他们又设立两个新的职位——监理——分别由张元济和高凤池担任。监理将不再过问公司日常事务，他们的职责是指导、检查和监督。在两位监理之下，鲍咸昌被选为总经理，李拔可(1880—1950)任

1　庄俞：《三十五年来之商务印书馆》，载《最近三十五年之中国教育》，页47。
2　《张元济日记》卷一，页394。
3　张元济致梁启超函，1920年8月26日，《张元济书札》，页62。

经理。张元济自己解释这一新安排是一项切实可行的折中办法，[1]因为他已经53岁，总是希望按西方习惯在60岁实行退休。他认为一般中国人总恋栈不去是落后和不科学的，老年人不管有多么丰富的经验，都应该让路给青年人，以便使公司能发展更好和充满朝气。事实上，这是他给高凤池信中不断提出的一个主题。从经理位置退下来而接受一个间接的监理职位，张元济试图使公司从他的影响下摆脱出来。如果有必要，他仍能提供建议，但毕竟他可以放下繁忙、紧迫的日常事务了。鲍咸昌有足够的威信使各部合作。李拔可是一位青年和进步的学者，他曾在张元济领导的编译所工作了多年，张元济相信他能成为一个出色的经理。

从1920年始，协商委员会制度正式确立。有关整个公司的重要决定都在"总务处会议"上作出。参加会议的有两位监理、总经理、经理和三个部门的负责人及他们的副手，决定须得多数票赞成。商务印书馆这种富有变通性的民主管理制度，是在1920年由张元济推动成立的。

1914—1920年商务的主要出版物

1915年张元济任商务印书馆经理期间，公司又创办了另外两份有影响力的杂志《妇女杂志》和《英文杂志》，两者都是开创性的。

1　张元济致梁启超函，1920年8月26日，《张元济书札》，页62。

1915年7月公司又创办了函授学校，起初只有英文一科，张元济亲自担任这一学校的校长。他的日记详载了他如何负责制订计划、撰写教学讲义，并准备课外补充练习。[1]随着函授学校扩大，编译所的英文编辑也帮助承担这些职责，例如茅盾做初级编辑人员时也曾经帮助函授学校工作。函授学校无疑很成功，因而陆续开办其他科目，如算术、商业(1922)、方言(1924)和汉语(1925)。

这些年里值得特别提及的一部主要出版物是1916年出版的《辞源》。它是一部包括词汇和成语的综合性辞典。张元济早在1902年就着手编纂，商务给它起的英文名字是The Encyclopedic Dictionary(百科辞典)。就书的性质而言，其实并不贴切。中国语文充满成语和典故，加上19世纪以来从西方输入的各种名词，因此迫切需要一部成语辞典，而《辞源》就是这类辞典的第一部巨作。除按普通辞典的方式对9952个单字作解释外，还列出书名、现代技术词汇以及中外人名和地名。《辞源》这部开创性的著作，同样有舛误和不充分的引证。[2]1931年经过大量修改后再版。现今它仍是一本使用广泛的成语词典，受到中外学者的赞许。[3]

1　《张元济日记》卷一，页311。
2　《辞源》的缺点是没有足够的西方技术和社会学的辞条，古典典故和引语没有注明出处。有关细节可参考茅盾之文，见茅盾：《回忆录》,《新文学史料》第1卷，页6。
3　对现代参考工具书《辞源》的评价，可参考 Samuel Couling, *The Encyclo-paedia Sinica*, p.303; Ssu-yu Teng, *Annotated Bibliography of Chinese Reference Works*, p.184。

《四部丛刊》

这些年里,张元济个人的兴趣是出版一部题为《四部丛刊初编》的善本丛书。它有一个很长的正式英文名称:"*Sze Pu Tsung Kan——Library of Chinese Classical, Historical, Philosophical and Literary Works*"。[1]张元济选择这一名称前曾与英文部的编辑进行了长时间审议,又与严复讨论。[2]《四部丛刊初编》包括中国古典学术经、史、子、集四部中的323种善本书籍。

编辑及出版一套包括中国文化遗产中最有价值的综合性丛书是张元济多年的理想。他深厚的古典学养使他成为一个真正的版本学家,对古书善本的热爱随涵芬楼的扩展与日俱增,但他与传统藏书家完全不同,因为他并不仅仅满足于个人收藏、阅读和校勘。为了普通学者的利益,他决心用现代印刷技术使古籍广为流传。到了20世纪的头十年,影印技术的高度发展使珍贵的古籍可以原原本本地大量印制出来。张元济一贯不赞成把古籍重新铅版排字,因为可能在新排印过程中出现错误,以致古籍错漏百出,更影响了这些旧版的高度价值——真实性。对版本目录学家和校勘学者来说,"书贵初刻",最早的版本是最有价值的,张元济是这一观点的积极拥护者。他不是旧版本的盲目崇拜者,不过他眼看历代新版

---

1 《馆史资料》,第11期(1981年7月),页12—13,列出了商务1949年前主要出版物的正式英文名称。

2 张元济致孙毓修函,1910年8月,手稿,上海图书馆藏。

本的错误太多，许多世纪流传下来的古籍，无论是抄本、新石印刻本和新编版本，都无法避免越来越多的歪曲和窜改，有些是有意的，有些是无意的。有意的篡改和歪曲往往发生在新即位的皇帝要求作出有利于他的历史记录和文献时。无意识的错误是由于编辑曲解和刻印者疏忽大意，严重的情况可以是整页遗漏，也常有部分批注和评论与正文混在一起，有时不同行互相混杂。以后的印刷者发现了这些混淆的部分，于是又按他们的理解重新安排。这样使问题变得更为复杂。经过许多代人粗枝大叶的再版，一些文献的原意已完全丧失了。尽管后来的学者知道某些段落和词语已有严重的错误，从中寻求原意几乎完全不可能。

事实上，清代校勘学发达正是由于学者共同认识到一般流通版本不完善，但许多私人藏书家仍然坚持秘藏善本的传统，允许同行学者浏览自己珍贵的藏书仍是一种罕见的慷慨行为，以校勘为目的而出借其藏书几乎是难以想象的。因此，缺乏可靠的版本是中国学者面临的最大的困难。

许多人都清楚，书籍中存在着重大的错误和疏漏，如何能找到古代未经歪曲的原文实在是一大难题。

从根本上说，张元济毕生的抱负就是要重印这批最好、最古老和最有权威的古籍，使天下学人受惠。涵芬楼图书馆的善本收藏已为影印古籍提供了一座很好的数据库。影印本诞生之前，要从事下列步骤：

第一，张元济和其小组为每一种书选定最合适的版本，其中一些选自涵芬楼藏书，一些选自国内外公共图书馆或私人藏书楼的藏书。第二，由一个技术小组将所选定的版本逐页拍摄。第三，修饰底片，这是最辛苦和费力的过程，先要用白粉去掉白纸上所有的阴影、折痕和疵点，再用红墨水修润不清楚的点画句读。第四，将已修润的底片再经编辑组校对，他们必须以此同一书目的好几种不同版本逐句比较，并在页边的空白处注明所有不一致的内容。张元济本人则做第五次全面校对。这些步骤的每一步都需花费大量时间和精力。

在确定适合摄制的最佳版本之前，需要做大量的准备工作，这些总是由张元济亲自动手的。经验丰富的校勘学家需要对同一书籍的不同版本进行反复比较，而这些版本表面上看来都是相当不错的。为了确认每一版本的优点和可靠性，张元济不得不仔细阅读每一细节，特别注意前后序跋（如果有序跋的话），并研究避讳，因为这是确定书籍年代的最好方法。此外，他也寻找刻工的姓名、卷帙编次版式、纸墨质量和字迹、刀法，以便尽可能准确地判定版本的年代，由此来确定其古老的程度和相对价值。[1]要得到一个已知的好版本往往是非常困难的。张元济不屈不挠的精神和坚韧不拔的意志力，以及商务印书馆的声望和谈判者随机应变，才使大量善本能从各种图书馆借出。[2]

第二步是照相制版，这比较简单，但通常商务印书馆必

---

[1] 中国图书的目录学、版本学、考据学和校勘学是一个高度专门的领域。除了古代经典的良好基础之外，需要有高深的专门知识和训练。

[2] 张元济试图借阅、购买甚至浏览一些珍本都遇到过很多困难。参阅茅盾：《新文学史料》第3卷，页65—67。

须派出专门的技术队伍到馆外各图书馆现场拍照。这样不但增加了经费开支，也为编辑工作带来许多困难。顺便指出，商务印书馆是当时中国具有从事这类项目的专门技术的唯一出版社。

　　第三步修润照片，看来似乎很简单，但需要花费大量时间，因为到处充满了隐蔽的陷阱。原稿常常污损、残破或刻工粗劣，在制成美观的照相版前要做大量修饰工作。张元济最担心的是描润过程中可能滋生新的错误。过分热心的技工往往把一点一笔错认为污渍而用白粉涂去。其次是"避讳"问题，习惯上皇帝本人及他的父亲的名字的笔画不能写全。当这些字在原文中出现时，它们往往缺少一画、一点或某部分，有时用另一个同音的字替代。技工为了使原文更清晰，往往补上那些不完整或缺点少画的避讳字，从而失了版本的原貌。这就是为什么在修补过程中张元济要求他们使用红色而不是黑色墨水，这使他能非常容易看出其中的错误。描润技工有两组，一组用白粉修饰底版，另一组用红毛笔描清字迹。张元济给他们制订了详细的工作规则，不希望在修补过程中再生出任何错误。

　　校对的第四步是由二三十位学者组成的小组担任。他们紧张而迅速地工作着。茅盾就是这一小组中资历较浅的学者之一。他回忆自己如何被派赴南京，现场校对南京图书馆所藏珍本的照相版。他回忆称自己每天必须校对二三百页。他的职责是检查技工润色过的底样，校正并在页边空白处加上评注，再交给其上级校对，然后送到上海张元济处。张元济更是常常在这些底本上附上他的评论后退回，并要求再重新编辑处理，张元济本人所要做的工作如何艰辛可想而知。

1920年，《四部丛刊初编》终于出版，它是张元济十年来版本和校勘工作的一座丰碑。这部大丛书共收书323种，分成2112卷，采用大小划一的版式。每卷的衬页上，记明原书的尺寸、页数和其他有关资料。这体现了张元济保存古代典籍的原貌，并以完整的形式提供给读者的愿望。必要时，就在序跋中对内容、作者、可靠性以及所用版本的价值作一简洁的评论，有时也记述编辑者的批评意见。

1929年，《四部丛刊初编》抽换许多版本之后再版，因为在此期间，张元济又成功地找到一些较1919—1920年选本更好的版本。丛刊的两部增补，即续编（77种，1438卷）和三编（71种，1910卷），分别在1934年和1936年由商务印书馆出版。

张元济孜孜不倦地献身于校勘学，并持续不断地寻求古本，[1]到了新思想涌现之时，不免成为别人批评的靶子。鲁迅曾嘲笑他为"假古董的制造者"。激进的年轻批评家指出商务印书馆出版这些蔚为壮观的古籍只是为投那些假装斯文的富商、自命不凡的军阀和地主之好，替他们制作摆设品。但如果我们考虑到张元济为了这一编辑工程所花的时间和精力，为了达到高度学术标准所持的严肃态度，很显然《四部丛刊》对他来说远远不是一个赚钱的计划。从此以后，所有严肃的中国经典研究者都要感谢他，善本古籍得以流传，并成为学

1　茅盾：《新文学史料》第3卷，页65—67。

者随时可得的参考书籍，而不再是"善本库"禁地中的储藏品了；中国文化遗产中的精华也因此得以永葆。

1919年五四运动的挑战

张元济出版不朽的《四部丛刊》而遭到当代人批评和攻击的其中一个原因，是古籍的整理和校勘似乎与1919—1920年中国知识界的气氛不协调。在1919年5月4日北京爆发了学生爱国、反帝和反封建的示威游行。五四运动作为学生示威是非常著名的，它所引发的一系列事件，似洪水决堤般，给近代中国留下了难以磨灭的印记。它在文化上鼓励反传统和反偶像崇拜的趋势，而这种趋势是在1919年前的若干年内逐渐凝聚力量的。传统中国的伦理习惯、儒家哲学和社会实践，都受到怀疑和详尽的剖析。许多旧的价值观念都被否定。新文化运动也被称为"中国的文艺复兴"，带来了一次对中国传统文化遗产完整的和批判的再估价。像张元济那样的学者，其学识在1919年前的十余年间已经炉火纯青，因而五四运动对他们来说是一场真正的考验与挑战。

五四运动对商务印书馆同样也是一场严重的挑战。到1919年为止，它是一家为社会所公认、受到尊重、稳健保守而享有声望的成功企业。它对现代教育的贡献，是给学校提供内容丰富和编写得当的教科书，以及一批像《辞源》和《新词典》那样具有开创性的参考工具书。这一切成绩都得到广泛的承认。20世纪初的头十年内，又出版严复译西方社会科学和哲学名著，在介绍现代科学思想方面起了重要的作用，这些传入中国的现代科学思想包括社会达尔文主义、实用主义和逻辑学。商务印书馆还出版了林纾(1852—1924)翻译的一系列西方通俗小说，在传播和普及西方文学方面做出了贡献。商务的主要杂志有《东方杂志》《小说月报》《教育杂志》《妇女杂志》等，都是先导的刊物。但到了1919年，商务却放慢了步伐，采取不偏不倚的、中间道路的态度。当大批同时代的读者因为商务印书馆出版物文雅而高尚的语调、风格和主题而仍然对之发生兴趣的同时，日益激进的青年知识分子转向更标新立异的杂志。这些杂志提倡全面现代化和全盘否定中国传统文化。商务在出版界已享盛名，因此它就成了大量严厉批评的主要靶子。中国这个主要的出版机构被批评家描述为一个停滞不前的组织、一个落后的典型。这些批评家希望有影响力的商务能在五四运动中起一种较为积极的作用和扮演一个进步的领导角色。

1918年冬，经过改革不久的北京大学(蔡元培领导下)有一小部分激进的学生在新思想和新文学的鼓舞下，创办了自己的《新潮》杂志。[1]年轻的北大毕业生，后来成为著名历史学家和教育家的罗家伦就是在该杂志上向商务印书馆发起猛烈的攻击。在题为《今日中国之杂志界》[2]一文中，他逐一点了商务出版主要杂志的名，以一种热情而又急躁的年轻人所特有的

---

[1] Chow Tse-tsung, *The May Fourth Movement: Intellectual Revolution in Modern China*, (Stanford, 1967), pp.52-61.

[2] 罗家伦：《今日中国之杂志界》，载张静庐《中国现代出版史料》卷一，页79—86。

风格,用嘲讽和尖刻的语言,罗列了它们的短处。总之,他责备这些杂志缺乏明确的立场和清楚的个性。他指出由于商务的杂志被诸如政府部门和有名望的学校等各种权威所广泛接受,因此对青年的意识有深远的影响,故此商务更应该积极投入新文化事业。1920年初,孙中山也批评商务,指责它保皇、反动和垄断。[1]

罗家伦和孙中山的指责并非无理。其实商务从来没有想过要旗下杂志领导社会的激进潮流,也不希望它们坚持过激的政治立场。商务杂志的原意是为大众报道国际和国内政局及社会情况,至于措辞大胆的社论或强硬派人士的意见,商务一向不太欢迎。这种谨慎和中立态度,部分是为了避免来自袁世凯及后来的军阀政府的审查和干扰。它的主要杂志《东方杂志》是一份著名的综合性杂志,其特征是用一种没有评论的节略形式大量摘录其他报纸的新闻。它的名称意味着兼容并包,是一个不采取任何强烈政治立场的稳健杂志。据说它处在敌对的军阀政府统治下,在中国南方和北方,有时采用完全不同的社论。[2]商务印书馆曾经是很保守的,《小说月报》和《学生杂志》两者都以文言文撰写文章,题材和形式完全是传统的,里

---

[1] 孙中山:《与海外国民党同志书》,载胡汉民编《总理全集》卷三,(上海,1930年),页346。应该指出,商务在1919年9月前后曾拒绝出版孙中山的论著而引起孙的不快。参见《张元济日记》,页651。

[2] 阿英:《版本小言》,载张静庐《中国现代出版史料》卷一,页86。这一观点仍然是有争议的。商务印书馆的档案保管员汪家熔曾比较北京和上海图书馆收藏的两套《东方杂志》目录,没有发现标题有差别,但承认可能在内容上有所不同。

面都是读者熟悉的旧风格的小说、诗词、对联和韵文，甚至所译的西方18和19世纪的小说，也采用文言文译述。[1]

然而到1919年年末，商务却颇为突然地实行广泛和激进的改革。它所创办的杂志都改换新貌，题材和语言都逐步现代化。它也推出了中国第一套国语教科书，编纂了使用注音符号的专用词典，出版了大量现代科目的新书，其内容不仅包括西方法律、政治和技术方面的"实用"书籍，而且也包括西方哲学、科学和文学。商务印书馆怎么会采用这一新的、革命的编辑方针呢？张元济在这决定性变革的关键时刻扮演了怎样的角色呢？1918年年底，张元济辞去了编译所所长的职务，而由他的密友、经验丰富的编辑高梦旦接任。这两位朋友继续密切合作了很久。由于张元济同时担任经理职务，所以在商务决定和采用这一出版方针时，张元济的态度无疑是一个主要的因素。一般认为商务是保守和唯利是图的，改革是因为它受到严重的压力。换言之，它不是真正支持新文化运动，而是出于生存的实际原因才不得不进行大转变。周策纵在权威性的《五四运动史》一书中，简要提及商务"当时实际上被保皇党余孽所控制"。[2]尽管他没有详细说明"保皇党余孽"意指谁，但暗示的是张元济。因为张元济在戊戌变法中十分活跃，后来他又成了一个积极的君主立宪派，直

---

[1] 茅盾：《新文学史料》卷二，页47—52。

[2] Chow Tse-tsung, *The May Fourth Movement: Intellectual Revolution in Modern China*, (Stanford, 1967), p.181.

到1911年年末。言外之意，张元济既然是保守派和皇权主义者，就必然反对新文化，因此商务杂志的广泛更新、商务出版政策的改革不符合张元济的气质。周认为，尽管张元济是经理，实际上改革的实行并不是由张元济促进，只是大势所趋，张元济无力阻挡而已。

当我最初考察这位老出版家在新文化运动中的作用时，也出于一般含糊的臆测，认为他不可能真正赞成五四的精神，而是被迫勉强接受改革的。然而，通过对他的工作日记和这一时期中他的私人通信的考察，以及对照在改革中扮演了重要角色的商务编辑的回忆录，我得出了令人惊讶的结论，即张元济不但指导了商务1919年后的改革，而且坚定地支持五四运动。事实上，他对改革后的杂志进行毫不动摇的支持，保护了年轻编辑免受商务保守的老板的干预，并保证改革得以进行下去。尽管张元济的态度出人意料，但他其实在政治上以及文化上都支持五四运动。同时，他的积极态度也可以解释为什么商务在五四运动的前期就对其出版政策实行了如此广泛的改革。[1]

---

[1] 在1979年11月的一次访问中，茅盾对笔者称张元济是一个开明的人，尽管保守派不满，张元济仍支持《小说月报》的改革。

张元济对1919年政治抗争的态度

1919年5月4日，北京学生游行示威反对西方列强决定把德国在山东的特权转让给日本。起初这只是一场政治运动，愤激的爱国主义与愤怒地反对安福派中国军阀政府的抗争联系在一起。当示威规模扩大时，军阀政府企图以逮捕、监禁作为回答。运动扩展到其他城市，一场史无前例的全国规模的反帝爱国运动席卷了全国。1919年5月26日上海学生加入了罢课行列，从一开始就要求城市商人和工人帮助。[1] 6月5日商人开始罢市，两天后城市工人接着罢工。工人罢工实际上由商务印刷工人领导。[2] 这是中国第一次政治性的爱国罢工，它不是出于经济原因，而是为了支持北京学生反对军阀政府。

作为一个埋头于儒家文化的传统学者，一个有两三千名雇员的出版公司的经理，张元济即使不抱着十分明显的敌意，至少也会带着疑虑的眼光去看待1919年这场罢工和示威。然而令人惊讶的是，他理解和同情这场抗争，甚至当领导层中一些保守的老板企图使用强制和高压手段时，他却支持工人的罢工抗议。

他在工作日记中详细地记载了这次危机。在城市罢工阶段，日记真实和扼要地提供了张元济本人对五四运动的看

---

[1] Chow Tse-tsung, *The May Fourth Movement: Intellectual Revolution in Modern China*, (Stanford, 1967), pp.52-61.

[2] 中国社会科学院近代史研究所：《五四爱国运动》卷二，（中国社会科学出版社，1979年），页219。

法。5月9日的日记记载了这天公司停业"表抵抗日本，及对于北京学生敬爱之意"。[1] 5月13日，他函告出版部，查杂志如有日本广告，应停止。6月，罢工和示威风潮席卷上海。由于工人同情学生而举行罢工，商务从6月5日至12日停止营业，公司不少领导人不免为经济损失感到担忧，并为工人的越轨而感到愤怒。在整个危机中，张元济耐心和温和的劝告，挡住了总经理以及印刷所和发行所（他们的工人带头罢工）主管的压力，坚持罢工工人至少应该得到一半或三分之一的工资，因为"……（这次罢工）与寻常争加工资不同"。[2] 似乎他对公司经济损失的关注已被他对罢工工人反帝反军阀目标的同情心所掩盖。当罢工开始时，印刷所主管要求对工人发布警告，要么复工，不然就解雇。张用各种方法来缓和这种局面，称"……余意只可听人自由"。[3] 6月9日，他甚至成功地说服商务资方，向上海学生会捐赠500元表示支持，并在发行所门口——学生示威游行计划经过该地——设休息处，略备茶点招待学生。

张元济在危机时期对商务罢工工人显示容忍和灵活的态度，证明了他那非同寻常的开明意识和伟大的爱国主义精神。他的年龄、儒学教养和作为一个大出版公司经理的地位，并没有使他成为一个反对和害怕变革的保守派。这对商务来说是十分幸运的，因为它的舵掌握在这样的人手中，他对国

---

1 《张元济日记》，1919年5月9日。
2 同上书，1919年6月5日。
3 同上书，1919年6月7日。

家及文化的深切爱护，能够不自囿于阶级观念中，他的旧学问并没有阻碍他接受新思想，他稳妥地带领商务投入历史的洪流，使它随着时代一同前进，而不把商务变成反动和保守的绊脚石。

新文化运动

当直接的政治问题解决以后，五四运动继续扩散和升华。亲日派官员被解职，军阀内阁被解散，在法国的中国代表拒绝在凡尔赛和约上签字，同时，被唤醒的民族主义和对传统儒学缺陷的认识，鼓舞着年轻的知识分子向西方寻求新思想和价值观念。1919年前对中国价值观念的重估，以及对各种西方科学、哲学思想的追求，此时添加了新的动力。五四运动抨击儒家思想在20世纪中已没有存在价值。中国未曾有过这样的知识觉醒，也从未如此饥渴地吸取过西方思想。

1919年5月4日后，在出版界很快就有约400种白话文新期刊如雨后春笋般涌现出来。[1]除一般的翻译小说和戏剧之外，由一批崭露头角的中国新作家所创作的富有创造力的作品数量也很可观。这些作品中，对中国人的生活和社会的每一个侧面，都有涉及、讨论、批评乃至重新评估。令人兴奋的

---

[1] 这是周策纵引证胡适的估计，见Chow Tse-tsung, *The May Fourth Movement: Intellectual Revolution in Modern China* (Stanford, 1967), p.178脚注。

新观念,如个性解放(从家庭和社会的束缚中)和妇女解放被广泛地接受,从而严重地动摇了"三纲五常"信条的权威,[1]而这正是封建社会的柱石。五四事件后《新青年》杂志的发行量高达每期15000册。[2]显然,这说明首先在北京大学青年教授和学生中开始的知识觉醒,已经传播到全国知识阶层。学生组织也以各种名义兴起。一些旨在研究新文学,一些旨在尝试白话写作,一些旨在考察西方哲学和政治意识。这些青年学生要求得到有关各种新学科信息的阅读材料,并渴望表述合乎逻辑的文章。在文学上也是如此,由"鸳鸯蝴蝶派小说家"所编的旧式消闲小说已不能满足他们的要求了。尽管刊载旧体诗和韵文的杂志仍能畅销,但它们越来越无法适应受到五四新思想感染的新一代年轻读者的需求。

作为中国主要的出版社的商务印书馆,可以选择维持由来已久的"中庸之道",继续保持稳健和谨慎的态度,或者按照新的激进趋势选择改革其出版政策的道路。众所周知,商务选择了后一条道路,并赢得同代作家和后代历史学家由衷的称赞。商务很快加入了新文化营垒的事实是无可争议的,并经常被引用来解释新文化运动的来势汹涌,甚至连保守的出版公司也不得不改变其老路。[3]由于现代中国绝大部分第一流作家都以不同的方式与商务印书馆革新后的出版物发生

---

[1] "三纲"内容包括:(1)君为臣纲;(2)父为子纲;(3)夫为妻纲。"五常"是上述提到的三纲加以兄弟和朋友为"五伦"。

[2] Wang Y.C., *Chinese Intellectuals and the West 1872-1949*, p.309.

[3] 章锡琛:《漫谈商务印书馆》,《文史资料》(1964年3月),页77,"为了迎合潮流,挽救声誉,(商务)不得不进行改革"。

1898年
戊戌维新时期
张元济于北京
时年32岁

1910年
张元济赴欧时照片
时年44岁

1936年
张元济70岁
标准像

1936年6月8日
张元济在重庆南温泉
戴凉帽照片

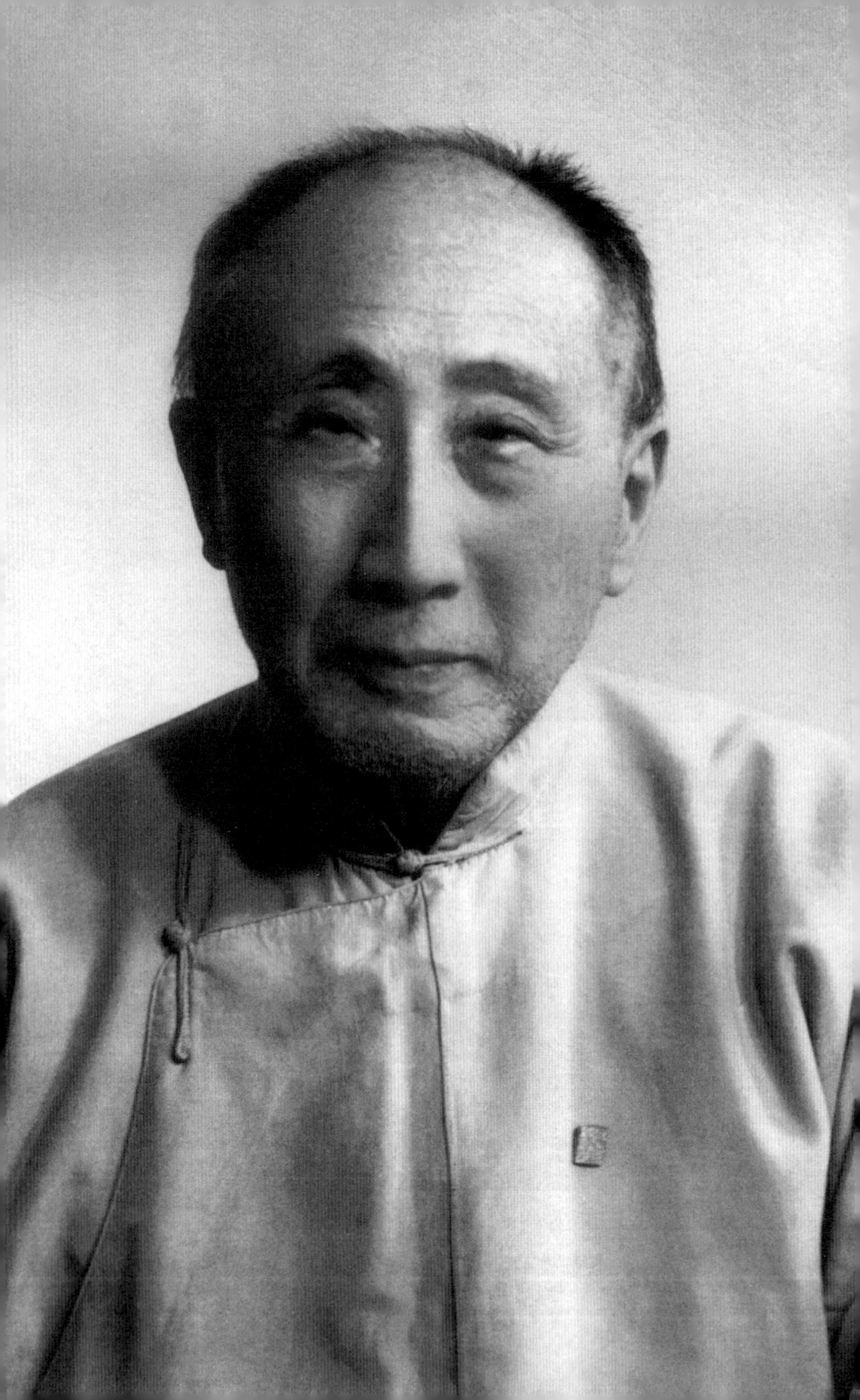

1956年11月4日
张元济90岁生日
与家人合影

1949年
张元济83岁
标准像

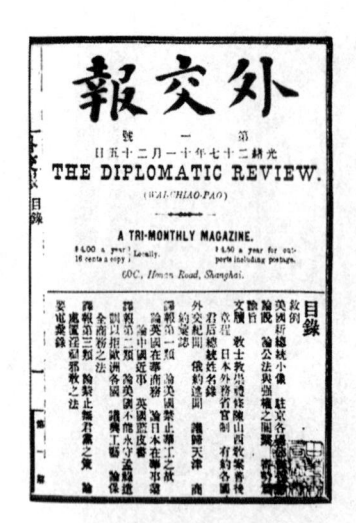

张元济创办中国第一份有关外交事务的正规报刊《外交报》,图为《外交报》第一号

东方图书馆外貌。东方图书馆主要为涵芬楼藏书,1926年对公众开放,1932年日军轰炸上海期间被焚毁,之后张元济积极复兴东方图书馆,到1937年抗日战争全面爆发前夕,已存书籍十二万册

张元济退休后历时十年将《二十四史》许多不同的珍稀版本或残本辑成一部《百衲本二十四史》，这部巨著共有820卷，图为《百衲本二十四史》书柜

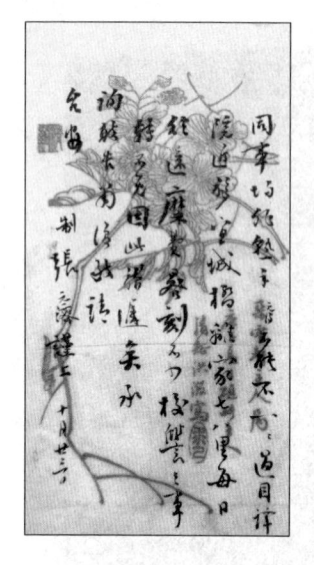

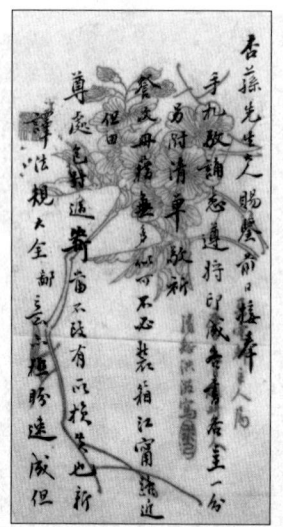

张元济致盛宣怀信函。李鸿章是张元济在总理衙门时的上司,很赏识他的才干,当听说张元济因参与"戊戌变法"被革职后,就对他私下表示了关心,建议他到上海后去找盛宣怀

张元济致蔡元培信函,购印《越缦堂日记》事。蔡元培与张元济同为光绪十八年进士、翰林院庶吉士。李慈铭(1830—1894),晚清官员,著名文史学家。《越缦堂日记》是由李慈铭创作的日记读本,记载了清咸丰到光绪四十年间的朝野见闻、朋踪聚散、人物评述、古物考据、书画鉴赏、山川游历及各地风俗,以及他的大量读书札记

张元济致汪康年信函。汪康年(1860—1911),初名灏年,后改名康年,字穰卿,浙江钱塘(今杭州)人,与张元济同为光绪十八年进士。晚清著名人物,报刊出版家、政论家

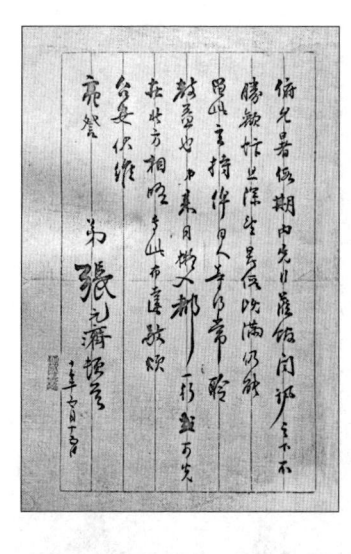

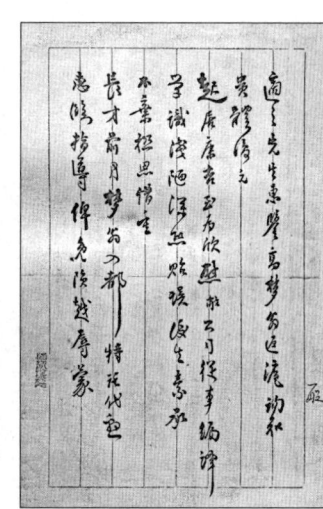

张元济于1921年邀请胡适加入商务印书馆工作信函（复印件）

张元济致胡适信函（复印件），原件存于中国社科院，已故耿云志先生20世纪80年代复印交张元济之子张树年。胡适《白话文学史》（上卷）出版于1928年

20世纪50年代,张元济《留别绝句》手迹:"形体积成泡沫耳,一朝化去更空虚。世人幻说辽阳鹤,魂梦可能相见无。"

张元济手书对联:"数百年旧家无非积德,第一件好事还是读书。"

过联系，商务杂志的影响和重要性也就不言而喻了。但时至今日商务何以选择改革策略还未有答案。商务印书馆资方是否仅仅为支撑公司和提高杂志的发行量而改革呢？1919年年底和1920年初新文化的潮流果真如此汹涌，以致商务的出版物不改革就受人摒弃？[1]经过多方考证和探索后，笔者得到一个颇为意外的结论：商务是在激进的新思潮得到普遍接受和广泛流传之前，就已经着手革新其刊物。尽管这些革新的杂志后来在销售上颇成功，但最初几年它们却引起传统作家的严厉批评和攻击。曾经是商务定期撰稿人的旧式鸳鸯蝴蝶派小说家和无聊的散文撰写人，此时发动了一场严厉的论战，攻击商务。商务不得不对付那些要求赔偿的订户，因为他们抱怨说所喜爱的连载文章和小说突然中断了。[2]更多订户抱怨杂志采取一种完全陌生的风格。反对改革的声音也来自资方内部。保守派的领导人和部门主管对张元济大为不满，因为他让那些激进的青年编辑自由发挥，从而给公司带来了许多麻烦。事实上，20世纪20年代的中后期，杂志的激进姿态渐渐被王云五——新上任的编译所所长遏制。但在那关键性的五四年代，商务大规模改革所有杂志，使它们走在同期文化改革刊物的最前线。

---

[1] 1982年2月在一次与周策纵教授的会谈中，笔者曾向他提出过这些问题。他认为商务并非真正出于商业上的原因而"被迫"改革。他也提出像张元济那样真正的学者，尽管他最早是皇权拥护者，但此时已完全是一个开明的人。如果没有张元济的指导和支持，商务几乎不可能走向一个全新的方向。

[2] 樊仲云：《商务印书馆与中华书局》，《大人杂志》，第37卷（1975年5月），页16。

商务杂志的革新

1919年,商务的主要杂志《东方杂志》已有十五年历史了。据周策纵说,早在1919年6月它已开始现代化,当时它在社论中声明要与世界进步保持同步。[1]然而,仔细分析这一时期该杂志的内容,我发觉这并不是全心全意的。编辑杜亚泉是当时有名的理化学者,但对进步和现代化的认识仍然不是很全面。在改革过程中,他在1919年年末写了大量的文章,指责白话文粗俗而新思想浅薄。杜亚泉的保守态度激怒了陈独秀——当时进步杂志《新青年》的创办人,他在《质问东方杂志记者》这一挑衅性的主题下,写了长篇的激烈文章,[2]两本杂志展了一场怒气冲冲的论争。彼此愤怒指责持续了几个月,杜亚泉最后听从劝说放弃了编辑职务,而全力致力于商务印书馆的科学部。在一位新上任的年轻编辑领导下,白话文章出现在1920年的《东方杂志》上。到了1921年,一位曾在法国受过教育的青年人胡愈之担任《东方杂志》编辑。

比《东方杂志》更激烈的是1920年《小说月报》的改革。以往这一杂志完全是用旧文学形式撰写的,内容多是旧体风格的小说、诗词和传统体裁的韵文,至于翻译的西方作品,则多是19世纪浪漫主义小说。《小说月报》的改革源于张元济和高梦旦所持的开明态度。高梦旦是张元济的心腹顾问,

---

[1] Chow Tse-tsung, *The May Fourth Movement: Intellectual Revolution in Modern China*, (Stanford, 1967), p.181.
[2] 陈独秀:《质问东方杂志记者》,《新青年》第5卷第3期,1918年9月15日,页206—239。

他在张元济之后担任编译所所长。两人原是密友，都是在清末期间已思想成熟的传统学者。但他们两人的思想十分开明，充分认识到文学需要变革的趋势。1920年10月23日，在北京访问期间，张元济会见了一批以郑振铎为首的热情的青年作者。[1]这些青年人后来成为影响颇大的文学研究会的创建人。青年作家建议商务创办一份现代白话文的杂志，而张元济提出可以革新《小说月报》代之。已经在商务工作的茅盾，也成了文学研究会的成员，因此他被委任为这一杂志的新编辑。他引入了有创造性的现代文学作品和西方近代作品的白话文译作。《小说月报》有关现代文学的文学批评和分析论文受到高度赞赏。许多年轻作家所写的严肃文学在那儿找到一个论坛，这些作品往往具有明确的社会使命感，其中绝大部分人属于文学研究会。该会的口号是"为人生的艺术"，意即文学应当反映现实生活，作家应当有通过自己的写作改善社会的明确目的。他们构成了20年代和30年代中国文坛上最有影响力的一派。今天，研究中国现代文学如果不对《小说月报》作一番细致探索，其研究将是不完整的。

另一些杂志，包括《教育杂志》《学生杂志》和《妇女杂志》同样实行了激烈的改革。年轻和进步的编辑在题材和语言文体两方面被授予广泛的权力。《教育杂志》是在李石岑——后来成为一个著名的哲学家——的领导下改革的。他

---

[1] 《张元济日记》，页773。在其日记中，张元济简要地记述了这次重要的会见。这些青年人给他留下了很深的印象，尽管他们的教养与他有较大的不同。

在1920年1月以后的社论和文章中使用白话文。《学生杂志》在杨贤江——中国共产党早期杰出的党员——的领导下改革。他大胆批评军阀政府和在军阀羽翼下的学校，赢得进步人士的支持，但也为商务招致了许多敌人。《妇女杂志》由章锡琛和周建人共同编辑，他们撰写和翻译了大批有关妇女解放、男女平等和婚姻自由的文章。1921年秋，"离婚问题专号"破天荒地重印，这证明了他们的成功，也引起了商务领导层中保守分子的极度厌恶。[1]

1922年在郑振铎的主持下，商务首创《儿童世界》，它是中国历史上第一本儿童杂志。

白话教科书、语音辞典和对国语的促进

五四运动也给商务印书馆的教科书打上了印记。1920年春天，商务编制了一套八册新法教科书，[2]教科书用白话文撰写，采用新式标点和段落划分。这一套开创性教科书的出版时间，实际上比教育部关于学校的旧式"国文"课应当逐渐淘汰，而代之以"国语"课的具有历史意义的公告(1920年3月)更早。应当指出，政府的决定并非受到像胡适和陈独秀等白话文作家的运动的影响，而是受到可以追溯到晚清的"国语运

---

[1] 章锡琛：《漫谈商务印书馆》，《文史资料》(1964年3月)，页82。
[2] 初级、高级和后期小学用新法教科书似各有9册。——译者注

动"或"国音运动"的影响。[1]早在1898年,语音学家就提倡在全国范围内实行一种统一的国语语音。在宪政改革的最后时刻,清政府曾令学部考虑国语问题。学部又把这一问题托付给中国教育联合会。[2]这个全国教育家会议的主席并非别人,正是张元济。1911年8月,会议决定采用国语,并起草了推进这一运动的详细计划。这时,辛亥革命突然爆发,清朝被推翻。随后的政治变化使这一计划束之高阁,直到《新青年》和《新潮》杂志重新提倡白话文,才给这一运动以新的推动力。这两股潮流实际交汇于1916年。因为如果作家用白话文写作,他们自然要求使用一种属于全国性的语言,而不是某种方言,也就是说应当在语音上有一种统一的语音学系统。由于张元济一直对国语有兴趣,因此商务才会率先推出国语教科书。1919年9月,商务还出版了中国第一部《语音辞典》,它的1921年重版本得到教育部的正式肯定,并成为后来十年中同类著作的典范。

为了进一步推动使用国语,商务创办了一所"国语学校",并于1921年5月正式开学。[3]这所学校开办了好几年,推动国语成为操不同方言的人的交际工具。商务还进一步出版了一本阐明引进注音符号和推广国语的好处与理由的小册子,目的是要回答任何批评者。最后为了帮助教授正确国语

---

[1] 关于"国音运动"的细节,可参考吴稚晖:《最近三十五年之国音运动》;庄俞:《三十五年来之商务印书馆》,载《最近三十五年之中国教育》,页125—172。

[2] 教育界士绅阶层改革派的活动已在本书的第四章中述及。

[3] 吴稚晖:《最近三十五年之国音运动》,页127。

发音，商务还制作了专门的国语磁盘和录音带。

事实上商务如此早革新杂志、出版白话文教科书和语音词典，足以说明他们态度之积极是自动自发、真心而全面地支持五四精神，而并非勉勉强强跟风。

对现代学术团体的支持

从1920年开始，商务与一系列在五四运动中兴起的文学社团和学术组织订立了契约。首先是与郑振铎和茅盾为首的"文学研究会"订立协议。商务同意出版他们选定的80多本当代文学著作，其中大部分是世界各国的翻译小说。这个协议在1921年11月签订。这套丛书名为"文学研究会丛书"。

商务也和许多大学签订了相似的协议，同意印刷大学教员的作品。同时将他们的著作以该大学为名结集成丛书。如"北京大学丛书"和"东南大学丛书"就属于这一类。[1]

此外，1920年建立的"共学社"得到张元济的大力支持。[2]五四时期，学社多如雨后春笋。但历史学家的兴趣多集中于带有政治色彩的激进社团。由张元济帮助建立的共学社是一个纯粹的知识和文化团体，其活动包括编译有关现代科目的图书，鼓励有创造力的作品，协助有才能的学生去海外留学。学社所有创办人（包括梁启超、蔡元培、张謇、高梦旦）都属于老一代

---

[1] 《王云五年谱》，页133—134。
[2] 《张元济日记》中常常提及共学社，显而易见，梁启超起草了共学社的章程。参见《张元济日记》，页735、738。

的知识分子，但他们并不把自己凌驾于以青年学生为先锋的新文化运动之上。他们稳健、不带煽动性而富有影响力，他们通过自己的声望和社会地位给五四运动以很大的支持。共学社宣称渴望通过翻译把所有西方著作介绍进来，这一计划之可行是由于"商务印书馆的慷慨允诺支持"。[1] 共学社丛书于1920—1923年间出版，共有70多种选题，分为四类：时代丛书、史学丛书、文艺丛书和马克思研究丛书。[2]

作为一个著名的教育家和第一流的出版家，张元济建立了一个促进新知识的社团。这不仅是实际的，也是有效的。目前研究五四时期激进学生团体的文献不少，相比之下，像张元济这批年长、政治上成熟、开明和富有雄心的人所起的作用，显然未受到应有的注意。

在这激烈的政治转折与空前的意识激变时期，张元济作为中国首屈一指的出版家，出色地尽了他应尽的责任。他对商务所实行的行政改革，把它变为一个紧密结合、集中统一的现代资本主义企业。这些改革有助于确保它在下一个十年成为一家成功的企业。他也给五四运动以坚定的支持，不仅试图保护自己企业中罢工的爱国工人，而且广泛及雷厉风行地改革其整个出版政策。在此期间，有一点是应该很令人感兴趣的，尽管他支持青年编辑在形式、风格、语言和主旨

---

[1] 《共学社广告》，《时事新报》，上海，1920年7月。

[2] "共学社丛书"出版从1920年9月直至1935年7月，前后延续达15年之久。但大多数书初版都在1920—1922年间。开始计划分时代丛书、历史丛书、学生丛书三类。后渐具规模，分17类丛书86种，其中4种书籍重复编入两类丛书，因此实际出版82种。详见邹振环：《张元济与共学社》，《档案与历史》，第4期（1986年）。——译者注

方面进行新文学革命，但他自己继续在私人写作中使用文言文，无论是他个人出版的论文、古典和历史著作的序跋，工作日记和大量的私人书信，他都使用文言文。这当然是他的学养使然，同时也可见，张元济没有因为他个人的习惯来干预大的原则问题。可以说他与蔡元培、梁启超在对待白话文运动方面的态度是非常相似的。在这里还必须提到他的好朋友严复。严复以翻译西方哲学及社会科学名著而名重一时，而这时候却声称自己是白话文的敌人。还有不少像他一样的人，把白话文看作是中国文化中粗俗的东西，他们预言中华民族将走向衰落。因此，严复领导了一场反对新文化运动的猛烈抗争。相比之下，张元济的与时俱进精神、兼收并蓄的宽容态度更难能可贵。他的实用主义帮助他以一种正确的眼光去看待新潮流，也鼓励他给予年轻编辑实践新的编辑方针的机会。他支持各种"学会",似乎他对那些最激进的意识或哲学也不抱偏见。在他看来,中国的现代化没有一条固定的道路,他非常坦率和公开鼓励那些来拜访他的有志气的年轻作者和编辑,就是素不相识的如郑振铎、茅盾等人,凡是坦白、诚挚和有学问、有抱负的,都可望得到他的慷慨帮助。新进作者的作品因此得以面世,而不少学会也有了一位富有同情心的出版家。

另一方面,张元济如常致力于校勘学。例如不朽的《四部丛刊初编》就在商务主要杂志革新和国语教科书发行前后完竣。在许多年轻的激进分子看来,五四是"儒学面临死亡的时代",而对张元济来说,这是一个预示着新进步来临的时代,科学的实验手段可以用于研究古代典籍,并能使古籍得到合理的重新估值。

第七章

商务印书馆监理

——1920—1926

求访新贤

张元济于1920年辞去经理职务一事，可以看作商务领导层改革过程的一部分。这个过程于1915年开始。张元济欣然放弃许多权力，希望从此建立现代化的科学架构来管理公司。作为监理，他在总管理处仍有投票表决权，但他显然打算有步骤地退下来，直到最后退休。对他来说，当务之急是找到合适而又充满活力的年轻人来担任行政领导，这样商务就能在精神上、外貌上更为强健和现代化。在经理任内他多次致函总经理高凤池，请求改革和做必要的变动。他指出变革是不可避免的，必须面对新思想的挑战，旧人必须让位于新人：

> 吾辈均年逾始衰。即勉竭能力，亦为时几何。且时势变迁，吾辈脑筋陈腐，亦应归于淘汰。瞻望前途，亟宜为永久之根本计划。若苟且因循，仅求维持现状，甚非计也。[1]

在另一封信中，他说：

> 公司事业日益进步。往过来续，理有必然。五年前之人才未必宜于今日。……事实如此，无可抗违。

---

[1] 张元济致高凤池函，1917年2月10日，《张元济书札》，页188。

此人物之所以有生死，而时代之所以有新旧也。[1]

张元济坚信新陈代谢，这就是他决定辞去经理职务的根本原因；他对许多现代问题有深刻理解，因而他不断寻找合适人才；他心目中的人才必须受过新式教育，并能肩负起管理商务的重任。五四运动使他这长期的愿望变得更为坚定。

张元济的日记中有一项有趣的记载，是他当时寻求合适人才的一条重要线索。1919年5月1日，有几行简要的文字记述了他第一次见胡适(1891—1962)以及他邀胡适来商务任职的愿望，"胡适之来谈，闻筱庄言，拟在京有所组织。余答以前闻大学风潮，颇有借重之意"[2]。

那时，胡适已是激进青年学者银河中最明亮的星星之一。1916年他在美国攻读博士时，就用白话文翻译外国短篇小说，并刊登于《新青年》杂志。由于他是白话文的积极宣传者，被保守分子指责为粗俗和具有破坏性。就在五四运动前夕，张元济发现并赏识他的才能，表明张虽然是清末老学者，但不带偏见，而且开明。

正如第六章所述，商务印书馆在新文化运动的觉醒中，革新了它所有主要刊物。为了使新的有生命力的出版方针能协调一致和集中指挥，编译所也需要改革。当时，高梦旦是该所所长。像张元济一样，他也感到老之将至，赶不上时

---

[1] 张元济致高凤池函，1919年10月8日，《张元济书札》，页190—192。
[2] 《张元济日记》，1919年5月1日，页576。

代的步伐,必须找一个合适的人来接替。他于1903年加入商务,曾编辑第一批教科书。虽然是有名的教育家和编辑,但他十分随和谦逊。1918年他继张元济之后任编译所所长,并在商务各主要出版活动中发挥重要作用。1919—1921年,他坚定地支持商务杂志的改革,这使他得到茅盾、胡愈之等青年新进的赞扬。20世纪20年代他求贤自代,恪守儒家思想的真正精髓,尽管他自称要学习西方60岁退休的做法。高梦旦身上糅合了谦虚和果断两种尖锐对立的性格。作为编译所所长,他没有自己单独的办公室,总是和其他编辑坐在一起。在任何出版物中,他从来不把自己的名字置于较别人突出的位置,[1]而在他认为对商务有益时,却又果敢地变革,勇往直前,毫不退缩。胡适说得好:高梦旦是"新时代的圣人"。[2]

高梦旦深知只有精通外语和对新文化精神有强烈感受的人,才能胜任编译所所长,并领导它适应时代的彻底改革,这样的所长才会用一种进步的精神去鼓舞编辑人员,并对新近改革的杂志给予足够的支持。他选择了胡适。此时胡适正在北京大学教书。1921年4月,在张元济的支持下,高梦旦亲自去北京,多次拜访胡适。他的诚意感动了胡适,终于使胡适同意暑假来上海到商务实习考察。胡适认识到这个职位有巨大的潜力,却十分不喜欢所需负担的行政工作。当高梦旦看到无法劝说胡适放弃其在北京的教师职位后,他就请胡

---

[1] 茅盾:《悼梦旦高公》,《东方杂志》第33卷第18号 (1936年),页15—17。
[2] 胡适:《高梦旦》,《传记文学》第4卷第4号 (1936年),页5—10。

适推荐合适的人才。经过慎重考虑以后，胡适介绍了王云五(1888—1980)。当时王云五是一家并不太成功的小书店主人，他的名字也未为商务所闻。[1]王云五曾经是胡适赴美留学前在中国公学读书时的英文老师。胡适把王云五介绍给商务的领导层。他们经过深思熟虑之后，决定聘请王云五主持编译所。王云五同意先试办三个月。1922年，他正式任职。此后他便与商务印书馆结下不解之缘。

1921年夏季所发生的事，有不少数据详细记载，然而对于胡适的动机却有不少争论和推测。与张元济、高梦旦最初的厚望相反，编译所的新所长并没有将商务引向他们所希望的改革和进步，相反使之在精神上日趋保守。王云五限制和束缚了杂志的许多激进思想。尽管商务继续在经济收益方面取得成功，并出版了一系列令人注目的书籍，但其中很少有质量高和具有长期保存价值的。更重要的是商务在政治出版物和社会、文学的潮流中，已不再起到社会舆论方面的先导作用。

几位商务的前任编辑在他们的回忆录中，用专门的章节记叙了1921年的事。[2]毋庸置疑的是胡适的推荐，使得王云五从一个默默无闻者一跃而成中国最大出版社的掌权人。王云五的出身和经历与他的前任张元济和高梦旦大不相同。张元济和高梦旦都是学识渊博的传统学者，思想开明，足以认清

1　中国社会科学院编：《胡适的日记》，中华书局（香港，1985年），页208。
2　胡愈之指出王云五"贩卖鸦片而谋得数十万元"；章锡琛提供了更为详细的关于王云五如何使海关放走了一个军阀的大批鸦片，从而"获得大批金条，成为上海的巨商"这一史实。

新的发展潮流。王云五可说是一个靠自学起家的人。[1]他生于一个缺乏学术气氛的家庭，受过最多四年正规教育。他在上海一家五金店当学徒时，上夜校学会了一口流利的英语。后来他在一家私立教会英语学校当初级班学生的助教。1907年，他仅十九岁时，在中国公学教英语，就在那里教过胡适。看来王云五有一种吸引权力人物的能力。1911年下半年，他以上海广东同乡会代表的身份，在一次欢迎孙中山的宴会上致欢迎辞。孙中山对他印象极深，就给他一个南京临时政府秘书的职位。他很快又取悦教育部长蔡元培。他向蔡元培提供了一份备忘录，提出了实际的改革步骤，从而使蔡元培为他所感动，并让他在教育部任职。1917年王云五在段祺瑞的政府工作，并获得江苏、安徽、江西三省禁烟专员的肥缺。某些评论家说，就在这个任内，他得到了相当可观的钱，使他可以在一年以后退居林下。此时，大批德国人由于德国在1918年战败而不得不立即离开中国，王云五向这些侨民买下了大批不同科目的书籍，在自己家中建立起一个小规模的私人藏书室。他在上海还开办了一家小书店，出版一种现代主题的丛书——《岫庐丛书》。"岫庐"是王云五的号。当然，很多对王云五不利的批评是很难证实的，但即使最为谄媚的传记作者，对王云五这段禁烟专员的生涯也未予掩饰。他的骤然退职和暴富看来是有隐情。

王云五的为人也与张元济、高梦旦完全不同。老学者谨

---

[1] 王云五的一生在他的自传《岫庐八十自述》(台北，1967年)，中有详细的编年记述。

慎、谦让，而王云五却自信、敢作敢为、野心勃勃。他也擅长进行自我宣传。他对别人说自己精通建筑工程和实用化学，而且毕业于法律学校——全都通过函授。他是一个如饥似渴的读者，一本接一本地读完了全部三十四卷《大不列颠百科全书》。[1]据说他还精通英、德、法、日等语言。[2]

从后来的事实可以看到，虽然王云五通读过许多书，对各种现代学科有一定的认识，但他并非真正的学者。然而他确实十分勇敢、能干和善于抓住一切机会。他在经营、管理方面的效率是毋庸置疑的。他缺乏张元济和高梦旦对编译所的那种高瞻远瞩的指导思想和原则，但他却引进了现代的经营方法，改组了编译所的结构——这是老一辈学者所做不到的。

至于胡适，他好像命中注定要成为攻击的目标，不断地受到商务编辑的指责。他们说胡适从一开始就与王云五互相勾结。幸好他那四十万字的日记已首次部分公开发表。他所记载的事情，与别人笔记中的史实完全吻合。日记中还揭示了他的内心世界，这倒可以替他洗刷掉许多嫌疑。他对商务的良好愿望，同他对张元济和高梦旦的尊敬一样，在日记中表述得很清楚。当他在商务考察时，拜访过的不少高级职员普遍认为编译所必须进行彻底变革。胡适至少收到他们提交的四份详细改革计划。看来，他们把胡适看作一名革新家。

---

1 王云五：《岫庐八十自述》（台北，1967年）。
2 郑贞文：《我所知道的商务印书馆编译所》，《文史资料》（1965年11月），页149—150。

好意是相互的，胡适也同样十分称颂商务。在1921年4月27日的日记中他写道："得着一个商务印书馆，比得着什么学校更重要。但我是三十岁的人，我还有我自己的事业要做。"[1]

在1921年8月13日的日记中，又写道："这个编译所确是很要紧的一个教育机关——一种教育大势力。我现在所以迟疑，只因为我是三十岁的人，不应该放弃自己的事，去办那完全为人的事。"[2]

我们找不到一种理由来支持对胡适如下的批评：他看不起这个职位，于是介绍了一个二等角色给商务，并希望利用这个关系来控制商务。[3]相反，在日记中，胡适对王云五的评价是很高的："他是一个完全自修成功的人才，读书最多、最博。家中藏西文书一万二千本，中文书也不少。……此人的学问道德在今日可谓无双之选。"[4]

王云五任职之后，胡适认为他推荐得十分正确，他写道："此事使我甚满意，云五的学问道德都比我好，他的办事能力更是我全没有的。我举他代我，很可以对商务诸君的好意了。"[5]

他的语调显然是充满喜悦的。看来，他的推荐是出于真诚。虽然，他对王云五过于热情和赞扬，但不会为了达到目

---

1 《胡适的日记》（香港中华书局），页23—24。——译者注
2 同上书，页185。——译者注
3 茅盾、胡愈之、章锡琛都持这样的看法。
4 《胡适的日记》（香港中华书局），1921年7月23日，页157。
5 同上书，1921年9月1日，页204。

的而不择手段耍弄阴谋奸计。

王云五的方针和张元济的态度

1922年王云五正式任职之后,有步骤地把编译所划分成各个部门。原来编译所只有169名人员,[1]王云五大为扩充,增加了196人,[2]但是一些老编辑后来逐渐离去。编译所按照学科分成各个部门,如中文、英文、史地、数学、理化、经济等。[3]此外,还有词典和百科全书的四个委员会:英汉词典委员会、中文词典委员会、英汉实用词典委员会和一个不少于31名人员的庞大的百科全书委员会。至于杂志,每一种都安排在一个"杂志部"下面;函授学校也按科目划分。

王云五颇为得意地给他的编辑填写任命名单,[4]批评他的人却指出其中有不少是他的亲信,他们只善于排斥异己和扩张王云五的势力。[5]许多从创办以来就在商务服务的老编辑被迫按照不同的待遇退休。[6]于是在王云五手下工作而既感到屈辱又感到畏惧的人马上给了他一个绰号——"袁世凯"。王云五毫无障碍地获得了实权地位。高梦旦也很信任他,称他

1　《胡适的日记》中职员名单,页152。
2　章锡琛:《漫谈商务印书馆》,《文史资料》(1964年3月),页85—86;郑贞文:《我所知道的商务印书馆编译所》,《文史资料》(1965年11月),页152。
3　《王云五年谱》,页119;章锡琛:《漫谈商务印书馆》,《文史资料》(1964年3月),页85—86;《纪念特刊》,页107,关于这些部门有不同的说法。
4　《王云五年谱》,页119。
5　郑贞文:《我所知道的商务印书馆编译所》,《文史资料》(1965年11月),页152。
6　同上书,页152—154。

为"胡适的老师"。除此之外,他与商务的"教会派"建立了良好的关系,因为王也有他自己的宗教关系,并且巧妙地运用了他们之间这一共同的背景。张元济对王云五的早期方针也表示赞同。王云五十分明白这种形势,他是这样描述张元济与商务印书馆的关系的:1914—1920年（张任经理）是"张先生直接和全面领导时期";1920—1926年（张任监理）是"张先生间接和全面监督时期"。[1]这种说法可能是卖弄学问和咬文嚼字,但有部分真实之处。1920年以后,张元济故意使自己超脱于公司的日常事务,想让较为年轻的行政领导人改变一下管理工作。所以,很可能他以尽量减少干预来支持王云五的决定。王云五在回忆这段时期中他与张元济的关系时,说张元济很客气,而故意保持距离。"……因为他对胡（适）和高（梦旦）很尊敬,所以对我很和气、很有礼貌。"[2]

同时王云五忙忙碌碌地工作,以证实他既是一个高效率的行政领导,又是一个机敏的商人。20世纪20年代商务出版了十余种"小丛书",如《新史地小丛书》《算学小丛书》《商学小丛书》《农学小丛书》《体育小丛书》等。[3]每种小丛书一般包括上百本小册子,每本小册子大约只有2万字。王云五要求编译所的每一位编辑按他们本人的专长,选择写一些小册子。因为这些书篇幅短小,所以他让他们直接译自《大不列

---

1 《王云五年谱》,页896。
2 同上书,页897。
3 关于"小丛书"的详细情形,参看《王云五年谱》,页119—120。

颠百科全书》的有关条目。[1]一些杂七杂八的老手抄本，不适宜在别处出版，也加以剪裁而用来列为某个专题。这样他就可以比较容易以极快的速度出版大量书籍，成本也很低廉。

王云五的算盘是很精的。在20世纪20年代新文化运动的觉醒中，中国极其需要现代学科的各种书籍。随着新式学校日益普及和图书馆的发展，[2]各省出现了不少小学校和小图书馆。由于资金有限和缺乏选购书籍的经验，各地学校的校长和图书馆觉得商务的小丛书十分诱人。王云五自豪地指出，1923年商务的营业额较上年增长20%，书籍出版数增长250%。[3]这就是他出版小丛书数量最多的一年。到了20世纪30年代，他进而把所有这些小丛书收集起来，以《万有文库》的名义重新出版。由于编写的成本相对较低，而又具有百科全书的性质，所以再一次在经济上获得成功。

这里必须说明的是，不论王云五自己怎么说，[4]按照现代学科分门别类地编写文库的意见，并非由王云五首创。胡适在他1920年的日记中，曾三次在不同场合提到张元济和高梦旦正在计划系统地编写各种现代学科的书籍，采用《常识小丛书》这个名称。实际上胡适对选题和编译方法提出了详细的建议，还记下了25种暂定的书名。[5]看来，张元济和高梦旦

---

1 关于"小丛书"是怎样着手搞起来的，参看章锡琛《漫谈商务印书馆》,《文史资料》(1964年3月), 页83—89。

2 清末以前，中国没有公共图书馆。20世纪20年代，在五四运动和大众教育运动的激励下，社会形成一个潮流，教育家开办图书馆。

3 《王云五年谱》，页137。

4 同上书，页119。

5 《胡适的日记》，页157。

的原始意图是既要有全面广泛的知识性，又要经过认真仔细的编写。后来，王云五沿袭这套计划，但只是草率编写，可说使他们原来的设想打了折扣，不知道这两位严肃而又具奉献精神的老人对此抱什么态度。只有一件事是清楚的：王云五的计划既然获得经济上的成功，必然支撑和抬高他在商务的地位。

同样不得而知的是，当张元济看到商务的主要杂志慢慢地转向较为保守的立场时，他作何感想。当张元济和高梦旦起用激进的年轻编辑来主管杂志时，商务内部（主要来自所谓"教会派"的保守势力）有过相当多的反对意见，在商务外部更有许多严厉的指责。为了发动这场适应新文化潮流的无声革命，张元济和高梦旦答应年轻编辑在他们的编辑方针上有完全的自主权。现在王云五开始对他们施加压力，并企图审查他们的文章和社论。结果是茅盾在1922年辞去《小说月报》的职务，[1] 主编《妇女杂志》的章锡琛在1925年辞职，[2] 胡愈之在1933年离开《东方杂志》。[3] 他们三人颇带着一点苦涩回忆起当年在哪一篇文章里与王云五持不同意见，因而冲突。他们指出，王的本质是一个保守和专横的人，他不可能采取坦诚和开明的态度容纳不同的意见。商务印书馆以前曾经表现为稳健和开明，竭力跟上新文化的潮流，也曾是一家成功的商业公司，资本积累每年稳步增长，但从来不是一家纯粹赚钱的商行，

1　茅盾：《回忆录》，《新文学史料》第4卷（1979年8月），页1—15。

2　章锡琛：《漫谈商务印书馆》，《文史资料》（1964年3月），页87。

3　胡愈之：《回忆商务印书馆》，《文史资料》（1979年4月），页55。

它的出版物也从未为了数量而牺牲质量。然而此时却慢慢地、不知不觉地使它的开明改革逆转，而呈现一种更为保守的面貌。出版物的数量虽很多，却很少见到以前那种高水平的书籍。

有一段关于《小说世界》杂志的插话，那是1923年的事，颇能说明王云五的出版方针。这本杂志有文言体的鸳鸯蝴蝶派传奇小说——这是茅盾发誓要从《小说月报》中赶出去的恶魔。这本新杂志迎合保守读者的口味，也是给那些认为《小说月报》里的文学评论太严肃和枯燥的读者以轻松的读物。这是一桩赚钱的买卖，因为可以轻易地利用那些商务已经买下而《小说月报》拒绝采用的稿件。[1]

张元济一方面可能对王云五干预杂志出版方针表示遗憾，另一方面也不得不承认王云五给商务带来了经济上的收益。从此，商务又回到了"中庸之道"的老路上去了。然而，外界的攻击声日趋平静，倒也使董事会各人变得和谐起来。不管怎样，张元济可以超然于繁杂的行政事务之上。他一心使公司摆脱他个人的影响，小心翼翼地避免直接的介入。

东方图书馆

张元济任商务印书馆监理期间，为上海知识界做了一项重大的贡献，那就是建立东方图书馆，并于1926年对公众开

---

[1] 茅盾：《回忆录》，《新文学史料》第4卷（1979年8月），页14—15。

放。在此之前,他建立了公司的内部图书馆涵芬楼,专供商务编译人员使用。到1924年,涵芬楼藏有37000卷善本书和珍贵抄本,其中包括十二卷濒于失传的《永乐大典》。张元济又锐意收集地方志书,图书馆拥有大量中国各省的方志,其收藏数量远远超过各家公立图书馆。[1]张元济也收集有价值的报纸杂志。外文杂志中包括了全套荷兰的《通报》、英国《亚洲文会北中国支会会报》。这些杂志由早期汉学家创办,是研究18世纪中国与西方关系的基本参考书。图书馆还藏有数套欧洲科学杂志。中文杂志有全套梁启超的《新民丛报》(日本出版)、严复的《国闻报》(天津出版)和张元济自己主编的《外交报》(上海出版)。大多中国报纸,从清末的《京报》起,都按期收藏。它还藏有中国最完整的中小学教科书。[2]

除书、报、杂志以外,图书馆收藏了5000张照片、地图、图表和绘画。其中包括张元济1910—1911年环球旅行时所购的照片。内有梵蒂冈所藏南明王太后、王后和王太子洗礼皈依天主教的影片。[3]

1924年,涵芬楼藏书达到463083卷,[4]成为当时最大的图书馆。此时,张元济决定把它对一般公众开放,而不是只为商务的读者所用。董事会决议用积累的资金十一万银圆在宝山路总厂附近建造一幢五层混凝土大楼,并定名"东方图书

---

[1] 何炳松:《商务印书馆被毁纪略》,《东方杂志》第29卷第4号(1932年),页3—9;汪家熔:《涵芬楼》,《商务印书馆馆史资料》第7卷,页15。

[2] 同上。

[3] 胡道静:《上海图书馆史》(上海,1935年),页1380。

[4] 同上。

馆",于1926年纪念商务成立三十周年之际正式对外开放,作为普通参考图书馆。

必须明白,按中国的传统,并没有西方意义上的图书馆。学者有自己的私人图书馆,称为"藏书楼"。那里严加守卫,甚至对自己的同行也属禁地。皇帝有自己的御用图书馆,仅开放给少数有资格的学者。直到1910年之前,学部才鼓励各省建立图书馆。[1]然而到了20世纪20年代,中国的图书馆运动仍为缺乏资金、缺乏书籍、缺乏训练有素的图书馆管理人员所困。因此,在当时的情况下,商务印书馆开放私立图书馆意义十分重大。

张元济按惯常的谦虚方式,在东方图书馆正式开放之后,就退出舞台的中心。他作了一次简要的声明,希望图书馆有益于所有到上海来的学人。此后,王云五成了它的第一任馆长。张元济有效地运用自己的目录学体系,并完成了40万卷书籍的卡片索引。东方图书馆为上海公众广泛利用。1929年,读者近三万名。[2]

张元济的新排字法

张元济在监理任内另一项重要和颇使人惊奇的贡献是1923年设计的新式排字架。[3]他在一篇题为《拟制新式排字机

---

[1] A. Kaiming Chiu, *Modern Library Movement in China*, (Peiping Library Association,1935).
[2] 庄俞:《三十五年来之商务印书馆》,页10—11。
[3] 张元济:《拟制新式排字机议》,载张静庐编《中国近代出版史料初编》,页285—287。

议》的长文中，阐明了详细计划。

因为汉字的数量庞大，所以中文排字是一件极为复杂和费时的工作。在20世纪的头十年中，大多数印刷厂仍沿用复杂的角锥式（金字塔式）排字架。这是美国长老会传教士姜别利（William Gamble）在1860年设计的。[1]这种排字架放在离地面较高处，共有162000个铅字。高大的字盘架使光线昏暗。排字工人必须站在中间，不停地弯腰、伸手，并绕着角锥塔架来回走动，寻找所需要的铅字。每一部排字架占地达61.5平方英尺。

张元济拟制的排字架为宝塔形，用十六个分级的转盘组成。整个结构使用钢材，既坚固又轻便，不像旧式木结构支架那样庞大笨重。每一层转盘都采用滚珠轴承安装在钢支架上，可以旋转自如。整个塔状结构置于两英尺高的支架上，最高层的转盘离地三英尺半。塔上可放29200个常用铅字，标点符号、括号等放置在最高层，也即最小的转盘上。

排字工人坐在一种专门设计的一英尺半高的转椅上，转椅置于两塔架之斜角处。工人平坐时，视线与塔架中部平齐，他们检取铅字时可不必弯腰伸身，也不必离座。

所有的非常用铅字（共11750个）放在六个长方形方盘内，置于排字工座位背后的铁架上，当需用时，只要将转椅转向背面即可。

至于极罕用之字，放在四个抽屉中，直接置于金字塔形

---

1 贺圣鼐：《三十五年来之中国印刷术》，《最近三十五年之中国教育》，页257—285。

字盘架的下面。需用时，排字工只需在座位上稍弯一下身即可检得。

张元济这篇文章之所以有价值，不仅是由于它揭示了排字工人的详细工作过程，也由于它反映出了张元济高度科学和现实的思维。原文有详细的统计表说明塔架和方盘的尺寸、容量和重量，以及它们所装各种铅字的规格和数量。同时还附有该设计的正视图和俯视图，注明精确的英制尺寸。他考虑得很周到：计算出因采用新机、减少占地面积而节省房租的金额，也论及新机的安装、拆卸和搬移，还进一步设计了一种将用过的铅字返回字盘架的方法，提出了几种可供试用、选择的修正建议。经过与商务印书馆财务部门商议后提出了详细的估价清单。

总之，这篇引人注目的文章出乎意料地揭示了这位旧式学者的思想的一个重要方面，这是以往很少为人所了解却又极富启发性的。他多处提到要尽可能使排字工人感到舒适的重要性，给他们足够的座位空间和充足的光线的重要性，以及把检字时的"屈、伸、俯、仰"减少到最低限度，这都与欧文主义（Owenianism）相一致。他对排字工人工作条件的人道主义的关注，是基于这样的认识：如果减轻工人的劳动强度，他们的效率将会大大提高，这对公司的长期经营十分有益。他论述了制造新设备所需的成本，可以从增加的生产中得到补偿。从中，我们可以看出这位开明的、宽厚的资本家的思想心态。

20世纪30年代，他的建议为商务所采用，又为上海各印刷厂所转引。其后他的设计得到进一步改进。

1925年商务印书馆又起工潮

无情的是，尽管张元济真诚关心工人的福利，却未能阻止商务印书馆工潮的发生。20世纪20年代，工会组织在中国各城市发展。因为上海是中国最大的工业城市，商务工人又有一定的文化，因而受新潮流的影响大，觉悟也高，所以商务的劳资争议颇为多见。张元济对1919年6月工人的爱国抗争持支持态度，但到了20世纪20年代中叶，对工人并非明显反帝、反军阀的罢工，就颇感不安和窘困。

1925年的五卅运动给商务工人上了联合抗争的一课。1925年5月1日在一家日本纱厂内发生的工潮，由于一个工人被枪杀，很快发展成了全市的反日运动。上海有三十余家日本纱厂，长期以来就是工会活动的目标。这些纱厂充分利用中国的原料和劳动力，其加工成品又享受免税和海关特权，是帝国主义侵略的例证。5月末，工人在上海最热闹的街道上游行，队伍中还有许多同情者。爱国学生组成了宣传队，发表反日、反帝演说。5月30日，正当大批学生沿着主要街道行进时，上海英租界当局（工部局）的巡捕突然向他们开火，十三名游行者当场遇难。这次事件唤起了全国性抗议、游行、罢工和抵制洋货运动，其规模之大、士气之高昂令当时的观察家大为震惊。在中国还从未有过这样大规模和有组织的动员。

商务印书馆深深地卷入这场五卅运动。1925年6月1日，上海总商会宣告全市总罢工，所有工厂、商店停工、停业。此时，上海的报纸杂志都受到租界当局的警告，用查封来威胁，要它们不得发表任何有关的报道、文章和社论，以免进一步激起公众舆论的反帝怒潮。于是大多数中国报纸采取十分谨慎和温和的态度来报道"五卅"事件，有的甚至拒绝刊登市商会的总罢工宣言。在这种情况下，商务印书馆的激进编辑肩负起建立大众传播媒介的重任，办起了自己的报纸。6月3日起《公理日报》出版了。它代表了十一个文学社团，其中包括与商务关系密切的中华学艺社和文学研究会。报纸的实际编辑工作由属于文学研究会的商务编辑人员担任，其编辑部就设在郑振铎的家里。[1]尽管商务过于谨慎，未给《公理日报》的印刷提供方便，然而商务却从公共基金中向该报提供秘密经济资助。公司还提供了所需的全部纸张。此外，张元济、高梦旦和王云五每人向该报资助一百元。[2]

与1919年的情形相仿，稳健的老学者同情着年轻激进的同胞。然而，这次事件激起更为激烈的工人运动，这使张元济感到作为一个商务的领导人，他已很难应付自如了。

1　茅盾：《回忆录》，《新文学史料》第7卷，页1—25。
2　同上书，页14。

商务印书馆工会和经济斗争

五卅运动迅速而直接的结果之一，便是商务印书馆工会在1925年6月21日正式成立。工会有大批成员，遍布于三所（编译所、印刷所和发行所）和总务处。工会以共产党的一个党小组为其核心，他们积极使工会在上海不断发展。早在1924年，商务就建立了一个共产党的基层组织。[1]无疑，商务工人的工作条件和薪水得到过改善，比起其他印刷厂，或诸如纺织、茶叶、烟草等工业的工人来，条件和待遇要有利得多。事实上，商务是中国首家有工人固定上下班时间的工厂。每天九小时、每周六天的工作制按当时的标准看，是十分优裕的。工人每月工资收入从10元（新满师的徒工）到50元（熟练的工头）不等。每年有国庆、新年和四天春节的假日，还可给予5—10天有薪的婚假或父母、配偶的丧假。女工有两个月无薪的产假，但可得10元喜封。尚公实验小学设有奖学金，对低工资工人的子女有助学金。它附设的幼儿园是免费的。公司在印刷厂设有一处诊所，聘请西医一人、药剂师一人、护士若干人，还培训了中医一人。每次仅收3分钱象征性的诊费和药费。20世纪20年代的上海，童工盛行，老板可以用任意的借口拒付工人工资。如果我们能记得当时上海一般工人的处境的话，那么对于

---

[1] 茅盾：《回忆录》，《新文学史料》第7卷，页11。茅盾列出了商务所有共产党积极分子的名单。

一个印刷工人称赞商务的福利计划为"有远见、大大高出于它的同业"[1]就毫不怀疑。更值得注意的是，这位工人写的文章刊登在《新青年》的劳动节特刊上。该刊具有十分明显的反资本家态度。在这本特刊对二十来种工业所作的调查报告中，没有第二家企业有幸得到这样的赞扬。

几个月后，商务爆发了又一次大罢工，它大大地打乱了公司的管理。1925年8月22日，新建立的工会宣告罢工，公开要求提高工资并改善工作条件。按照茅盾的说法，这次罢工受到共产党的鼓动。当时共产党认为必须使工人阶级的激情保持活力，因为五卅运动所产生的动力正在消散，似乎将会丧失殆尽。[2]这次罢工选择了很好的时机。9月初，学校新学期就要开学，工人的行动严重威胁着商务教科书的供应。经过一番艰苦的谈判，老板让步了，答应大幅度增加工资（从10%到30%），还有附加的福利措施。商务印书馆1925年的经济罢工，作为中国无产阶级早期引人注目的胜利，载入了中国工会史。很快商务工会成了中国四大工会之一。

张元济怎样看待公司的这场经济大罢工呢？他曾经支持过1919年和1925年的总罢工，因为它们具有鲜明的爱国主义和民族主义的目标，而经济罢工却唤起不安定、不满足和动荡的情绪。一方面，他那非同一般的稳健和开明的头脑，很可能使他看清了工人运动后面的理论基础（尽管他不会知道当时是共产

1　商务印书馆工人的工作条件和工资，由三名工人在《新青年》劳动节特刊中详细叙述。《新青年》，1920年5月1日，页637—649。

2　茅盾：《回忆录》，《新文学史料》第7卷，页20。

党的领导);另一方面,他必然对如何最有效地掌握这些事件感到困惑和毫无把握。儒家学者没有接受过如何处理现代劳资纠纷的训练;他肯定试图公正地对待工人,照顾他们的利益,但也肯定无法对付用马克思主义阶级斗争学说武装起来的、经过周密计划的工人运动。在军阀统治之下,中国混乱的政治局面使情况变得越来越坏。茅盾回忆说,在一次资本家与工人的会谈中,一些军人冲进会议室,声言奉省督军孙传芳派遣,要工人立即停止罢工,恢复秩序,否则将进行军事干预。工人起初以为这是经理的计谋,与军阀串通演戏给他们看,但后来他们看清了资本家也确实对此十分担心。因为孙传芳的反工会态度是众所周知的,而军阀又是肆无忌惮、反复无常的,当时资本家身处夹缝之中,也委实左右为难。

1926年张元济退休

1925年,一系列的工潮使张元济在商务印书馆监理的最后一年任期之内感到很不愉快。他把这些解释为资本主义体系中的弊病引出的令人难以理解的新现象。他试图灵活地去掌握它,但始终十分清醒地懂得,根本地解决问题远非他能力所及。1926年4月,他正式从监理职位上退休。[1]在给商务董事会的辞职信中,他说曾打算在五十岁,即1916年时退休。

---

[1] 《张元济日记》,页839—851。这一节详细地记录了他辞职的前前后后,显然,商务当局曾多方加以挽留。

但当时夏瑞芳突遭不测，使商务面临危机，尤其是中华书局构成了一种严重的威胁，因此他同意留任。到1926年，他决心退休，无论如何劝说都无法改变他的决心。在一封充满了不平常的感情的致董事会信中，张元济揭示了他作为商务领导人的内心感受：

> 今倏忽又届十年。故人墓木已拱，而元济精力亦愈衰矣。世变纷纭，商战弥剧。去岁罢工之事一见再见……当此新旧递嬗，思潮猛进，一日千里，即勉竭其所知所能，亦不足以赴之。元济再四思维，与其勉强敷衍，徒负踵决肘见之羞，何如早避贤路，犹有改弦更张之望……[1]

中国传统的典型的谦逊词句，无法隐瞒他真诚的、恳切的希望。他希望更好、更适应新潮流的人会在他退休之后涌现出来。他以对商务的祝愿来结束这封信：

> 抑元济更有请者：现在时势不同，思想解

---

[1] 张元济：《为辞商务印书馆监理职致商务印书馆董事会信》，1926年4月26日，《张元济书札》，页263。

放，无论何事断不能墨守一二十年前陈腐之见解……人才何限，勿以其匪我亲故而减其信任之诚……。

勿以其素未习狎而参以嫉忌之见。此为公司存亡成败所关。[1]

张元济这份充满感情而又带着沉重心情的临别赠言，表示了他决心离开工作过23年的商务印书馆。他仍然留任董事，并是他们中最受尊敬而具有巨大影响力的人。他更愿意待在家中，按自己的意愿，集中精力于古籍校勘和版本研究。事实上，商务的通信员每天按时到他寓所，收发正在编辑中的古籍影印书样，同时递送经理的日常工作报告。公司的行政领导、三所的负责人以及各位编辑，常常一遇问题就登门拜访，但他纯粹是顾问性的，拒绝接受薪水或其他形式的赠款，脱离日常行政事务。他一点儿也没料到中国的政局变动和日本对华侵略会来得这么激烈，以致他在此后的30年内又令人不可思议地重新积极投入工作。

---

[1] 张元济：《为辞商务印书馆监理职致商务印书馆董事会信》，1926年4月26日，《张元济书札》，页263。

第八章

动荡年代

——1926—1937

北伐与商务印书馆

1926年4月,当张元济决定不管商务印书馆的行政事务时,中国正处于重大政治激变的边缘。中国已被十年军阀混战弄得四分五裂。孙中山在1925年逝世前不久,致力建立国民党与共产党的统一战线,他接受苏联的援助,建立起一支现代化的军队,并用爱国主义思想教育这支军队。孙中山最远大的理想是用这支军队去战胜各式各样的军阀,开创中国政治统一的局面。他的未竟之愿由蒋介石继续实践。蒋于1926年6月正式发动北伐战争。

北伐取得一连串神速的军事胜利。军阀的部队一战即溃,或者在逃窜时整批整批地被国民革命军收编。军事进攻得到有经验的宣传队的大力帮助。这些宣传队成员大多是共产党人。他们赶在军队的前面,在国民党军队到达之前,于许多城市内鼓动工潮,发动工人起义。

共产党领导的无产阶级运动中,最为壮烈的一例发生在上海。[1] 1927年2月开始,总工会不断号召举行反对军阀的起义,而工人起义两次遭到镇压。1927年3月,上海爆发了第三次工人起义。这时,中共上海地方组织派周恩来(1898—1976)制定作战方针。上海总工会发动了有80万工人参加的起义。总

---

1   关于上海工人起义的详情,参见 Jean Chesneaux (translated by H.M. Wright), *The Chinese Labour Movement 1919-1927* (Stanford, 1968), pp.341-348; Harold Isaac, *The Tragedy of the Chinese Revolution* (Stanford 1961), pp.130-141; Donald A. Jordan, *The Northern Expedition-China's National Revolution 1926-1928* (Hawaii, 1976), pp.208-213.

工会总部就设立在东方图书馆大楼内商务印书馆工人俱乐部里。商务印书馆的王景云是当地工人领袖之一,他是1925年罢工运动中的老将。1927年3月21日,商务印书馆如往常一样敲起了午饭钟,但这次却长鸣不止。这是宣告上海全体工人放下工具开始总罢工并进行武装起义的信号。[1]

大约80万名工人响应这个信号。以数百名武装纠察队员为先导,工人武装占领了16处目标,包括铁路和邮政局。胜利的工人纪律之好,引人注目。他们建立一个"民众政府"来维护上海公共秩序。这个"临时市政委员会"要求工人回厂工作,以便为迎接即将到来的解放者——国民党军队作好准备。尽管上海工人被说服,并避免军事行动中的不必要财产损失,但这次工会展现出庞大实力,使得帝国主义者和上海的商人、银行界和工业资本家感到十分担忧。使繁华区内的资本家怀疑和感到不安的是这些强有力的工人进一步还会做些什么。几天以后,3月26日,蒋介石率军胜利进入这座城市的时候,高兴地看到孙传芳的军队已完全被赶跑,但又暗暗地感到失望,因为工人武装队伍在与军阀的战斗中并没有重大伤亡。

这样,上海工人的巨大成功反而使他们受到了各种保守势力——租界当局、银行界、工业资本家和蒋介石一致的嫉妒和仇视。这些保守势力将上海看成了他们有特殊利益和潜

---

1 关于商务印书馆工人在1927年3月上海工人武装起义中的特殊作用,参看章锡琛《漫谈商务印书馆》,《文史资料》(1964年3月),页90;Chesneaux, *The Chinese Labour Movement 1919-1927* (Stanford, 1968), p.358.

在力量的大都会，没有一方会同意让权力长期留在胜利工人的手中。

随之于1927年4月间到来的是突然的"清党运动"或"白色恐怖"[1]——用哪个名称在于你的政治立场。蒋介石突然转而反对共产党盟友。他得到上海黑社会势力的帮助，杀害了数千名工会成员，成功地破坏了共产党对无产阶级运动的控制，使共产党在这个城市中无法公开立足——直到1949年前夕。这次清洗改变了这两党的性质和形象：共产党转移到中国偏远的农村，而国民党与中国社会中最保守的力量捆绑在一起。对蒋介石来说，有一件不幸的结果，那就是他从此对真正的群众运动抱有一种无法治愈的病态的疑惧心理。这使他后来所建立的政府，不得不日益依赖于思想控制、秘密警察和赤裸裸的暴力，因为他惧怕和疏远群众。[2]

商务印书馆以多种方式，深深地卷入了1927年这些事件之中。如前所述，商务工会主席王景云也是上海总工会的领导人，在工人取得政权、国民党军队还未进入上海之前，他与其他代表一起组织了临时市政委员会，并负责上海的法律和秩序。东方图书馆内的工人俱乐部，原是军阀孙传芳部队的据点。在他们被逐出之后，就成了总工会总部。历史的事实是，商务总工会是上海黑社会和国民党合力争取的最后的

---

[1] James E. Sheridan, *China in Disintegration, the Republican Era in Chinese History 1912-1949*, (New York, 1975), pp.172-173.

[2] Lloyd Eastman, *The Abortive Revolution, China under Nationalist Rule 1927-1937*, (Cambridge, Mass, 1974), pp.24-25.

工会据点，经过浴血巷战后，最终陷落。

在蒋介石掌权后不久，上海的知识分子，其中有一些商务的编辑和作者，写了一封表示愤怒和抗议的公开信，[1]在该市主要报纸上发表。这封信写给国民党三位元老：蔡元培、吴稚晖和李石曾。此信谴责国民党倒退和叛变。在公开信上签名的有郑振铎、胡愈之和章锡琛。不清楚这"三元老"的反应如何，但蒋的反应是加紧制定审查制度以消除不同的政见，他的特务和秘密警察威胁着对国民党持批评意见的人。郑振铎领头在公开抗议信上签名，最后被迫离开上海去海外长期"游学"。[2]

张元济开始与国民政府疏远

商务工人和作者在与反动势力斗争中所起的作用有记录详尽、可以查找的资料，而商务主管部门的作用是模糊不清的。他们有没有和资产阶级的头面人物一起与蒋介石商谈，请求动用军队来对付工会，至今还是一个谜。上海资本家愿意出资一千万，以换取蒋介石对镇压共产党和恢复全市和平与秩序的允诺。商务有没有加入这些资本家企业的行列，也不清楚。有记录的是这样一件事：在"清党"开始不久，蒋要求上海商会签署一项继续提供三千万元贷款的协议，以支

---

1 章锡琛：《漫谈商务印书馆》，《文史资料》(1964年3月)，页91；胡愈之：《回忆商务印书馆》，《文史资料》(1979年4月)，页46—49。
2 作者于1979年12月前往拜访郑尔康时得闻此事。

持其军队。商务印书馆被指定贷款20万元。[1]面对国民党的要求，商务作何反应，尚不清楚。但众所周知的是，国民党准备用一切手段，包括任意逮捕和没收财产，来对付敢于违抗的资本家，借口是他们是军阀的支持者或共产党的同情者。为了免使国民党直接和公开的介入，上海黑社会势力绑架不愿出资的资本家的子女和亲属，直到他们同意向国民党提供大笔"捐赠"为止。研究国民党与中国资产阶级关系的历史学家认为这种情况颇为有趣。Coble和Eastman在他们的论著中一致认为，蒋介石绝不是民族资产阶级的同盟者，从不顾及他们的利益，对促进工商业几乎没有做什么事。相反，他把他们看作无尽的财源，是加紧榨取的对象。[2]

张元济本人并不看重蒋介石和他的北伐，很早就疏远国民党。国民党赤裸裸地动用军队和利用黑社会流氓反工会，使他感到震惊和恼怒。在张看来，蒋的北伐与其说是一场统一中国的革命，还不如说是像其他军阀一样扩张自己势力的争夺。蒋介石在1928年正式组成的南京政府，实际得到保守的社会集团支持，亦有黄埔军事力量作支撑。蒋介石政府的"统一"口号只是句空话。中国有许许多多军事头目，他们对南京表示效忠是有条件的，那就是不可触及他们的老巢。张

---

[1] Parks M. Coble Jr., "The KMT Regime and the Shanghai Capitalists 1927-1929", *China Quarterly* NO. 77 (March, 1979); Eastman, *The Abortive Revolution, China under Nationalist Rule 1927-1937* (Cambridge, Mass, 1974), p.229; Sheridan, *China in Disintegration, the Republican Era in Chinese History 1912-1949* (New York, 1975), p.172。

[2] Parks M. Coble Jr., "The KMT Regime and the Shanghai Capitalists 1927-1929", pp.1-2、24; Eastman, *The Abortive Revolution, China under Nationalist Rule 1927-1937*, pp.242-243.

元济把蒋介石看作一个较为成功的新军阀,到了20世纪30年代后期,就称之为"时帅"。张元济的观点是正确的,因为蒋介石不断对各地军事头目或小派系发动战争,以致从他1928年建立南京政府起,到1937年日本对华全面入侵为止,中国没有一年和平的日子。[1]

跟许多中国知识分子一样,张元济十分厌恶无休止的军事冲突。1929年在蒋介石和支持汪精卫的"国民党左派"之间即将爆发一场内战前夕,他很气愤地写了一封信给好友蔡元培,当时蔡元培身居国民党数项要职,又是监察院院长。信中说:

> 宁汉冲突,吾兄奔走调停,孤诣苦心,……战祸殆恐难免。……国势颓敝至此,民生困苦至此,而在位者犹欲从事战争,试问天良,何以对国,何以对民![2]

张元济指出这些领导人物显然丧尽天良,并请蔡元培公开声明谴责他们的活动,并劝蔡元培"即日辞职,庶无负监察二字之责"。当时蔡元培已看清了国民党所采取的使他失望的方针,因而已经多次试图辞去所有国民党的头衔。[3]但由于他的威望过高,蒋还是要把他尊为国民党元老。蔡给张元

---

[1] Fairbank, Reischauer and Craig, *East Asia: the Modern Transformation* (Boston, 1965), p.696; Chesneaux, 见本书227页注1, 页199—200。

[2] 张元济致蔡元培函, 1929年3月19日, 手稿, 上海图书馆藏。译者注: "试问天良……"等十二字, 原著未引用, 为译者所添加, 见《蔡元培全集》卷五(中华书局), 页305。

[3] 高叔平:《蔡元培年谱》, 页93—96; Fairbank, 见注1, 页692。

济的复信既简要，又流露出伤感。他怕公开的破裂会造成不愉快的后果。[1]但是他们两人对南京新政府的愤怒和失望是确切无误的。

对南京新政府失望的开明知识分子，并非只有张元济和蔡元培两人；胡适也对国民党一党统治的合法性表示怀疑，指出应尽快制定一部保证议会民主和公民权的新宪法。他在一些温和的刊物（如《新月》）上发表了一系列的批评文章。政府发现这些文章后，反应激烈。1929年10月，教育部发出了一份官方的"训令"给当时担任新中国公学副校长的胡适，告知作为一个公立大学的校长，应该支持，而不能批评政府的政策，还进一步警告说他的题为《人权与约法》及《我们什么时候才可有宪法》二文，已涉及被禁止的政治领域。胡适受到正式告诫，"……切实督率教职员详细精研本党党义，以免再有与此类似之谬误见解发生"，[2]还警告他可能被调离原职。

这一件事，在中国学界引起了不小的波动。胡适由于五四运动而声名大振。此外，他也以温和著称，不可能十分激进，更不会从事颠覆活动，如果国民党政府连胡适这样温和的批评都无法容忍，那么中国不可能有真正的民主和自由。

张元济对事情的反应很直接。1929年10月7日，他写了

---

[1] 蔡元培致张元济函，1929年3月26日，手稿，上海图书馆藏。又见《蔡元培全集》卷五（中华书局，1988年），页305。

[2] 《胡适往来书信选》（中华书局，1983年），页550—552。

一封短信给胡适，鼓励他不必理睬政府的无稽指责[1]，并引用了若干年前一些美国学校禁止讲授达尔文主义这个例子。现在中国政府禁止讨论宪政，张元济深信后人将会对事情的是非曲直作出正确的判断，并劝胡适不要因此而动摇。张元济的信是简练而低调的，然而它却是对国民政府失去政治同情心的有力证据。

日本访书

在张元济看来，北伐只是另一场军事争夺，与十年来军阀混战大同小异。然而他对新军事领导人的义愤是无足轻重的，因为他无法改变政治趋势，更为明智的做法是将自己的才能投入某一个可以使得他的影响力变得重大和有效的领域。对他来说，之前二十年正是中国文化遗产蒙受极大危险的时期。随着连绵战祸，许多私人藏书楼关闭了，他们的珍贵收藏不断散失。他决心抢救濒于灭绝的古代典籍和历史著作。在转向令人赞叹不已的费时费力的古籍收集和研究工作的同时，张元济并不企图借此逃避困扰中国的令人不快和困惑的政治动乱，他真诚地认为这是此时此刻他所能做出的最大贡献。1927年，在给一位同时代的版本目录学家傅增湘的信中，他一方面表露了对政治局势的失望，另一方面说明了像他这样的学者应走的道路：

---

[1] 《张元济书札》，页162。

> 吾辈生当斯世，他事无可为。惟保存吾国数千年之文明，不致因时势而失坠，此为应尽之责。能使古书多流传一部，即于保存上多一分效力。吾辈炳烛余光，能有几时，不能不努力为之也。[1]

如第六章所述，张元济从1920年起以影印出版《四部丛刊初编》为起点，走上了保存、普及古籍的征途。从此，这项工作便成了他的终身事业。即使在最忙的经理任期内，被没完没了的行政事务缠身之时，校刊、编辑旧籍从未有一日忘怀。访求善本书籍的工作不断进行，这个主题在他致朋友的信件中逐渐增多，但是直到1926年他正式退休之后，才有可能将全部精力集中于善本书籍的版本研究。在访求善本书籍时，张元济有一次不平常的机会看到一些早已从中土流失的珍贵古籍。日本汉学家对各门学科的善本书的收藏，长期以来足以与中国学者匹敌，特别是从清王朝崩溃以来，日本藏书家紧紧抓住这一时机，买下因战争、内乱而关闭的私人藏书家的全部收藏，同时还从旧书铺买去了大批书籍。

1924年，东京著名私人图书馆静嘉堂文库公布了它极有价值的收藏的详细目录。[2]中国学者带着羡慕而又惊讶的心情，发现这个图书馆竟藏有9000多部（98600卷）中国善本书，比

---

[1] 张元济致傅增湘函，1927年1月21日，手稿，上海图书馆藏。又见《张元济傅增湘论书尺牍》（北京商务印书馆，1983年），页145。

[2] 郑贞文：《我所知道的商务印书馆编译所》，《文史资料》（1965年11月），页160。关于静嘉堂文库更详细的资料，可参看《日本百科全书》卷10，页451。

清朝御定《四库全书》还多出5000卷。更有甚者，他们发现静嘉堂藏书中有177卷过去认为早已失传的著作，在《四库全书》中也只能列出书名而没有正文。不难想象中国版本目录学家在听到静嘉堂书目的消息时的心情。民族自尊心增强了他们寻访珍本的热情，也更希望参观日本的图书馆。张元济对静嘉堂文库特别有兴趣，因为他曾两次试图想见这批原属皕宋楼的珍贵藏品。

在20世纪初的头十年，这批书还由一个中国目录学家陆心源所藏时，张元济曾前去拜望，并请求能让他去参观这部收藏。但陆心源嫉妒张元济的名望，以各种理由拒绝了张元济的请求。陆死后，其子欲将藏书出售。张元济尽力筹款，设法满足其要价，为涵芬楼买下这批书籍，但当他筹得款项时，书已为日本静嘉堂购去。[1]

1928年，中华学艺社与日本几家图书馆商谈，达成了一项民间协议，双方同意影印出版日本图书馆收藏的中国古籍。中华学艺社1916年成立于东京，大多数社员是东京大学的中国留学生，它很快受到"五四"精神的影响而成了科学精神和现代学识的稳健拥护者。学艺社与商务印书馆——特别是张元济和高梦旦——有亲密的关系。20世纪20年代，张元济和高梦旦欣然将商务的技术与经济支持提供给许多当时新生的科学、学术社团。这些社团一般免费提供原稿，而张元济和高梦旦也同意免收其印刷费。这些杂志、刊物或丛书

---

[1] 张元济如何失去购买这批藏书的机会，详见本书第五章。

出版后，商务就免费向有关社团赠送一批，剩余部分自行出售，以弥补纸张、印刷的成本，有时或许也可以获得少量盈利。20世纪20年代初，商务通过这种方法出版了大量杂志和书。[1]中华学艺社与商务的友谊就更深一步了。学艺社有好几位社员进入了商务编译所或其他部门工作。1928年10月，中华学艺社出发去访问日本的主要图书馆，调查他们收藏的中国善本书，以便影印其中最珍贵的版本，而张元济成了这个代表团的荣誉团员和团长。中国第一流版本目录学家的毋庸置疑的声望以及与商务印书馆的关系，使他成了这个职位最理想的人选，因为在中国，商务是唯一具有从事这一项目所必需的熟练技术和专门知识的印刷厂。

代表团于1928年10月出发，在日本待了三个月。商务为这次访日活动共花费了10万元（包括古籍拍照等费用）。[2]1928年上半年中，张元济作了出发前的全面准备，设法掌握将要去参观的图书馆的全部书目，并在仔细研究、比较之后，选定特别有兴趣的书籍。众所周知，帝国图书馆和内阁文库也藏有大量中国善本书。

张元济的访日计划十分周密。他一周工作六天。代表团里一位陪同访问的同事记叙了他全心全意的奉献精神：

> 三个多月间，除星期日外每日不息地阅选古书，

---

1 见本书第六章。

2 郑贞文：《我所知道的商务印书馆编译所》，《文史资料》(1965年11月)，页162。

我和张共同起居，见他每晚必作笔记至于深夜，其忘老奋发的精神，实堪佩服。……当我们将古籍的摄影底片满载归国之时，他那怡然欣慰的神情，至今还使我无限感奋。[1]

张元济雇用日本照相师，用特种照相机将书按页摄成小底片。这是最便利、最快速的方法。至于将底片印出、放大和用照相版印刷等项工作，事后可在上海继续完成。他以中华学艺社的名义，总共借了五十部不同的善本书籍，都是宋、元、明的版本，有一些在中国已经失传。回到上海之后，商务印书馆就将这些书编成《中华学艺社选印古籍》一集出版，并向日本出借底本的有关图书馆赠送各二十部。这些书籍作为中华学艺社内部出版物流通，而未公开发售。

到20世纪30年代，张元济又从这部集子中取出几种书，与商务已有的其他书籍一起用另一种书名出版。例如《太平御览》在中国流传下来的只有一部分，张元济把选自三所日本图书馆的版本和中国的残本合成"全宋本"出版。某些史籍的版本若比国内所存有的高出一筹，张元济就采用它们，编入他的《百衲本二十四史》。至于元明小说，他们就以原书名出版单行本。

从现代出版标准来看，这样的做法完全可以看作非法翻印，但张元济是否这么认为却是值得怀疑的。首先，他强烈

---

[1] 郑贞文：《我所知道的商务印书馆编译所》，《文史资料》(1965年11月)，页165。

地感到这些书是中国古代学者留下的确确实实的文化遗产。他与日本汉学家是互相尊重的,并感到中国对这些书有合法的使用要求。其次,他自称这样做的目的是宣传和普及一般学者无法看到的善本书籍。因此,书籍重印次数越多越好。此外,借自日本的书籍,在以后各次重印时,都得注明其原始版本。

总之,以中华学艺社名义赴日访书必定成为张元济一次十分满意的经历。他发现了不少在中国早已失传的古籍,并能重新影印出版。这个时期内,南京政府以统一的名义不断采取军事行动,同时又以政治统一的名义采取越来越严格的思想控制。张元济将他的才能贡献给一个他最有专长的领域,并获得了卓越的成就。有幸这个领域受政府日益加紧的各种控制的影响最小。

百衲本二十四史

张元济在退休后最为卓著的成就是收集和出版二十四史。他将许多不同的珍稀版本或残本辑成《百衲本二十四史》,其英文的正式译名是 *Po Na Edition of the Twenty-Four Dynastic Histories—Replica of Authoritative Ancient Editions*。[1]"百衲"二字出自"百衲僧衣",就是云游僧人用一

---

1   《商务印书馆馆史资料》(北京)第11卷(1981年),页12。

片片不同布料缝制的衣物——表示贫穷和谦卑。张元济借用这个名称来说明他的版本分别取自好几种现存的最佳版本。由于所选版本甚多，结果就像一件"百衲僧衣"。张元济花了整整十年完成这一宏伟工程，包括校勘、版本研究和编辑。这部巨著共有820卷。

史学被认为是中国学术的四大分支之一。过了一段时期以后，一个朝代总会有至少一部撰写完善的官方史籍（正史）。自宋朝以来，皇帝指派优秀学者编撰前朝正史已成为一项法定工作。这种史籍包括对皇帝、文臣、武将、著名学者以及其他杰出人物的详细记载，也记载了行政体系、官僚体制和重大事件的编年表，对战争、外交和变革也有记载。这些史籍成了学者的基本参考资料。

然而，随着时间的推移，朝代史不免会出现错误而变得不可靠。在制作新版时，往往会无意中出现疏漏、脱落或讹传；有时也有故意窜改者，这通常出现在下一朝代的皇帝发现某些段落、章节乃至全卷有碍或有违其意愿之时。

张元济很早就成为一个史籍的贪婪的读者，长期为其中明显窜改和删节之处所困扰。最为普及且易买得的正史是《武英殿二十四史》，这是清乾隆皇帝的一项业绩。在张元济看来，这部广为流传的版本有几处重大错误。首先，它在基础研究中有严重的疏漏，编纂者盲目依赖明本而未及广集宋、元等更古、更可靠的版本；其次，张元济发现清代的编纂人没有一定的格式，对章、卷的规模亦无一定标准；再次，从《永乐大典》转抄来的史籍，没有注明原书的序号，反映出编辑工作的粗糙；最后，对外族入侵史有许多删改，因为当时满族也是外族，而原书所用的称谓、名词对他们是很不尊敬的。张元济称这些为"删窜之误"。[1]

所有这些错误，妨碍了对历史的正确了解。此外，张元济认为这部清代殿本史籍实在过于草率，且不说单个文字上的错误，就是遗漏词语、段落甚至整页遗漏的例子也不在少数，于是张元济慨然有辑印旧本正史之意。因为无法找到某一种单独的版本能优于殿本，就必须广泛收集最为可靠，亦即存世最早的版本，从而采用"百衲"的方式编辑出版。在二十四史中，至少有六种要由两种版本合并而成。[2]

某一朝史以哪种版本为最佳、值得影印，都由张元济亲自确定。这要经过反复仔细比较和几乎不间断地研究。张元济简要地叙述了自己为寻求可靠的史籍珍本所作出的努力：

> 求之坊肆，丐之藏家，近走两京，远驰域外。每有所觏，辄影存之。后有善者，前即舍去。积年累月，均得有较胜之本。[3]

这样寻访旧籍，实际上早在20世纪初就开始了，其时他正着手为涵芬楼收集善本书籍。

一方面，只有他才能最终判定版本的优劣；另一方面，

---

[1] 张元济：《影印百衲本二十四史序》，载张静庐《中国现代出版史料》卷二，页460—464。
[2] 同上书，页462—464。
[3] 同上书，页460。

他组织了一个由十余位学者、史学家组成的校史班子。他们在商务印书馆特地选定的、离张元济的寓所很近的房屋内工作。据王绍曾(1930—1932年间协助张元济校刊《二十四史》)说，张元济给他的助手制定了许多详细的工作规则[1]：第一，选定版本的照相版必须与《明正史》《清武英殿本》和一种清代著名目录学家的版本，三种基本的版本相核对，发现其中所有的不同处均须记在边栏外面；第二，他们必须查找名家校刊记、评论和注释；第三，必须尽可能与同一种史籍的不同版本上所载的前人评注和书目提要进行对校。

每天，校史处人员将他们加注过的照相版送呈张元济。第二天，他们就会发现张元济已在照相版上加上了他的注解和评语。有时他也会要求进一步与某种版本作比较。更多时他对送呈和做过比较的版本的可靠性和优劣加上他最后的评定意见。

除了校刊的助手之外，张元济需要有一支技术队伍，以改进并储存照相版。如第六章所述，他有与工人一起工作的经验。尽管这些工人不懂古籍，但要得到清晰、美观的照相版影印本，就必须依靠他们。1933年他给这些技术人员写了三份工作要求："修润古书程序""修润要则"和"填粉程序"。[2]这是一份防止工作草率和过度修饰的详细而实用的指

1　王绍曾：《试论张元济先生对近代文化事业和目录学的贡献》，《山东大学学报》，1980年，页29—57。

2　张元济：《记百衲本二十四史影印描润始末》，载张静庐《中国现代出版史料》卷二，页464—470；又见《张元济诗文》，页247。

导意见。

张元济十年紧张校勘《二十四史》的工作没有白费。批评家和版本目录学同行都承认"百衲本"的价值，认为它解决了大量历史问题和版本上的舛错。[1]当重新发现许多缺脱的段落、纠正某些关键的文字之后，大量疑案便消散了。一本研究中国史籍版本和校勘的专著认为"百衲本"是"全史中最好的本子"。[2]

1932年日本轰炸商务

张元济一退休，就打算集中精力于校勘和编纂《百衲本二十四史》，但国际政治中的突发事件中止了他的计划。1932年驻华日军不宣而战，轰炸上海。由于商务位于前线，所以损失惨重。面对这种意外变故，张元济放弃了他的退休生活，重新积极地工作，帮助公司复兴。

日本突然袭击是多年来日本与南京蒋介石政府关系不和的高潮。日本长期以来垂涎中国东北三省，它担心蒋介石终将统一中国。1931年9月，日本关东军入侵并占据东北三省。然而其时，东京或南京均不希望发生战争。日本的军事侵略被婉转地称为"沈阳事件"或"满洲危机"。接着，1932年1月，日本军方希望通过开辟新战场而迫使东京政府默认他们

---

[1] 王绍曾的文章列出了大量张元济所查出和纠正的错误之处，见王绍曾：《试论张元济先生对近代文化事业和目录学的贡献》，《山东大学学报》，1980年，页48—49。

[2] 张舜徽：《中国古代史籍校读法》（上海，1962年），页222。

的扩张计划，于是海军陆战队发动了一场对上海市的突然袭击。日机从停泊在长江内的航空母舰起飞，轰炸这个中国人口最多的城市，但他们十分小心地把军事行动限制在外国租界以外，而商务的主要建筑和大多数车间却正好位于中国地界之内的闸北。

商务的建筑物占地100亩，包括四个印刷厂，拥有几百台印刷机，还有字模制造部和油墨生产部。成品书仓库、纸张和文具供应部也在附近。此外有一幢存放铅字盘和铜版的三层楼房，还包括尚公实验小学和职工宿舍楼。1月29日晨，这一庞大的建筑群遭到日机投下一串六枚炸弹的轰炸。因为地处前线，消防车拒绝前来救援。巨大的火舌吞噬了所有房屋，纸灰一连几天在上海市区上空飞扬。[1]几天后，另一场劫难接踵而至。2月1日，马路对面东方图书馆的新式混凝土大楼被焚毁。这是上海最大的图书馆。大火起因众说纷纭，有人说它被燃烧弹击中，也有人说由于十分妒忌这家中国第一流的出版社，日本浪人潜入这座有名的图书馆纵火焚烧。不论它的起因是什么，这场大火使中国最大、最有价值的善本收藏毁于一旦。在这幢楼内的编译所也同时被毁。正巧有几位中国现代著名作家把他们的稿件交给了编译所，这些有创见的著作也同样付之一炬。

从经济上说，商务的损失估计达一千六百万元。[2]

---

[1] 何炳松：《商务印书馆被毁记略》，《东方杂志》第29卷第4号，页3—11。
[2] 《一·二八商务印书馆总厂被毁记》，载张静庐《中国现代出版史料》卷四（下），页423—428。文中有详细的损失平衡表。

国内对商务惨痛的命运的反应是爱国的、直接的。著名学者、社会各界名流纷纷致电东京表示抗议，并向商务表示同情和慰问。当时商务的总经理是王云五，他于1922年经胡适介绍入商务印书馆，任编译所所长，[1]1930年鲍咸昌逝世之后，他继任经理。[2]王云五没有得到商务职工的普遍支持，他于1931年的"科学管理"受到工人和编译人员的联合反对。[3]但商务的领导层赞赏他行政管理方面的高效率，所以给予他有力的支持。

1932年日寇的轰炸从某种意义上说，反倒成了反对者原谅王云五的一个理由。面对局势的挑战，王云五以典型的高效率方式，试图将战祸的损失减到最低，以"为国难而牺牲，为(中华)文化而奋斗"的口号来回答全国的同情和支持。[4]当时的商务被誉为中国文化的堡垒，日本人选中了这个目标轰炸，目的就是要毁灭中国的精神与文明。[5]根据现存的资料，很难断定1932年商务为自己挣得的这个殉难者的光环是否名实相符。但不管怎么说，知识界普遍同情商务，这对商务的迅速恢复必定起到作用。由于1932年的轰炸，退休后一直忙于《二十四史》编校工作的张元济立即恢复了积极的行政性工作。作为董事长，他于2月1日召开紧急会议，组成了

1　见本书第七章。

2　《王云五年谱》，页254—256。

3　《商务印书馆实行编辑工作报酬办法纠纷记》，载张静庐《中国现代出版史料》卷四（下），页415—422。

4　戴孝候：《商务一个口号的经过》，《馆史资料》第9卷（1981年5月），页17—20。

5　《王云五年谱》，页353。

一个从事复兴事宜的专门委员会。委员会的执行主席是王云五，但张元济是担任这个委员会主席唯一有威望并足以信赖的人选。他是第一批赴现场调查的人员之一，在专门委员会的事故处理中心全天从事工作，每天从上午8时到下午6时。

尽管日寇的轰炸对商务是一次严重的、大伤元气的打击，但其结果却绝非致命的。第一，中日对抗在双方妥协中趋于稳定，把军事活动限于上海外围，政治上也恢复稳定。第二，商务仍拥有三座大印刷厂：上海幸存的"第五印刷所"、香港和北京的印刷厂。这三家厂印刷机全力投入生产时，完全能够生产出足够秋季学期所用的教科书。第三，商务仍在全国设有36家分馆。第四，经计算，商务仍拥有多达一千万元的资金，包括股本、财产、土地、贷款、存放在一家银行保险柜中的善本书和存款。[1]这些资产是它的股票总值的两倍。换句话说，轰炸只是破坏了它所积累的财产的一部分。当弄清这些事实之后，当时的观察家都希望商务印书馆能沿着它原有的道路复业并重建。

王云五重组公司

令时人惊异的是王云五声言公司必须停业，所有职工领取半个月薪金后退职。这对公司的3700多名职工来说，无异晴天霹雳。其后发生的一系列抗议、非难、谈判和哄骗过于

1　章锡琛：《漫谈商务印书馆》，《文史资料》(1964年3月)，页98—99。

复杂，本文恕不赘述。[1]值得注意的是王云五成功辞退了所有老职工，于是在1932年8月1日复业时能够彻底改组商务的内部机构，并进行一个人事大革新。王云五的活动是有记载的，长期以来也为人们所谈论，但是从未有详细的分析。看来似乎他令全体职工退职是清除惹麻烦的工人，特别是工会积极分子的一种手段。采用全体退职的办法，是他重新雇用"历史清白"的人员的唯一途径。这种假设可由以下事实来证明：1932年8月以后，所有新职工必须订立合同，同时要有保证人。[2]

王云五同样采取激烈的手段，取消了编译所。正是编译所为商务的高质量书籍和有影响、有声望的杂志承担了主要责任，但也正是这个编译所中大批有学识、有独立见解的年轻编辑领导商务工人要求提高工资和改善工作条件。此外，他们曾经大力批评王云五的管理办法。解散编译所一事在王云五的许多回忆录和自传文章中，很引人注意，因为他对此事的原因讳莫如深。从此以后，商务就得依靠馆外撰稿人供稿了。至于稿件的优劣，由王云五聘请各方面的学者评定，但他们也只能接受一些零星的任务。起初，恢复刊印的杂志只有五种：《东方杂志》《教育杂志》《儿童世界》《儿童画报》和《英文周刊》。这五种杂志分别委托给五名编辑，他们要负责从友人处获得一切必需的材料，而公司仅给这些编辑按期

---

1 详细情形参见张静庐《中国现代出版史料》卷四（下），页428—451；《王云五年谱》，页338、355。

2 章锡琛：《漫谈商务印书馆》，《文史资料》（1964年3月），页96。

按件付酬。

除了取消编译所，王云五又砍掉了印刷厂。印刷厂是雇用工人最多的部门。在被解雇的3700名职工中，印刷厂占了2000多名。王云五决定放弃印刷业务，从而有效地削弱工人在人数方面的力量。在复业时，他帮助许多效忠他的工头建立了一批小印刷厂和钉书厂。[1]这些新厂附属于商务印书馆，但不为它直接控制。尽管王云五从未解释采取这一步骤的原因，我猜想很可能以此作为疏散工人的一条出路，从而削弱工会的力量。

这次大规模削减印刷业务也可能与商务领导层内部的权力政治相关。"教会派"控制着商务的印刷业务，因此分散印刷厂意味着削弱"教会派"的权力基础。

不论王云五的动机如何，改组后的商务印书馆只是成了它前身的一个影子。失去了它自己的编译所，其出版物的标准和质量受到损害。放弃了印刷业务之后，商务牺牲了夏瑞芳早年创建起来的十分精美的印刷技术传统。1932年以后，商务成为一个由一名强有力的总经理管辖下的庞大的总管理处，在它下面设有五个部门：生产部、发行部、供给部、会计部和稽核部。[2]从某种意义上说，1932年以后的商务印书馆更像一个商业机关，而不像一家出版社。

1　　《王云五年谱》，页408。
2　　同上书，页349。

张元济在20世纪30年代的作用

张元济对王云五大规模改组商务持什么态度？从现存的材料上很难得出结论，因为张元济在创立编译所的过程中起过关键的作用，因此必然为王云五完全取消编译所而痛惜，但王云五声称在所有的措施中，"张先生赞成和支持我"。张元济很可能对王云五的各种措施均盖上橡皮图章，因为他考虑到危机十分严重，此时必须表现出团结一致。现在找不到20世纪30年代初他不同意王云五所采取的一系列措施的记录。

现存的材料显示，张元济竭尽全力在复兴委员会工作，并对商务的复苏抱有审慎的乐观。那一段时期中，令他最为不快的，并非王云五大量削减商务的内部机构，而是国民党政府的对日不抵抗政策以及它与其他政治力量在合理分享权力方面的失败。蒋介石建立起一党专政的政体，而不为中华民族的繁荣富强出力，这是张元济的主要苦恼。作为一名爱国者和企业家，张元济坚持认为商务印书馆的未来，和其他民族资本企业一样，依赖于中国复兴。对张元济来说，中国的复兴依赖于"主持国事之人"能不再称"党国并存"。[1]在复胡适祝愿商务早日复业的信中，他自信商务有恢复的良好机会，但是即使在这样的变故中，他仍很有远见，看清问题的最终解决超出商务的能

1　张元济致胡适函，《张元济书札》，页163。

力,也非其他任何企业所能为。政府必须保卫中国的利益,否则任何中国资本家都无法长期生存下去。他在信中表达这种坚定的政治观点。他写道:

> 所最望者,主持国事皈依三民主义之人,真能致民于生,而不再致民于死。则吾辈或尚有可措手之处。否则,摧灭者岂仅一商务印书馆耶![1]

由此可见,他一方面现实地估计到商务印书馆复兴的可能性,另一方面对政治前景持悲观态度。由于国民党对使中国强盛表现得无能为力,他担心重建一家充满活力的民族企业的希望终将成为泡影。

很难得知张元济在商务印书馆重建工作中做了哪些事,但他复兴东方图书馆的工作有明白的记载。张元济为东方图书馆付出了近三十年的辛勤劳动,一旦被战火所毁,他所受的打击、内心的愤恨和忧伤可想而知。同时他对于大量珍本、手稿的损失,又产生了一种负罪感。他晚年常对家人和下属谈到十分后悔将这么多珍贵书籍置于一室,"当我不知疲倦地收书时,我想到的是为中国文化的利益尽责;谁能想到我这样做却是对中国造成了损害"。[2]

---

[1] 张元济致胡适函,《张元济书札》,页163。
[2] 张树年:《我与商务印书馆》,《商务印书馆馆史资料》第6卷(1981年),页2—4;顾廷龙:《记张菊生先生二三事》,手稿,1980年,上海。

1932年轰炸以后，张元济的主要活动范围是复兴东方图书馆。在他的影响下，商务的董事会通过决议，从每年利润中提取一定的百分比充作图书馆复兴资金。他领导了一个五人的复兴委员会，并向复兴资金捐赠了一万元。[1]值得注意的是他并非巨富，这笔钱对他来说是不小的数目。1934年10月，德国的魏玛政府向图书馆捐赠了3000卷书籍，大多数是科学书籍和杂志。[2]1935年6月，法国文学会社从巴黎寄来1500种书籍。[3]到1937年抗日战争爆发前夕，图书馆已积存资金二十万，书籍十二万册。

影印《四库全书》

东方图书馆无可挽回的损失带来的巨大伤痛，以及面对反复无常的政治局势而感到孤立无援，使得张元济修正了他长期以来重印善本书籍的标准。在选定古代典籍重印时，张元济曾经要求做到尽善尽美。从他重印《四部丛刊》和《百衲本二十四史》时的态度和工作作风可以看到，他访求每一种书存世的最佳版本时，从来是不知疲倦的，但到了1933年，在日寇轰炸之后，他修正了那毫不妥协的立场。这一年，教育部和商务印书馆签署了一项协

---

[1] 《王云五年谱》，页47。
[2] 同上书，页548。
[3] 同上书，页470—472；又见《张元济诗文》，张元济称这批书籍为法国公益慈善会捐赠。——译者注

议，选印一部分清朝《四库全书》中的书籍。《四库全书》完成于1782年，是乾隆皇帝在位时期学术上的里程碑，包罗了经、史、子、集的历代优秀著作，共有3460种书籍，79337卷。它有七部抄本，分别放置于各地宫殿式的图书馆之中。原本收藏在紫禁城，一部在清朝旧都沈阳，一部在皇帝避暑地热河，另一部在北京圆明园，另外三部分存在中国的传统文化中心江苏和杭州。其中存放在江苏、杭州的三部在1856年太平天国战争中被毁；在圆明园的那一部，与这座辉煌的皇家园林一同于1860年被英法联军焚毁；沈阳的那一部在1931年"日军侵华"后落入日本人之手；热河的一部也面临同样的威胁。1932—1933年日寇的侵略迫在眉睫，特别是东方图书馆被毁之后，就很容易理解为什么张元济此时放宽了寻找未经改动过的善本书的标准，如本章开始时所述，他对乾隆皇帝编纂典籍的学术价值评价不高，以为真正的历史学家不值得浏览经过删节、扭曲的武英殿版《二十四史》《《四库全书》的姊妹作)。但到了1933年，他却成了"殿本"《四库全书》的拥护者，并呼吁尽快影印出版。

　　重印、推广《四库全书》的计划并不是新制订的。早在1920年第一次世界大战之后，许多学者包括梁启超、蔡元培提议重印全部《四库全书》，并把它列为中法合资项目制订了具体的步骤。法国提出归还其"庚子赔款"的份额作为资助，[1]商务印书馆被指定承担此项任务，但是军阀间钩心斗角造成的政治动荡最终使这项计划流产。后来，1924和1925年又有两次打算重印，也同样失败。[2]

1932年，当教育部与商务接洽重印《四库全书》时，计划已大大简化，简直成了一种权宜之计。它要求尽快重印出《四库全书》中的一批选定的书籍，共计只有231种。合同规定必须在六个月内拍照完毕，两年内印成。没有规定要进行仔细的校勘和版本研究，而这正是以往张元济编辑出版其他古籍时的基本必要步骤。很明显，中国政府首先关心的是将《四库全书》中的一部分尽快重印。在这样急促的情况之下，便没有时间比较版本了。

读了中国第一流的图书馆管理专家袁同礼致张元济的信，使人既感到鼓舞，又增添伤感。袁同礼试图说服张元济即使遇到突发事件也不要牺牲质量和标准，同时他指出《四库全书》充满了删减和歪曲，不能让它们永远保存下去，其信称："此次选印《四库》，同人拟议以善本代库本，盖本我公向来之主张。……但吾人为国家办文化事业，亟应屏除敷衍苟且之陋习，而万万不宜草率将事也。"[3]

对这一点，张元济是十分明白的。《四库全书珍本》

1　王云五：《影印四库全书珍本初集缘起》；《一·二八商务印书馆总厂被毁记》，载张静庐《中国现代出版史料》卷四（下），页481—487。

2　同上书。

3　张元济和袁同礼：《影印四库全书往来笺》，载张静庐《中国现代出版史料》卷四（下），页487—493。

初集也是鲁迅尖锐讽刺的对象，他指责商务印书馆为了利润而牺牲质量和历史真实性，并预言《珍本》只能用来装点伪学者的客厅。[1]

如果没有1932年那场使人清醒的打击，以及日益紧迫的日寇侵略的威胁，则几乎无法想象张元济会顺从政府的主张。张元济试图对像袁同礼和蔡元培那样的人解释商务所处的地位。袁同礼和蔡元培都与张元济有私交，亦是张元济所尊敬的版本研究同行。他解释为什么自己会有此权宜之计：

> 《四库》所收，非尽善本，且有残缺讹误，毋庸讳言……此十余年来，历劫无算，是书岿然尚存，可称万幸。过此以往，殆不可知，此次承教部以印事见委，敝公司灰烬之余，虽喘息未定，不敢稍有推诿，固为自身了夙愿，亦为学者效微劳也。[2]

他允诺将来承担重印任何学术团体所建议的真本、善本古籍，但此时他不能再等待了，决定重印政府所要求的《珍本》。尽管这个项目不完善、不齐全，但它仍然是1920年制订的原始计划的一个残留部分。1933年9月到1935年，这231种书相继问世。

1　鲁迅:《四库全书珍本》，载《准风月谈》(上海，1947年)，页85—87。
2　张元济和袁同礼:《影印四库全书往来笺》，载张静庐《中国现代出版史料》卷四(下)。

张夫人之逝

　　1934年春季，因许氏夫人病逝，张元济感情上受到很大打击。39年前，清军机大臣许庚身十分满意张元济的文学才能，因而将女儿许配给他。[1]他们的婚姻美满和谐，与当时处于他相同社会地位的人的习惯相反，张元济没有纳妾。许夫人病故，使张元济格外悲痛。亲友的安慰亦无济于事。[2]他写了一篇追悼文，[3]感谢她一生支持他的思想和原则，而这些思想、原则往往过于先进而难以为同时代的人所接受。他也叙述了打算将她安葬于家乡一个简陋的族人公墓，葬礼也极为简单。他知道这样做会惹起许氏家族的反对及亲友的异议，但他确信许夫人泉下有知亦会赞同，因为这是他努力简化和革新传统丧葬仪式的一种明证。这篇祭文充满深情。它也能给我们一次难得的机会，看到这位很少表露自己情感的人的内心世界。

　　张元济长期以来一直反对那些极度铺张和烦琐的传统葬礼仪式，指责那些炫耀的仪仗、奢靡的祭品、昂贵的礼物，以及恭维的挽联、挽诗。无独有偶，与张元济同时代的年轻人胡适在1918年其母亲去世时，也曾乘机率先

1　见本书第二章。

2　夏敬观致汪兆镛函中，描述了张元济的悲痛心情："……菊生夫人已逝世，老年丧偶，哀感颇过于寻常，弟虽时往劝慰，然其举动受刺激过甚，亦难臂说，现一切不惊动戚友、不讣、不受币，已有广告登申新两报矣。"

3　张元济：《告窆文》，1934年，手稿，上海图书馆藏；又载《张元济诗文》，页371—372。

改革传统丧礼陋习，[1]包括不用传统的套话发布讣告，拒绝接受馈赠钱物等。这种做法被看作洋派和标奇立异，不过就是胡适也没有把母亲葬在一个普通的氏族墓地，而张元济却把至爱挚敬的许夫人葬在张氏公墓里。

张元济不接待亲友前来吊唁，也不接受任何帛金，他只是在上海两大报纸上刊登了讣告，并公告说他夫人的丧事将一切从简。

甚至他的一些密友都认为这纯粹是一种怪僻，但当我们考虑到张元济十分俭朴，并出自内心地厌恶浪费（例如，他一生惯于使用旧信封及用小纸条写信），对世事淡泊，以及想用自身的榜样实行各种社会改革等等，那么夫人丧事简办是与他一生的行为举止协调的。

救亡运动和张元济的作用

20世纪30年代，中国的政治形势急剧恶化。国民党政府无法把它的基础伸向广袤的内地，仍然只能作为一种建立于大城市之上的政治结构。1927年被"清洗"和逐出大城市的共产党已经转到贫困的农村建立根据地。蒋介石发动了好几次"清剿"。同时，日本侵略者不仅侵占东北，而且插足华北。蒋介石的政策首先是反共，对日本却采取姑息态度。批评者指责蒋介石宁可发动内战而不愿

1　胡适：《我对丧礼的改革》，载《胡适文存》卷一（香港，1930年），页709—723。

抵抗外国侵略。这种指责得到越来越多的人的支持。为了平息这些反对意见，蒋介石制定了许多审查制度，随意审查阻止一切与抗日、拥共有关的事，触犯政府的编辑、作者和记者都被判入狱，但这对平息不同的政见仅能起到暂时的作用，学生的示威和爱国游行遍及全国，各种松散的反蒋力量组成"救亡"运动，吸引着政治态度千差万别的人，他们之间的唯一纽带便是坚信内战必须停止，对日本必须实行军事抵抗。中国有代表性的知识分子签署了许多声明，要求国民党承担起爱国政府的领导责任。[1]

张元济并未通过在抒发感情的声明上签字来加入救亡运动。此时，他已年近七十，很自然地想在激烈的群众运动之外进行工作。但他始终深切关注这个运动，并且是一个直言不讳的同情者。早在1933年，张元济就企图秘密为邹韬奋（1895—1944）的《生活周刊》工作。这家杂志对国民党政府的批评使蒋介石十分恼怒，于1933年12月下令将其无限期关闭。此时，它已经成为上海最普及的期刊之一，发行量达155000份。[2]张元济很同情邹韬奋坚定的抗日立场。虽然他不认识这位年轻的出版家，却决定为这份杂志向蒋介石求情。他请一位老友的在国民党政府工作的儿子引见，到蒋介石的庐山避暑处会面。[3]蒋介石和气

1　爱国声明的内容，详见张静庐《中国现代出版史料》卷二，页110—113；页134。

2　《邹韬奋年表》，《韬奋文集》卷一（香港，1978年），页19—28。

3　张元济试图为《生活周刊》说情一事，是1979年与商务编辑的学术讨论会上有人告诉我的。亦见于陆诒：《读邹韬奋致张元济信有感》，《解放日报》（1980年11月3日）。

地、颇为尊敬地接待了这位在中国学界中享有很高威望的老人，有礼貌地倾听他关于解除对《生活周刊》的禁令的言论，并表示答应将全面考虑此事。几星期以后，张元济收到蒋介石的私人信件，说为了中国公众的利益，《生活周刊》必须查封，并表示歉意。

张元济面见蒋介石请求解禁《生活周刊》未获成功，这也许是意料中的事，然而此事正表明，他的正义感高于一切，以及具有老一代有建树学人的责任感，支持他们认为有前途的年轻一代的立场。

救亡运动中最为著名的一节或许就是1936年11月22日"七君子"被捕事件。[1]国民党政府被救亡团体接连不断的宣传鼓动所激怒，也可能慑于日本军方的压力，逮捕了该团的七位领导人。七人中有邹韬奋。这些知名爱国知识分子被捕，激起了公众舆论的强烈反对，以致政府觉得难以进行公开审判。"七君子"被控危害中华民国，鼓动工人学生罢工罢课，扰乱和平。但政府的指责无法证实。为了不使事态进一步公开化，政府将"七君子"移送到苏州一个接近乡村的小镇上去继续审讯。社会明显同情这七位领导人，他们的唯一罪名，按当时同情者的说法，叫作"爱国罪"。

张元济是坚持旁听审判的社会知名人士之一。他一

---

1 R.T. Phillips, *The Natioual Salvation Association*, Unpublished manu-script., Harvard University Seminar on the Chinese Revolution,1972.

早乘火车离沪，直到半夜才返回寓所。当政府企图秘密审判时，他坚持自己有进入法庭的权利。[1]他绝非孤独。宋庆龄也以坚持出庭而闻名，她曾积极主张以抗日取代内战。看来，这些知名人物感到他们在场就表明了他们对救国事业的支持并能使事业更加团结一致。总之，处理这个案件的可怜的法官一见这些社会名流在场，就更加进退维谷，并深深感到羞惭不安。

其时，张元济已接近完成编校《百衲本二十四史》工作，他有更多时间出席旁听审判，并前去探视被羁押于狱中的"七君子"。这位因其诚实和正直而受到广泛尊敬的老人，端坐在旁听席上，十分关注地倾听反复的审讯，默默地思考着证词并记录。他的形象令在场的人尊重和敬畏。他以一种孤傲而非主动的姿态，表达了对被告的关心和对国民党政府专制主义的抗议。

为青年提供古代道德课本

1937年5月，商务印书馆出版了一本名为《中华民族的人格》的小册子。[2]这是适合青年学生的一本普及读物。在张元济所编纂的所有书籍中，唯有这一本的读者对象

1　《文史资料选辑》（上海），第5期（1980年）。

2　《中华民族的人格》，1937年5月在上海首次出版。同年8月日本侵占上海，这本书很快被禁，因为它具有爱国内容和充满激情，故抗战期间在中国国统区曾多次重印，有桂林版、长沙版、重庆版。在此，对上海图书馆顾廷龙先生给予我上述信息，谨表感谢。此书在1987年由香港商务重新排版印行。

超出经典学者的范围。顺便提一下，这也是张元济的著作中唯一一部用白话文写作的。他另外的所有著作，包括序跋，都用简练和典雅的文言文，这对他来说更方便。《中华民族的人格》有八章，每章包含一节直接取自古代史籍的文字。在前言中，张元济指出，虽然有的文字经过节略，但他仅作删节，而未改动。原有的注解都予以保留。为了便于读懂古文，张元济用白话作解释，并直接印在原文的下面，最后，在每一章的末尾加上自己的解释和评语。张元济所选择故事的主人公，有的是有高度责任感的爱国人物，有的是勇敢、对国家和君主忠实、可靠的人物，有的是具有坚定信念和拒腐蚀的人物。他强调他们都是历史的真实人物。这些故事直接取自《左传》和司马迁的《史记》等正史。故事的主人公都生活在两千多年以前，然而他们的行为和精神却应是现代人的榜样。

这本书采用的字体很大。有了张元济的白话解释和注解，对一般中国学生来说，并不难读。它对年轻人是否真有巨大的正面作用尚难断言，然而各家报纸却广为介绍。更重要的是，这是一代真正的经典学者和史学家的一次感人的努力。他愿意与年轻人分享他的信念：中国的未来寄托于它过去高尚品质的复苏之中，因为几乎没有人能像他那样对中国的传统历史有透彻全面的了解。他着手用白话文撰写这些史籍文章的注解和评论，尽管实际上他对白话文并不十分精通。

这本书号召全体有觉悟的中国人在日常生活中坚守

一种道德标准，因为它特别强调诸如爱国、忠诚和高尚的道德这些优秀的品质。因此这本书也可以看作对缺乏这些品质的权势人物的一种间接批评。该书前言指出：

> 我们良心上觉得应该做的，照着去做，这便是仁。为什么又会有求生害仁的人呢？为的是见了富贵，去营求它；处在贫贱，去避免它；遇着威武，去服从它……贪赃枉法……甚至于通敌卖国……[1]

从某一个角度来说，这本书是他在编纂《百衲本二十四史》中研究和校勘版本时的一件副产品。在研读古代史籍时，他留意于各种杰出的人物，他们具有一种在20世纪30年代后期的中国已经很难找到的正直和诚实的精神。对于张元济的学究式的思想来说，中国面临最大的威胁并非来自日本的侵略，而是内部民族精神的腐蚀和败坏。

这本书的影响很难估计。在中日战争全面爆发后，日本人很快在1937年8月查禁了它。但是在抗战期间，上海报纸却常常引用它，通常用来抨击某些政府官员的无爱国心的行为。[2]事实上，国民党政府的战时审查制度是很严

1　张元济：《中华民族的人格·编辑本意》，商务印书馆（上海，1937年）。
2　张元济致胡适函，1947年2月28日，载《张元济书札》，页166。

厉的，但是《中华民族的人格》未被查禁，可能因为该书的内容全取之于传统史籍，很难公开删改或查禁。

为受压迫人民发声，
张元济的社会政治论文

在政府进入全面抗战前的几个月，张元济对它统治的失望达到了新的高潮。除了《中华民族的人格》之外，他还写了几篇社会政治论文。

他的公开写作从没有像这段时间里那么多。有意义的是1937年不仅是国民党政府奉行对日不抵抗和谄媚政策的第七年，也正好是张元济刚完成了编校《百衲本二十四史》这项繁重工作后较为空闲的一年。在实现了他学术上终身为之奋斗的目标之后，老人又重新回到了儒家知识分子历史悠久的传统——为社会地位低下和无发言权的民众说话。他的仁爱的典型事例，如为了保护浙江农民的房舍，和国民党政府那随意性很大的"公路发展计划"进行了长达两年的抗争。

国民党政府有一个建设全国现代化公路网的宏大计划，目的是改善交通，进而发展经济，也很可能是为了用于日后的军事活动。不幸的是，它给贪官污吏提供了向老百姓无休止地榨取钱财的机会。谁的房舍、田地正巧在公路的规划线上，谁就饱受其害。张元济同情他家乡浙江海盐人民的处境，于1936年2月上书蒋介石，请求将计划中穿过县城的公路改为沿县城西北边缘建造，以便保留拟拆毁的四十多户民居。蒋介石的答复是将张元济的意见转给浙江省政府酌办——他不会自找麻烦去阅看原始计划以及查问民房拆毁情况。更为糟糕的是，在房屋被拆除、旧路被开挖之后六个月，因为缺乏经费，该处公路建设项目即告中止。

主题为《在海盐两日之所见所闻》一文中，张元济附入三幅被拆毁的民宅、损坏的道路和桥梁的照片。他严厉地责问：

> 观者见之，得无疑其有敌国外患，如一二八闸北之战祸乎？曰无有也。然则有大地震乎？曰无有也。然则有大火患乎？曰无有也。此情此景胡为乎来乎？曰此吾县之新建设也。建设云何？曰公路。[1]

他还附入一幅地图，说明他上一年向蒋介石提议过的修改方案。修改后的路线较短，也不需要拆除农民的房舍。他关于政府中止海盐公路建设项目的评论是："如是而言建设，恐非民生主义之建设也。"[2]

由于政府缺乏资金而停止公路建设，一些有能力的

---

[1] 张元济:《在海盐两日之所见所闻》,《东方杂志》第34卷第4号（1937年2月），页7—9；又载《张元济诗文》，页205。

[2] 同上。

农民在他们原有的宅基上重新造屋。然而，1937年春任命的一位新县长决定拆除更多房屋，因为他打算在道路两旁再造正规的人行道。张元济为了贫苦的同乡百姓，再次出面干预此事。这次他直接上书新县长。这份函件名为《为海盐县城建筑汽车公路第二次标拆民房与本县县长书》(1937年6月7日)[1]，信中概述了他提交前任县长的计划，并列举出现行规划的种种危害以及贪污、敲诈之种种例证。这份函件最令人注目的是他对各种可行的运输方案的实地调查报告，包括公路、小船等民间往返海盐的交通方式。他的结论是使用未来公路的交通量将是很小的：一天只有四辆公共汽车(县长说他将引进)以及一至二辆私人汽车。然后他又提出上海外国租界内紧贴马路边沿的房屋的一些例子。帝国主义租界当局尚且能容忍大马路边沿的房屋存在，为什么中国政府对人民的财产不能稍加爱护呢？

　　张元济煞费苦心所作的调查和实况报告是无可辩驳的。新县长改变了拆除更多民舍兴筑人行道的主意。

　　张元济为了同乡百姓，针对国民党政府浮夸、不切实际的筑路计划，出面干预，这一段情节表明了他对家乡的责任心。心怀乡邦，这也是符合儒家传统的。此中也包含了一种对社会负责的现代观念。老百姓自己无力改变政

---

[1] 张元济：《与本县县长书》，1937年6月，手稿，上海图书馆藏；又载《张元济诗文》，页213。

府的决定。张元济直接与大众媒介(《东方杂志》)相通,能够影响公众舆论,与此事有关的官僚也不得不仔细地思忖。

在其他文章中,张元济超脱了狭隘的地方观念。1937年6月,他写了一篇关于绑票的文章[1](绑票当时在上海盛行)。绑票不仅对富裕阶层,甚至对中产阶层也构成威胁。20世纪20年代末期,他本人就是一名绑票的受害者。他指出,与政府的宣传相反,绑匪并非有组织、凶残的歹徒,相反,他们大多数是无知的农民和破产的小商人,由于没有别的生路才从事这种犯罪的勾当。他认为,用死刑或无期徒刑等严刑无助于真正解决问题,"至于治本,还是要讲些民生主义"。[2]政府管理着工商、路矿、农林,而大量无业游民、亡命之徒存在,正说明政府必须改善其政策。绑票盛行,正好揭示了中国社会病态的严重程度,而并非只是人心之险恶。张元济最后说:"诿过于人,不是真正政治家根本的见识。"[3]

在这混乱的年代里,另一件使张元济站出来说话的事是上海纱布风潮。1937年4月到6月初,每包纱布价猛涨40元,给纺织工业造成大混乱,以致政府不得不出面调查。此事证实了股票经纪人和某些纺织厂商投机倒把的劣迹,更重要的是财政部税务署及一些省级高级官员卷

---

[1] 张元济:《谈绑票有感》,《东方杂志》第34卷第15号(1937年6月),页75—76,又载《张元济诗文》,页218。

[2] 同上。

[3] 同上。

入了这一事件。1937年7月6日，发行量很大的《大公报》刊登了张元济致政府的公开信，要求全面调查这次政府官员贪污事件。读了张元济简洁而充满正义感的信后，胡适深为感动，也写了一封信支持张元济的要求。他为自己先前不积极的态度而让一位七旬老翁独自去关心国家事务而感到羞惭。

胡适在信中用这样的言辞来报答张元济的正义感："如果人人都能像张菊生先生那样随时准备站出来反对强权，帮助遭受不公的受害者，并始终坚持正义，那么国家的政事就有希望了。"[1]

张元济在抗日战争爆发前夕撰写的另一篇文章，指责政府干预整个中国南方，特别是浙江的畜产业。20世纪30年代后期欧美市场上流行羔羊皮刺激了中国南方的畜牧业，甚至偏僻的浙江海盐县也获得年出口一百万元以上的收入。但突然间，国民党政府于1937年7月决定禁止为剥取羊皮而屠宰刚出生的羔羊。他们以"人道主义"教育农民，并诱以日后大羊群的美景。如果谁敢违反，则以判刑或没收相威胁。

在题为《农村经济中之畜牧问题》[2]的文章中，张元济对政府的法律予以全面、系统的辩驳。在详细引证日本和

---

[1] 胡适致《东方杂志》编者函，《东方杂志》第34卷第15号（1937年8月），页88—90。又见上海《大公报》，1937年7月10日。——译者注
[2] 张元济：《农村破产中之畜牧问题》，《东方杂志》第34卷第15号（1937年8月），页59—63；又载《张元济诗文》页198。

美国的畜牧学书籍和参阅刊载最近国外农场的报告的杂志后,他举出科学的论据作支持,指出禁止屠宰新生羔羊并不能真正扩大羊群的数量,因为一头母羊没有足够的乳汁哺育两头以上小羊,而且很明显的是中国没有足以负担大羊群的草场。他进而列出了农民平均收入的统计表,以及当时羊皮贸易量和出口收入,指出政府禁止宰杀新生羔羊纯属无知和伪善:

> 为厅长者,足迹更不入农村。又不见农民,岂能悉其情状。……身为县长,身为省府委员,而于一年值至数百千万之新出口货,农民之赖以苟延残喘者,全无认识。……不思其一言之出,于民间之痛苦为至巨者。哀哉![1]

许多历史学家认为,国民党政府的最大过失莫过于在解决中国农村问题上之失败。国民党官员大多数出身城市、留学西洋,对中国广阔的内地问题一无所知。张元济的文章对这批官僚异想天开、反复无常的政策是一次尖锐的批评。他们常常以人道主义和西化为借口,无知而自大地给农民造成痛苦和悲哀。

作为本章的结论,我们可以说张元济在正式退休后的头十年里是十分活跃和繁忙的。从校勘和版本研究来

---

[1] 张元济:《农村破产中之畜牧问题》,《东方杂志》第34卷第15号 (1937年8月),页61。

看，是他最为"多产"的时期。他完成了具有划时代意义的《百衲本二十四史》，出齐了《四部丛刊续编》，并接受政府委托印刷《四库全书珍本》。他不再被日常行政事务所累，正好使他更自由地全力从事校勘和版本研究。国民党政府日益严厉的审查法直接针对报纸、新闻和同时代人的著作。正当出版家和作者在痛苦地呻吟时，张元济的古籍和历史研究却未受到太多不利影响。

然而，他并非一个甘愿沉埋于古籍而忘却现实的人。20世纪30年代后期，他的社会政治文章越来越多。政府的对日不抵抗政策使他十分沮丧。

另外，与同一时期中他的密友蔡元培的活动可以在此做一比较。20世纪20年代后期，蔡元培认清了政治形势，割断了他早年那种跟国民党的关系，决心把自己的才能贡献给教育事业和学术研究。20世纪30年代蔡元培从隐退中复出，反对政府审查和秘密警察迫害作家。

事实上蔡元培在1937年以前已经成为一位著名的人

权斗士。他一再挺身而出，要求终止非法逮捕和政治暗杀。[1]他与张元济合作，为《生活周刊》请命，为"七君子"奔走。他们都前往苏州旁听法庭审讯，以表示他们与救国运动休戚与共。

以历史的后见之明来看，像张元济、蔡元培这样的人物的行为模式，是由政治因素（日本侵略和蒋介石的不抵抗政策）和他们对那些年轻、激进、敢于站出来公开蔑视政府的知识分子的强烈的同情心所决定的。他们的年龄、稳健和声望，使他们得以避免遭受特务的迫害。他们可以以有限、谨慎的影响力去做他们所能做的工作，以进一步推动救亡运动。有时他们能诉诸公众舆论，张元济在《东方杂志》上的社会政论时评带有明显的目的，即唤起公众对愚昧统治的罪恶的认识。

应该指出的是张元济的文章并非仅仅依靠新闻记者式的雄辩，他所有文章都包含了真实、科学和实地的调查，以及一定数量的背景研究和稳固的学识基础。

---

1 对于蔡元培为作家、中共积极分子和人权所作的斗争，详见高平叔：《蔡元培年谱》，页100、102、108—109、112—113、119。

第九章

战争年代

——1937—1945

全面战争和向西撤退

1937年国民党政府领导抗日，声望因此上扬。过去由于政府面对日寇侵略软弱无能而造成的失败和沮丧，被新掀起的爱国热潮所取代。从此，新闻媒介和公众舆论可以公开谈论"全民抗战"，而日本的侵略行动也不必再用"偶发事件"一类名词掩饰。中国终于把日本称为敌人，公开抗日也不再被视为非法。

然而，全面抗日在军事上接连失败。北平于7月沦陷。上海在8月间遭到进攻，艰苦的巷战也仅能稍为阻延日本人。12月，首都南京失守。1937年最后的几个月，国民政府有步骤地向西撤退，他们放弃了易遭攻击的东部沿海地区，撤退到中国西南多山的内地省份。国民党人称此战术为"以空间换取时间"，因日本的战争机器过于强大，所以除了从富裕的沿海地区和中国最繁荣的城市撤退之外，别无选择。他们估计到，中国崎岖不平和几乎无法达到的内地省分会提供地理上的保护，免受陆地上的攻击，尽管日本持续地轰炸重庆（中国的战时首都）。蒋介石看到，只要政府能支撑下去，欧洲和美国必将卷入对日军事作战。

十分奇怪的是，对日全面抗战并未严重影响商务印书馆。王云五在回忆录中说道，由于他应蒋介石之邀于1937年7月出席国民参政会[1]，能及时对军事形势作出预测，因为预

1　王云五：《岫庐八十自述》，页638—639。

计到了全面战争，因此能及时采取行动，把商务印书馆的印刷厂以及机器、纸张、字盘和铜版等等，连同熟练工人一起撤往内地。他说，撤往内地的快速行动是使出版社得以生存下去的保证。

然而，若对事实仔细分析，却无法证实王云五的远见。他选择了长沙（湖南省省会）作为商务印书馆的新总部。在匆匆建造厂房之后，他筹划把上海最好的机器运往长沙，但他面临的最大问题是劝说熟练工人转移去内地。[1]军事形势迅速恶化，长沙遭到一连串空袭。工人和编辑一样，拒绝前往一个很快将落入日本人之手的地方，而宁愿转移到上海公共租界或香港，认为那里更安全。总之，即使全体雇员都顺从王云五的计划撤退长沙，但他能否成功值得怀疑。后来所有员工都很快转移到重庆。商务印书馆长沙战时工厂也一同西迁。就在转移前夕，工厂发生一场大火，因此真正运到重庆的设备只是从上海运出的很小部分。

然而，商务印书馆尽管在1932年遭到最严重的破坏，在1937—1941年间却干得不错。商务的好运气并不完全来自王云五1937年前期的应变措施，而更多的是由于1932年灾难性的轰炸之后开始的不断疏散。轰炸给董事会一次深刻的教训，即完全依赖闸北的印刷厂是十分危险的，这些厂房位于上海的中国地界之内。商务在1932—1937年期间的复兴意味

---

[1] 王云五说将人员转移到内地之困难，是他全面失败的原因之一，见《岫庐八十自述》，页639—640、643—644。

着它更依靠仅存的闸北"第五印刷厂"[1]和当时还不太重要的香港印刷厂。在第八章中可以看到，由于香港印刷厂和幸存工厂的全部能力发挥得好，商务按时出齐了1932年秋季开学所需的全部教科书，使公司保住了书籍市场上最大、最好的份额，并重新取得了偿付能力。显而易见，商务的疏散方针、着力建设分支机构的重要举措，并非作为战时应变措施突然于1937年产生，而是1932年以后预见到局势必将进一步恶化而实施的一项长期发展策略。

还有，自1932年后，商务印书馆不再保留庞大的职工队伍。编译所已被撤销，印刷厂亦被拆散。这样紧缩政策的结果是变成一个较小的、便于在事变中照料的工作机构。[2]商务能在强敌面前生存下去，部分原因是其规模已经缩小了许多。

商务印书馆十分迅速地适应了战时形势。1937年8月，当上海受到全面攻击时，一切出版活动均告停顿。但到了9月，商务就在《东方杂志》上刊出了它的战时新出版方针，声称将自当年10月1日起恢复正常的出版活动，[3]包括广为宣传的"一日一书"计划。1932年轰炸后保留下来的十一种杂志中，《东方杂志》《教育杂志》《儿童世界》和《英文周刊》将于1937年10月复刊，但为了克服不可避免的纸张缺乏的情况，采取了每两期合刊为一期的做法。至于"丛书""文库"一类

---

[1] 第五印刷厂即"商务印书馆上海印刷厂"，位于上海闸北天通庵路，离被毁之总厂不远，大轰炸时幸存，未被波及。——译者注

[2] 在全盛时期，上海总厂有3700名职工。1932年后，只重新聘用1000人，见《王云五年谱》，页392。

[3] 《王云五年谱》，页648—650。

书籍（诸如《国学基本丛书》和《万有文库》等）将推迟数月出版。中国第一部综合大学教科书丛书的出版将按计划进行。

综上所述，可以这么说，商务以恢复和适应来对待这场全面的中日战争。

《中国文化情报》[1]对形势的评价也许是最公正的。它是一份很奇特的月刊，由几个在上海法租界工作的日本人编辑。该刊报告中国作者和知识界领袖人物的一切活动实情，不论其政治见解如何，并编制了中国各大专院校的损失详情表，还暗中侦查留在沦陷区的文化界人士。这份不公开的日本内部情报刊物，对中国战时文化领域做了最广泛全面的报告。1938年2月号的"出版界新闻"一栏内，它公开对商务印书馆的坚韧性表示惊讶：

> 商务印书馆——中国首屈一指的出版社……从先前轰炸的经验教训和其他的劳工风潮中学会了不少东西……它的领导层组织严谨。香港的工厂得到扩充，在上海各地又建立起了一批分散的小印刷厂。因此，在最近的危机中所受的损失，比起1932年上海事件来要小得多。[2]

这些来自日本情报观察家的言辞，足以成为对形势的具

---

1 上海自然科学研究所《中国文化情报》。该刊为日文版，以"昭和"记年，在上海法租界印刷，不公开发售。

2 《中国文化情报》第5期（1938年2月）。

有高度启发性的估计,因为它们必然是十分精确的。

国民党政府的全面抗战,短暂地改变了张元济对其不认可的态度。中国一开始所处的逆境,并未使他感到十分担忧。他充满了希望和信心,坚信抗战必将最终使国家受益。日寇入侵平、津,一些最优秀的大学和文化中心遭到破坏,其中有著名的南开大学。张元济致函著名教育家、南开大学校长张伯苓,表示了同情与关心:

> 暴日无道,辱我平津。……先生四十年之经营毁于一旦……然敌人所可毁者我有形之南开,而无形之南开已涌现庄严,可立而待。……吾不信我中华民族终长此被人踩践也![1]

张元济的积极和抱有希望的态度,也可见于1937年9月在《大公报》和《东方杂志》的一篇文章。读者必定记得,他在全面抗战前夕写了一系列社会政治论文,对政府提出尖锐的批评,而这篇题为《我国现在和将来教育的职责》,[2]标志着明显的转变态度。该文抓住北方流亡学生大量流入上海这个紧迫的问题,而从日本匆匆回国的学生又使上海学生人数激增,张元济主张所有大学应减少入学的费用,以尽可能招收学生,教室和宿舍应充分利用,各校应最大限度地接受流亡

---

[1] 张元济致张伯苓函,1937年8月,手稿,上海图书馆;又见《张元济书札》,页261。
[2] 张元济:《我国现在和将来教育的职责》,《东方杂志》第16卷第17号(1937年9月),页43—44;又载《张元济诗文》,页221。

学生，尽管上海学生会感到不便。他同时指责上海许多私立大学学生奢侈和浪费，并引用教育家张伯苓的话，强调抛弃战前不切实际、过于欧化的课程设置并非坏事。他警告说，以前大学里奢侈、堕落、冷漠和腐败的风气必须改变，还指出，学生必须准备今后以俭朴的生活方式度过艰苦的岁月。

张元济的文章对当前的形势仍持批评态度，但全篇的调子呈现出关心和诚恳的希望，希望今后终将出现变革，以使事物向好的方向发展。意味深长的是，该文比起同一年中早先的几篇来，文锋远不是那么尖锐。

这篇文章在知识界引起颇为广泛的议论。同时代的教育家著文表示了对战时中国教育的希望。张元济所未必知道的是，敌人也注意到他的文章，并且认为他对中国学生的告诫十分重要，应该让日本当局也有所了解。于是《中国文化情报》将它翻译为日文后全文刊载，[1]同时还刊登了中国其他教育家对它的评论。这可能供日本各文化、学术部门作为参考。

身为商务印书馆董事长，张元济同意了王云五最初的战时应急计划。据王云五的回忆录所载，他在庐山避暑地与蒋介石会晤后返回上海，立即去拜访张元济，决定当这场不可避免的战争到来时，采取三项步骤：第一，在上海租界建立更多的临时小型印刷厂；第二，进一步扩建香港印刷厂；第三，在预见到国民政府必将西撤后，决定在内地开设新厂。[2]全体

---

[1] 《中国文化情报》（1937年12月），载《中国危机专集》，页31—38。
[2] 王云五：《岫庐八十自述》，页240。

商务老职工可以在这三个方面继续留任。王云五后来承认，由于他效忠并信赖国民党政府，实际上最倾向于第三种选择——内迁；他说最终目的是将沪港两地大批工厂迁往内地。他坚持说他想在中国的战时首都建立商务的领导机构，而事实是在上海和香港因太平洋战争爆发而落入日本人之手以前，香港分厂和上海工厂已比重庆分厂活跃，产量亦比重庆高。

1937年到1941年12月，商务印书馆在香港设立了总管理处，王云五任总经理，实施其缩减方针。然而，商务印书馆大部分资产和老工人仍留在上海。[1]

张元济在上海仍担任董事长。这一时期，上海的公共租界通常被称作"孤岛"。当日本人表面上尊重租界内西方人的权利时，双方政府均采取可以理解的谨慎态度，恪守有关的规定。而租界内存在这些土生土长的出版社却成了不安与紧张的源泉。

当时唯有不反对日本人的材料方可印刷。商务印书馆继续出版古籍影印本和传统文学著作，这些书籍均与当时国际政局无涉。它保持着一种低姿态。印刷和出版活动给大批留守职工提供了就业机会。在上海外国租界微妙的政治形势中，不可能有积极而充满生机的出版方针。

张元济已是七十高龄，并已正式退休，但他在商务印书馆的正式职务是董事长，要每年召开一次股东会。然而，他对商务的直接关注和崇高威望使他成为在香港的王云五和在

---

[1] 《王云五年谱》，页644—645。

沪机构负责人的顾问。这可以由该时期内王云五与张元济的频繁通信（每月数次）来证明。[1]

抗战时期的张元济

只要战争继续进行，就不可能有新的、有生机的出版方针。商务印书馆的首要原则只能是维持生存。随着时间的推移，军事前景变得越来越暗淡。张元济此时也真正对国民党的抗战能力表示怀疑。很明显，蒋介石采取有步骤的退却和"焦土抗战"：国民党军队焚毁和破坏所有它不愿意留给日本人的田地和财产。张元济最初温和地支持政府，渐渐地支持的情绪开始低落，对蒋介石的不满却增加了。

1937年他给澳门一位友人的信中，诉说留在上海租界中的境遇。[2]他写道：

> ……战事方起，意绪不宁……捧读新词，弦外之音，令人增感，风景不殊，山河大异，世事如此，何从说起……《二十四史》于今春影印完毕，了却一重公案，差可告慰。比来阅报，时有感触，辄抒所见，撰成小文，兹寄呈数纸，伏乞赐阅，又挽陈伯岩诗数

1　《王云五年谱》，页900—901，王云五指出，1937—1948年间，张元济给他的信总共有十余万字，大部分在1937—1945年间。
2　张元济致汪兆镛函，1937年11月13日，手稿，香港。

首,并附上……幸勿哂也……[1]

在一首诗中,他赞美陈三立高尚、正直的态度。蒋介石惯于用厚礼收买有建树的文人,以影响公众舆论,却遭陈三立拒绝。陈三立是中国杰出的诗人之一,在文人圈中享有很高的地位。张元济的诗句是:

衔杯一笑却千金,未许深山俗客临。
介寿张筵前日事,松门高躅已难寻。

在另一首挽诗中,张元济赞颂占领陈三立家乡江西达数年之久的红军。张元济这么早就如此高度评价共产党是值得我们注意的。因为现存其他所有材料——无疑都基于王云五的观点——都认为张元济直到40年代后期他年事很高时才同情中国共产党,但这首诗表明早在1937年,他已经十分看重由农民组成、被蒋介石称为"匪"的共产党军队。这首挽诗以传统的形式告慰陈三立的亡灵:

频年烽火隔乡关,满地残花色自殷。
为报返戈同杀敌,应报泉下一升颜。

---

1 陈伯岩是陈三立的号。他是1898年湖南的维新人士、知名的诗人和随笔作者。据说在全面抗战爆发后,他绝食而亡。张元济诗的日期是1937年10月14日。

张元济在他自己的注释中写道："公籍义宁，久为红军所占。自移军陕北，其余部尚有占据山乡者，此亦输诚请缨杀敌。而公已不及见矣。"

这些详细的注释，正好留了一个窗口，使我们可以从中窥见张元济对蒋介石和对红军这两者的真实思想。

当军事形势进一步恶化，蒋介石看来更热衷于保存自己军队的实力，与日本军略为接触即行撤退，而不愿意真正抵抗。到了此时，张元济的愤怒及忧伤表达得更为坦率无忌，他看到中国国运趋于覆亡。军队退却给无辜民众带来了不必要的苦难。他再对国民党政府的领袖才能表示怀疑，忧虑国家多难，未必能逃过大劫，担心政府军以"焦土"为名，给中国人民带来深重灾难，却丝毫不能阻止敌人前进。中国所面临的危机是紧迫的，也是前所未有的。1938年春，他又写了几首诗，答和著名的教育家、文人黄炎培——他以批评国民党政府而著称。

第一首诗是：

是何时世太难名，瞎马盲人夜半行。
入学儿童争爱国，满朝瞀御尽知兵。
开关相诱宁无获，焦土能拼恁未成。
看徧流民图万幅，欲呼天听又吞声。[1]

---

1 张元济：《任之自长沙以七律二首见寄依韵奉答》，1938年4月，手稿，香港；又载《张元济诗文》，页26。

第二首诗是:

> 一身轻便我无官,忍说春池事不干。
> 尽见甘罗诩年少,微闻魏绛立朝端。
> 卧薪尝胆犹非晚,烂额焦头后更难。
> 遥望桂林好山水,愿君留与策孱安。[1]

从这些诗中,可以看到张元济确实十分关心中国的政治前景,虽然他早已正式脱离政坛。尽管无力从事任何具体工作,他认为必须格外保持冷静。他对政府的领导能力表示出明显不满,其警句"卧薪尝胆犹非晚",看来是对某些国民党显要人物奢侈、腐化生活方式的一种含蓄斥责。

在张元济为中国命运担忧和对政府的不满随着战争进展而逐渐萌生之时,他个人的境遇也每况愈下。他历来十分节俭,对金钱慎而又慎,甚至有人说他吝啬。他本人生活非常朴素:长袍看似丝绸,但上半身为马褂所遮盖的部分竟为棉织物;[2]长期以来,他拒绝用私人汽车——而用私人汽车是上海成功的企业家的一种标志;使用旧信封的习惯在当时也是少见的,张元济还经常在商务印书馆信差送来的信件天头或边框之外作批注,有时甚至在原信的反面或行间写字。显然

---

[1] 张元济:《任之自长沙以七律二首见寄依韵奉答》,1938年4月,手稿,香港;又载《张元济诗文》,页26。

[2] 据张树年介绍,当时夏天有一种长袍,上半身为麻织物,下半身为丝绸,称为"半接衫"。但这是当时的一种服装式样,并不是为了节省。——译者注

他认为任何个人生活上的放松都是一种很大的浪费。必须知道，当时的中国文人大多使用精心设计再加印名字或书斋名的特制精美信笺。

然而，一方面他保持自己简朴、节俭的风格，另一方面在他认为值得的时候就慷慨捐赠钱物。可能他认为最值得花钱的事是教育和图书馆，因此对这些项目就特别大方和热情。由他提供的资助，使得十多个侄、甥辈能接受国内外更高层次的教育。他同样慷慨地支持远亲或朋友的子弟，甚至愿意出资帮助一些出身贫寒而素不相识的青年，只要认为他们的作品能显示出其才能。[1]1926年从商务监理职位上退休时，他捐赠"商务印书馆职工子女教育基金"五千元，并致函该基金委员会：

> 常见有贫家子弟资质聪颖，限于生计，不能受高等教育。世间憾事，至为不平。故元济常以为言，吾终盼吾公司同人……其子有在大学毕业之一日，……亦聊慰区区之私愿也。[2]

这种对私人或团体的慷慨捐赠一直持续到20世纪30年代后期。这必然使他的积蓄渐趋枯竭。他于1934年为复兴东方图书馆的捐款，已在第七章中记述。1926年以后，他不再

---

[1] 在张元济的私人通信中，有不少是写给这些他给予资助的青年。
[2] 张元济致商务职工教育基金会函，1928年，手稿，商务印书馆档案。此信应为1926年4月19日，有打印稿，亲笔签名。

从商务印书馆支取薪金。校编古籍的工作完全是义务的。[1]从此他的收入仅依靠商务的股息。

全面抗战开始后,由于商务停止分摊股息,张元济的生活水准进一步下降。通货膨胀也吞噬着他的积蓄。他给一位关心他的友人的信这样描述当前的境况:

> 自战争爆发以来,我不再有任何收入……一月前我登出售去私宅的广告,但至今无人问津。[2]

这所宽敞和舒适的住宅建于1913年,正是商务印书馆发展最快的时期。它位于公共租界西北端的极司菲尔路。到了1938年年末,他终于打算将住宅出售。

合众图书馆

张元济的经济状况日益艰难,却未能终止他抢救和保存善本书籍这一终身天职。外敌再一次入侵和人口的迁徙意味着大量有价值的古籍面临散佚的危险。江浙一带——中国古典学者的传统中心——许多私人藏书楼由于主人逃往内地

---

[1] 在张元济的通信中,有两封来自商务印书馆经理(1934年6月18日和6月21日)。这两封信说明张元济在没有报酬的情况下校编《二十四史》和《四部丛刊》,1932年轰炸之后,他恢复全日上班。公司为此赠送年薪四千元。支票先后两次送交张,但均被退回。载《张元济友朋书札》(上海古籍出版社,1987年)。

[2] 张元济致屈伯刚函,1938年4月,手稿,上海图书馆。由于未见原件,按英文原意译出。——译者注

而很快关闭。他们极有价值的善本藏书，往往经过了几代人精心访求、研究和珍藏，此时处于十分危急之中，所遭损失将无可挽回。日本收藏家再次成为唯一拥有金钱和手段的中国古籍收购者。张元济预见到必须采取措施以使形势得到缓和。他还预计到随着时势日趋艰难，藏书家也将越来越难以保全他们的藏品。于是1939年5月，他同几位志同道合的友人，在上海创立了合众图书馆[1]，并鼓励私人藏书楼的主人将他们的部分或全部收藏捐献出来。图书馆位于法租界内比较安全的地段，是一幢坚固的三层混凝土大楼。张元济率先捐赠藏书。多年以来，他悉心收藏家乡浙江的杰出文人特别是张氏祖先的撰述或刊印的书籍。如第一章所述，张氏家族自明代以来，便享有"书香"之名，而张元济一直希望搜集祖先的著作并藏之于离张氏祠堂不远处的藏书楼中，但日本侵略军摧毁了这座祠堂。此外，他也曾指望将浙江名人的著作集收藏于某个合适的省立图书馆，为对这些书籍有特别兴趣的当地人士服务。战争再一次使他的梦想破灭。于是，他认为最为适当和现实的办法是将它们悉数捐赠给上海合众图书馆。

总计，张元济捐赠了浙江文人所撰写或编注的书籍1822卷(476部)；他家乡海盐县学者的著作1115卷(355部)；张氏先人著作856卷(104部)。他所捐赠的书籍分别编入《合众图书馆书目第一种》，称为《海盐张氏涉园藏书目录》[2]，其中许多是手

---

1 顾廷龙：《合众图书馆史》，1953年印，上海图书馆藏。
2 顾廷龙：《海盐张氏涉园藏书目录》，1946年10月，上海印。

稿，或古代木版印刷本，皆极为珍贵。

除了善本书以外，合众图书馆也收藏青铜器和碑拓、书画、旧期刊、报纸，以及知名人物的书信。创办人的指导思想是保存所有这些文化资料，以为后来学者研究之用。一切与中国文明相关的文化遗产，一切能反映出中国社会状况的资料均妥为保藏。因为图书馆仅对持有该馆董事介绍信者开放，故读者大多为各方面的专家、大学教师和学生。

抗战期间，为了保存并介绍其收藏，合众图书馆出版了十五种书，大部分为以前未曾出版过的绘画、书法和美术方面的手稿。图书馆也以书籍原收藏人的名字编辑出版其藏书目录。

合众图书馆是在上海老学者和目录学家共同努力下创建的，在日寇侵占上海期间，它通过汇集各藏家的书籍，保存了大批善本古籍。

太平洋战争与商务的厄运，1941年12月—1945年8月

1941年12月太平洋战争突然爆发是对商务印书馆一次特别沉重的打击。它在香港的总部陷落了。香港总部在一段时间以来为非敌占区各省出版了一定数量的教科书和"战时读物"。作为大批商务老职工"避难所"的上海公共租界——"孤岛"也同时沦陷。王云五决定将商务的总部迁往重庆——国民党中央与外界隔绝的战时首都。因为王云五参加了1938

年创建的国民参政会,[1]与蒋介石建立了亲密的关系。当商务印书馆遭受这次意外的打击,丧失了香港、上海一切资产之后,蒋介石慷慨地给予王云五三百万法币贷款,帮助商务支撑残局。此时,商务已濒于破产。[2]

王云五要求国民党统治区各分馆向重庆提供所存书籍的样书,以便挑选合适者重印。首先,他选定工具书,如《辞源》和其他字典。然后他从《万有文库》中选出四百种,辑成《中学生文库》出版。他以自己的名字出版了十种书。然而,1941年的教科书市场——商务印书馆曾经占据过它的最高份额——被一家国民党新开设的正中书局所垄断。[3]由于许多迁往重庆的出版社强烈反对,政府才做了一点让步,成立了一个名叫"七联"的组织。该组织包括正中书局、商务印书馆、中华书局和另外四家大出版社。"七联"的成员被授予出版教科书之权,并享有纸张及其他印刷原材料定额配给的优先权。部分地由于国民党政府的偏爱,商务才得以生存下来。然而,应该看到王云五此时越来越多地卷入了政治。1943年,蒋介石任命他为经济建设策进会滇黔办事处主任,负责控制该两省的物价。于同一年内,他以参政会代表身份访问英国、土耳其、伊朗和伊拉克,行程共计四个月。[4]

从王云五频繁地从事政治活动看来,商务印书馆的事务

---

1 王云五:《岫庐八十自述》,页254—261。
2 同上书,页330—331;《王云五年谱》,页758—759。
3 《王云五年谱》,页784。
4 同上书,页783、799。

似乎已不需他亲自过问了，但更可能的是，那里几乎没有什么事需要他去管。他宣称这是"商务印书馆第三度复兴"，"财政已渐宽裕，生产能力与自设工厂方面，已数倍于一年前"。[1]事实上，国民党政府采用了许多严厉的审查法和附则使一切有创见的写作和真实的报道都无法刊印。[2]1940年以后，一切杂志的封面上如无"核准章"便不得发行。1942年，即使政府审查机关审查过的书籍也必须重新复审。1944年政府的"出版检查法和查禁标准"[3]列举出十二种不良刊物的主要类型，其下还有52个详细的查禁项目，包括众多的名目，诸如鼓动阶级斗争、侮辱领袖、征兵难、入伍者家属之痛苦，甚至中国的伤亡数字等。审查制度不仅有权删除不良材料，而且可以扣留原稿，没收书籍，甚至将作者或出版人移送警方。在这种情况下，我们必须极为谨慎地对待一切认为重庆是繁荣文化出版的中心的说法。[4]

日本人与上海商务印书馆

太平洋战争一爆发，日本兵就进驻公共租界，关闭了"新书公会"。商务的馆舍按军方命令受到查抄，大门也遭封

---

[1] 《王云五年谱》，页785—798。
[2] 严厉的审查法在1937年抗日战争一开始便采用了，随着战争的进展，变得越来越严。关于国民党的审查法，详见张静庐《中国现代出版史料》卷三，页487—512。
[3] 同上书，页512—520。
[4] 王云五说："商务印书馆，迁渝办公以来业满三年，一切皆上轨道，业务财政皆日有起色……后方人士皆归功于我的科学管理成绩。"《王云五年谱》，页816。

闭。在查抄中，军队的卡车运走了大部分仓库存书，事后计算约为四百余万册。[1]此后，日本军事当局征用了商务印书馆仓库的50吨铅字。经过多方奔走求情后，才因为姑念中日文化同源，保留了《二十四史》和《四部丛刊》的铅版。商务被封达一月之久，而上海其他出版社也遭受同样厄运。[2]

根据王云五的记载，他曾指示上海分部不要与日本人或汪精卫的南京伪政府作任何合作，而董事长张元济原则上予以同意。[3]然而，1943年商务上海分部加入了一个叫"五联"的组织，并承印了汪精卫当局制订的教科书。王云五声称上海分部这些活动是他商务经理名誉上的一个污点：

> ……沦陷期内上海商务印书馆竟与数家出版业合组所谓"五联出版公司"，承印伪组织核定之教科书，有协助敌伪散布毒素之嫌……董事会却仍留在上海，决定与敌伪同流合污……违反国策……[4]

---

1 杨寿清：《上海沦陷后两年来的出版界》，载张静庐《中国现代出版史料补编》，页376—400。
2 曹冰严：《抗日战争期间日本帝国主义在上海统制中国出版事业的企图和暴行》，载张静庐《中国现代出版史料补编》，页400—414。
3 《王云五年谱》，页764—765。
4 同上书，页764。

若人们以冷静的眼光看待政治形势，就会发现重庆商务加入"七联"与上海商务加入"五联"本质上无甚差异，都是与政治现实妥协的做法。事实上，大多数出版商认为他们干的是同样的事情，不论重庆分部为自由中国印刷教科书，还是上海分部为沦陷区印刷教科书。此外，大多数中国主要出版社并不愿意与敌人合作。但日本军事当局威胁要通过一个日本人掌管的机构来控制全中国的出版活动，而中国人则以相当机智的拖延战术设法使这项计划搁置起来。[1]终于，中国出版社同意成立"五联"，它是一间完全由中国人主持的纯商业公司，既没有日本股份，也没有日本人直接介入。董事就是五家最大出版社上海分部的经理，他们负责印刷和发行汪精卫伪政府核准的教科书。没有明显的证据显示这些教科书特别亲日。无论如何，面对日寇的军事压力和数百万中国学生仍然需要教科书这一事实，"五联"的创立还应视为明智的权宜之计。

作为商务印书馆的董事长，张元济十分谨慎，以阻止日本人对商务施加影响。他从未让商务印书馆在汪伪政府下注册。在漫长的战争年代里，他完全停止了股东年会，以免日本资本可能渗入。几千人的股东年会容易招惹别人的注意，个别的股东也许会为了商业上的利益而提议与当局合作。因此张元济的指导原则是维持现状和保

---

[1] 《王云五年谱》，页403—414。

持低调。他谨慎地把握商务的航向，使之远离可能发生的麻烦。有趣的是张元济与汪精卫自清末以来就已熟悉。当年轻的汪精卫因从事革命而流亡海外时，正是张元济赠予他各种中国书籍，以备他阅读和参考。有一个时期，汪精卫和蔡元培在欧洲同租一套公寓，此时张元济致蔡元培的大多数信中，都附言"向精卫致意"。[1]从1910年到20世纪40年代，时代已发生了急剧的变化，但这个年轻人对老学者尚存有一点敬意。在充当南京伪政府头目时，汪精卫曾试图将其诗集交付商务印书馆印刷出版，但张元济未曾理睬。张元济还拒绝接见日本的文化特务。据张树年回忆，1941年年初的一天，有三个日本人来到张宅。递上印有"大东亚共荣圈"及三人名字的名片。张元济看了名片后，随手从桌上取张便条，写了"两国交战，不便接谈"八个字，命张树年递给来者。事后，张元济告诉张树年，这几人都是随侵略军来华的文化特务，专事盗掘古墓、抢掠文物、拉中国文化人下水为日本人效劳等勾当。[2]

1　张元济致蔡元培函，1914年，手稿，上海图书馆藏。
2　张树年:《张元济往事》(东方出版社，2015年)，页185。

战争年代，中国的出版业承受着恶性通货膨胀和极其严厉的审查制度双重压迫。根据一份印刷公会的紧急呼吁书，1937年至1945年工业成本急剧上升，以致中国出版业面临立刻崩溃的危机。纸张成本上涨七倍，印刷工本上涨三十倍，排字工本上涨二十倍，钉书工本上涨三十倍。[1]在成本上涨到极点的同时，出版业经受着严厉的检查，除了自然科学、应用科学和与时事、政治、经济、社会无关的学术著作之外，一切书籍、杂志一概不能幸免。这就是出版社集中于印刷政府核定的教科书、字典、补充读物或古典文学著作的原因。除了通货膨胀和检查制度之外，出版业还受到邮局的刁难。也许是为了阻止印刷品的流通，国民党政府收取极为昂贵的邮资，邮政局还有广泛的侦查和没收书刊的权力。

因为对于挣扎在生死线、应付着火箭式上升的粮油价格的人民来说，书籍绝非他们基本生活之必需品。出版社发现，随着政府核定的书籍滞销，他们已处于破产的边缘。

1　张静庐：《中国现代出版史料》卷三，页60—61。

第十章

从内战到新中国

——1945—1959

1945—1949年的商务印书馆

1945年8月日本无条件投降,结束了中日之间长达八年之久的全面战争。然而中国人民期盼的好日子却没有到来。国民党官员从内地蜂拥来到日占区时,他们的主要兴趣是接管那些以种种借口宣布的"敌产"。"敌产"包括整座整座的工厂、运输车辆、各种原材料,甚至电话机。这样的行径使工业陷入混乱。1945年11月,上海90%的工厂被迫关闭,因为此时他们的机器被拆除,仓库被查封,原材料被没收,运输车辆被征用。[1]仅上海一地,失业人员就从20万人增至50万人。随着"接收大员"成批成批来到上海,形势也越来越恶化。人们不顾1945年11月公布的军事法令,纷纷罢工。实际上,早在9月份,发行量很大并以直言不讳而闻名的《大公报》就向国民党政府提出过警告:"短短二十天来,我们已经失尽了京沪两地之民心。"[2]

除了强行充公财产之外,政府又专横地把政府货币"法币"和沦陷区伪币"储备票"的兑换率定为1∶200,这等于直接没收人民的资产,对集中在上海的中产阶级更是一次特别沉重的打击。政府还加紧控制私营工商业,经济部自身就直接参与生产。为"调节"各种工业而设立的专门监察委员会

---

[1] Suzanne Pepper, *Civil War in China, The Political Struggle* (Berkeley, 1978), pp.20-33.

[2] 《大公报》社评,1945年9月27日。引自Suzanne Pepper, *Civil War in China, The Political Struggle* (Berkeley, 1978), p18. 由于未见原文,按英文译出。——译者注

开始直接操纵工厂。国民党"四大家族"[1]和次一等的由政府支持的机构迅速买进大批棉纺、毛纺、丝绸、化学、造纸和食品工业的股票。例如，在战争结束之前，就有谣传说国民党买了重庆商务印书馆的部分股票[2]。但此事无法证实，因为只有当时握有商务最高权力的王云五才知道内情。

如果说政府在"复兴"时期的政策对民众特别是对实业家十分严酷的话，那么出版业的处境则更为艰难。混乱的战后经济和恶性通货膨胀，使每个家庭都难逃劫数。当人们陷于为柴米油盐而挣扎的时候，书业更没有什么前途可言。最令出版社头痛的是国民党决定继续执行严格的战时书报检查法。也许是预见与共产党的内战即将爆发，政府不顾许多人的呼吁，拒绝放松审查控制。[3]凡涉及当时社会形势或反映事实真相的出版物，都会触犯政府的禁令。印刷品的邮资也故意居高不下。政府还对出版企业征收特种税。中国出版界的形势十分暗淡。1945年一次作家座谈会得出了悲观的结论：

……文艺死了……科学死了……教育死了……出版事业也奄奄一息了。政治不民主，一切文化都没

---

1 "四大家族"均与蒋介石有密切关系，即蒋、宋、孔、陈家族。
2 Florence Chien, *The Commercial Press and Modern Chinese Publishing 1897-1949* (University of Chicago, 1970), p.80; Drège *La Commercial Press de Shanghai ,1897-1949,* (College de France, Institut des Hautes Etudes Chinoises, 1978).
3 张静庐：《中国现代出版史料》卷三，页106—121。该书辑录上海、广州、北京、成都和重庆的新闻、出版界人士强烈呼吁放宽或取消战时书报检查法的声明的全文。

有前途。[1]

战后,商务仍受到政府的照顾。然而政府主办的正中书局此时垄断了编辑出版所有教科书的权利,理由是年轻人的教育必须由意识形态上十分正确的权威来主持。商务印书馆和其他有成就的出版社都只能降格为那些教科书的承印者。各大出版社被迫加入政府发起的"十一联",它还是由正中书局充作领头人。他们依从政府的指导,接受政府配给的纸张、印刷材料和其他原材料。[2]章锡琛描写战后商务时,感慨自己已陷入了一种不光彩的境地,"现在商务已沦落到乞求国民党文化机关残羹冷饭的地步"[3]。

国民党在扩大对重要出版社的影响方面倒取得了某些成功。忠诚的党员及其同情者被安置到许多单位的关键岗位上。以商务为例,蒋介石的著名支持者王云五于1946年4月辞职,成为职业的政界人物,他推荐旧友、有名的教育家朱经农继任其商务印书馆总经理一职。朱经农是非常接近C.C.集团的国民党党员,又是"三民主义青年团"的主要负责人。王云五承认派朱经农到商务印书馆任职是他与陈布雷商议的结果。[4]朱经农实际上对出版业无甚兴趣,并经常请假,因为他同时兼任光华大学校长。回想起来,把朱经农放到这

---

[1] 张静庐:《中国现代出版史料》卷三,页139。

[2] Drège La Commercial Press de Shanghai, 1897-1949, (College de France, Institut des Hautes Etudes Chinoises, 1978).

[3] 章锡琛:《漫谈商务印书馆》,《文史资料》(1964年3月),页101。

[4] 王云五:《岫庐八十自述》,页349。

个位置上，一个明显的目的是要确保商务印书馆支持国民党，与国民党合作。然而朱经农并未完成此项任务。

战后，张元济留任商务印书馆董事会主席。8月下旬上海与重庆的电讯一恢复，张元济立即与王云五联系，表现出他特有的充沛精力，在半个月时间内，至少给王云五去了三封信和两次电报。[1]他们两人讨论了商务印书馆的复业问题。王云五说明他当时正担任蒋的政治顾问，要在重庆继续居住一段时间，不能立即返回上海。张元济在9月召开了一次董事会，会上，他说王云五继续留在重庆可以增强商务与政府的联系，还劝说董事会授予王云五专职专权，使他所要实施的任何应急措施都会得到董事会的全力支持。[2]此时，张元济显然很信任王云五的忠诚，并相信王云五会帮助商务走出困境。这里必须特别注意的是：关于1945年的商务印书馆有许多互相矛盾的记述和统计表。一方面众所周知中国经济被通货膨胀和前所未有的混乱和萧条所困扰，不少有责任心的文人为反对政府审查和干预进行请愿；另一方面王云五却把商务的形势描写成充满力量和成就。因为王的著作是关于商务印书馆主要和公开的资料来源，也因为他有在不同的书籍中反复阐述他的思想的习惯，[3]所以他对各类事项的统计资料广泛地流传。

1　见张元济致王云五函，第一段，1945年9月16日，原信缩影。载《岫庐八十自述》，页345。
2　同上。
3　王云五有反复阐述自己思想的习惯，例如《商务印书馆与新教育年谱》，页828—833；《岫庐八十自述》，页343—348；《十年苦斗记》（台湾，1969年），页58—65。内容重复，整段逐字逐句转抄。

按王云五的说法，在战时最困难的几年中，他"靠着自力更生，把商务的财政基础奠立得很牢固"，并"一方面维持商务事业与令誉于不坠，他方面仍为商务获得极为庞大的利润"。[1]他声称从1945年8月到1946年4月，他向上海和桂林、柳州、长沙等地分馆提供了"约四五亿法币"，帮助他们复兴。[2]此外，他经营重庆商务印书馆十分成功，以至"公司声誉日上，股票涨至票面一百数十倍"。[3]总之，他似乎描绘了一片兴旺发达、无限美好的景象。

然而，王云五的那些似乎令人激动的统计数字，必须放到真实的中国经济背景之下来看待。国民党政府的财政在战争结束之前就陷入混乱。早在1941年，税收仅占支出的15%。[4]严重的通货膨胀是生活中的现实，生活指数1937年为100，1945年升为249000，1946年升为627210，1947年则达到10340000。[5]当考虑到通货膨胀这一无可辩驳的事实时，不论商务股票增值一百数十倍，还是王云五从重庆汇出"四五亿法币"，看来都没有什么意义。可以肯定地说，战后经济的大衰退必然同样影响到商务印书馆。纸张、油墨及其他原材料价格直线上升，出版商根本不愿印刷任何物品，因为担心这些材料一旦投入使用便无法变现，而且，即使印出

---

1 《王云五年谱》，页832。
2 同上书，页830。
3 同上书，页832。
4 Fairbank, *East Asia: the Modem Transformation* (Boston, 1965), p.859.
5 Albert Feuerwerker Economic, *Trends in the Republic of China 1912-1949* (Michigan, 1977), p.90.

书来，也几乎无人问津。

商务印书馆在财政上的困难境地，可以用1947年初张元济致胡适的一封信来说明。胡适已从美国回到北平，当时就任北大校长，而张元济请他代为出售一些值钱的善本书，以获得一些资金帮助商务克服困难。信中说道：

> 二十余年前商务印书馆曾在北平购得藏文经集，似即为吾兄所介绍。后为俄人岗和泰君借阅。归还之日东方图书馆已毁于倭寇。……汇为九十二包。[1]

张元济接着说所有这些书都有真实的凭证，而印刷这部经书的寺院已毁于战火，经版亦已无存。因此这是仅存的海内孤本。

> 东方图书馆恢复无期，且此间亦无要求阅读之人，如能得价，颇拟售去，以疗商务日前之贫。

张元济的请求表明，不仅商务印书馆面临一场十分可怕的财务危机，迫使它售去劫余仅存的善本书籍，而且也是在这严重的经济衰退中，中国出版业悲惨命运的写照。

如前所述，1946年朱经农取代王云五任商务印书馆总经理。朱经农为他的任期留下了一份乏善可陈的记录。但若由

---

[1] 《张元济书札》，页166。

他人担任这个职务，能否有所不同也是值得怀疑的。

大家知道，张元济不满朱经农的表现，因为朱经农经常向商务请假，而商务则面对财政和行政方面的巨大的困难，同时它的出版方针也需要作重大的修正。20世纪最初10年和20年代为了向各省有效地销售教科书，商务在各地设立了许多分馆，现在教科书被政府控制，同时，根本就没有多少新书可卖，这些分馆就成了公司的累赘。商务显然需要一位坚强的舵手为它把握方向，使它能逃脱迫在眉睫的灭顶之灾。然而朱经农只是一个半心半意的总经理，甚至王云五也称"经农素不愿与人争，于是对商务的出版计划不免渐趋消极而稍稍偏重于光华大学"[1]。随着对他软弱和消极政策的批评日渐增多，朱经农也变得不安起来，他想辞职，但为王云五劝阻。到了1948年下半年，朱经农向董事会请长假去出席联合国教科文组织会议，因为他是中国政府代表，他还请求董事会准许他任命一名副总经理在他缺席时代行职务。[2]

无疑，朱经农希望采用这种方法很容易地达到两个目的：他可以有一年时间脱离商务印书馆日常行政上的种种麻烦，同时通过他的副手维持对公司事务的间接控制，这样仍能完成当初自己的任命目标。然而，董事会主席张元济此时不愿再容忍那种令人不满的局面了。他同意朱经农辞职，而不是请长假。就这样，商务摆脱了一个不能全心全意为它的

---

[1] 《王云五年谱》，页846。
[2] 同上。

繁荣贡献力量的总经理。

张元济老练的手腕，使朱经农和王云五目瞪口呆，商务的职工也为之惊讶，因为朱经农在国民党内的地位是众所周知的，没有一个人能想到这位老董事长会采取这样干净利落的手段。[1]

1948年12月，张元济采取了更有决定意义的一步，解除了王云五在董事会的职务。王云五担任商务印书馆董事已达二十年之久，1946年辞去总经理职务之后，仍保留董事之职。如前所述，他在接受蒋介石的邀请后，已一心从政，1948年担任经济部长。这年8月，他引进了臭名昭著的"金圆券"，它最后随着中国经济全面崩溃而告终。王云五对金圆券为什么遭到不可避免的失败提出了长篇的辩护词，[2]但是种种谣传却说许多高级国民党官员从这场大混乱中中饱私囊。事实上，王云五的秘书因泄露政府机密和非法敛财而被判有罪。王云五本人受到弹劾，并有玩忽职守之罪。1948年11月11日他辞去了政府职务。[3]

王云五卷入金圆券的大混乱使张元济感到震惊和悲哀。老人一开始无法相信他长期的合作者竟会如此堕落。当他认识到多年来错信王云五时，他以儒家传统的有节制的方式低调地处理了这件事：1948年董事年会未通知王云五出席。会

---

1 丁英桂，董事会秘书，在笔者1979年11月访问时回忆了这事件。他说张元济"准予朱先生辞职"的决定具有爆炸性的效果，因为朱经农仅申请离职，而非辞职。

2 王云五：《岫庐八十自述》，页482—548。

3 同上书，页561—563。

后他写了一封冷淡而有礼貌的信给这位把国民党政府的经济引向崩溃的人物：

> 本年股东年会甫于本月举行，与同人相酌，谓公此时正宜韬晦，不敢复以董事相渎，谅蒙垂察。[1]

迫使朱经农去职和1948年年末解除王云五职务，标志着国民党丧失了对商务印书馆的影响。但是张元济采取这样老练而又坚决的手段排除这两个人，却使王云五对他长期怀恨在心。此后，王云五咒骂张元济是一个老糊涂，不知不觉地成了共产党的傀儡。王云五在自传中谈到被张元济解职时写道："我很谅解，这并不是菊老的自由主张，所以这时候正是他的傀儡时期的开始。"[2]

摆脱对商务不做贡献的人是一回事，要使它复兴又是另外一回事。在内战的最后阶段，当国民党忙于把他们全部财产运往台湾的时候，中国经济很快崩溃了。商务印书馆跟中国其他出版社一样，挣扎于破产的边缘。

张元济对政府和反内战抗争的态度

查证过去的事实，可以看到张元济即使在抗战胜利之

---

[1] 张元济致王云五函，1948年12月；《王云五年谱》，页840。
[2] 《王云五年谱》，页840。

时，也对蒋介石不抱信任，其时蒋介石在国内的威望达到了最高点。早在1945年9月，张元济就对国民党政府与汉奸合作表示失望。伪上海市市长、南京汪伪政府的第二号人物周佛海扬言已组成了一支特种部队，在蒋介石从重庆返回之前维持上海的秩序。张元济致函王云五，促请他劝告政府务必严惩汉奸，而不要与他们合作。[1]1946年蒋介石回到南京，开始拉拢知识分子时，也给张元济发了一份请柬，邀请他参加一次专为中国杰出的作家、报人和文化界头面人物举行的茶会。[2]在所有被邀的人士中，唯有张元济拒绝出席。自从1933年为了邹韬奋的《生活周刊》会见过蒋介石以来，张元济对蒋介石就不再抱有半点希望和尊敬。国民党官僚返回沪宁后的政策，更损坏了蒋介石在张元济心目中的形象。

然而，蒋介石似乎对张元济的冷淡不甚介意。张元济的名字仍列入1946年"双十节"授勋的名单。[3]他被授予胜利勋章，以表彰他于日本占领期间在上海不屈不挠的爱国精神。

国民党政府继续对张元济很有礼貌。这无疑是出自老人秉性正直、富有正义感的声誉，以及他在中国文化界中的声望。张元济从清末起就以爱国开明的维新人士而闻名，人所共知他是一个温和的、渐进的、支持教育和文化改革的维新派，在商务崛起并成为中国第一流出版社的过程中，他难免树敌不少，这些敌人包括受到冒犯的政治家和出版界的竞争

1　《岫庐八十自述》，页345。张元济致王云五函，影印件。
2　张树年致笔者函，1980年10月。
3　同上；《王云五年谱》，页900。

对手。由于种种原因，许多编辑、作者与商务发生矛盾而与之脱离，但即便是最尖锐的批评也不是针对张元济个人的。对张元济最常见的批评是关于他对工作的严格标准、知识分子的自傲，以及他对松懈、怠惰者不妥协——有时到了令人难堪的程度，但是他秉性刚直和对事业的忠诚却是无可指摘。他担任商务董事会主席职务长达二十六年，[1]这是公司董事和股东对他的信任的有力证据。应该注意的是在商务全盛时期，每次股东年会都有千余人参加，他们通过无记名投票选出十三名董事，这些董事再投票选举董事会主席。[2]商务的董事不仅是上海知名的商人，不少人还是有很高学术地位的知名学者，例如蔡元培、马寅初和叶景葵等。这些人给予张元济的信任和支持是他的名望、才能和刚直的有力证明。

战后的张元济并未感到愉快，国民党政府的低能和横征暴敛使他十分反感，因而对它越来越疏远。他的经济状况也很艰难。商务印书馆为许许多多的问题所困扰，他感到无能为力。但是，他把不满限制在不合作和退却这样的个人姿态，而把对政府的批评仅保留在家庭和亲友之间。然而，随着内战的发展，社会条件进一步恶化，到了20世纪40年代末，他觉得不能再保持沉默了。正是政府对学生示威采取高压政

---

1 张元济担任董事会主席的时间是：1909年3月到1912年3月；1926年8月到1950年8月。见《馆史资料》第19卷（1982年11月），页20。

2 《王云五年谱》。该书列明各次董事会的详细记录和出席人名单，如页419—429、531—543、563—572。

策，使得这位老人觉醒并加入了公开批评者的行列。张元济一向是一个热心的教育家，对青年学生的关心是真诚和深切的。在恶性通货膨胀的折磨下，知识分子和白领阶层的痛苦生活紧紧地缠绕着他，因为许多亲友都属于这一阶层，他本人也遭受同样的命运。政府未能采取正确的经济政策，以及为了应付巨额支出而采用滥印纸币的卑劣手法，使知识分子对国民党多少还抱有的一点希望也发生了动摇。1946年，上海教授集会要求实行价格控制和增加薪水，控诉说他们已经生活在生存线以下。他们许多人，以及他们的学生，都营养不良、长期饥饿以及患有诸如肺结核等多种疾病。国民党面对民众的苦难，宁可发动反共内战而不愿与其他力量分享政治权力，这是人们所不能原谅的。中国知识分子一再走上街头，散发传单，发表讲话，举行请愿。他们特别反对内战，认为这是苦难的根源。

国民党将所有抗议者一律称为"共党特务"，多次企图采用暴力瓦解示威行动。他们的手法不仅包括用警察逮捕和驱散示威群众，而且在深夜搜查学生宿舍，秘密逮捕，甚至唆使暴徒殴打或暗杀知名的领导人。1947年春，在学生"反饥饿、反内战、反迫害"的示威中，张元济再一次成为政府的公开批评者。

沪宁地区的学生站在这场运动的前列，物价上涨使他们的助学金严重不足，要求对此做出适当的调整。试图张贴标语的学生被逮捕和毒打，事件迅速蔓延，交通大学的学生占领列车，集体到南京向政府请愿。上海市市长吴国桢（他享有自由主义者的雅称）出面调停以阻止直接的对峙，但是学生示威的浪潮在中国主要城市引起了连锁反应。国民党政府用颁布"维持公共秩序暂行办法"来对付学生，它禁止一切罢工、游行和请愿。当学生不顾"暂行办法"继续抗议时，政府便调集用机枪武装的军队与学生对峙。这种丑剧时常发生。黎明前突击搜查大学生宿舍的活动更加频繁，更多暗探被安插到学生中间，此外，被捕学生不会被公开审判。

张元济也奋起行动了，他终于不能再远离发生在上海的这一切事情。他特别关心交通大学的学生，因为这所大学的前身是南洋公学，张元济在清末曾任职该校总办和译书院院长。[1]该校注重实用技术的传统是张元济一向引以为傲的。

张元济集合了九位友人，联合签署了一封致上海市市长的信。这些友人都是有学问、受尊敬的人士，由于他们学术上的成就和社会地位而知名和受到敬仰。张元济起草了信件，名之为《十老上市长书》。信的开端说他们年纪很大，早已退休，确实不愿涉足政治，然而，学生罢课是一种特殊情况，因为学生忍受着由内战引起的恶性通货膨胀的痛苦，对他们的"反内战、反饥饿"行动应予以切实的同情。信件继续写道：政府雇用秘密警察，殴打及逮捕公开示威的学生，甚至不公开审讯，是极大的错误：

> 更有非兵非警，参谋其间。……学生亦人民也，

---

[1] 见本书第四章。

人民犯罪，有法庭在，不出于此，而于法外任意处置，是政府先已违法，何以临民？[1]

老人们要求市长公开失踪学生现在何处，将他们"速行释放，由各学校自行开导"，制止进一步任意逮捕，同时要求实行改革以消除学生们不满的根本原因，"呼吁无悖于理者，亦予虚哀采纳"。这十位老人皆年逾七旬，有清朝科举时代的功名，他们对年轻学生的同情和支持也足以说明公众舆论的潮流，这些学生不应该被看作头脑发热的激进分子或受共产党鼓动的事端制造者——尽管政府想方设法给他们涂上这样的色彩，他们的行为出于爱国和正义感，代表国家、民族的一种良心的呼声和道德心。国民党企图折磨和恐吓学生是十分不得人心的。

对经济形势的觉醒

与许多中产阶级人士一样，张元济对国民党政府的经济政策极度失望，他的思想在许多未公开发表的诗词中有所表达。政府并不设法采用任何根本的或全面的经济计划来扭转这种可悲的局面，而只是采用一些针对股票商、小商人和零售商的零星警告。这些人经常受到"操纵物价"或"非法经营

---

[1] 张元济等人联名致上海市长函，1947年6月3日，手稿，上海图书馆藏；又载《张元济书札》，页275。

"黄金美钞"之类的警告。实际上,物价上涨、黄金美钞黑市兴旺显然是通货膨胀的结果和副产物,而不是根本原因。然而国民党不仅不正视现实问题,承认通货膨胀是政府过于依靠印发钞票的结果,相反却四处出击,恣意责难除了自己以外的一切人。

张元济在这段时期写了一系列名为《时事杂咏》的诗。[1] 其第一首诗云:

州官放火原依例,百姓如何可点灯?
一样葫芦重画出,而今遍地是田登。

这首诗引用"只许州官放火,不许百姓点灯"这一个古老的民间故事,张元济在诗末加上注解,这就完全清楚地说明了是什么事件引出了他的批评。

国行副总裁刘攻芸本月十一日发表谈话,如有借机反动、抬高物价者,决予严厉惩处;而邮电两项,即于同日加价,电报电话,各增加二倍——参见十一月《大公报》和《新闻报》。

---

[1] 这些诗的日期未能断定,但从其内容来说,很清楚指的是1947—1948年的一些事件。1948年1月1日上海《大公报》载《时事杂咏》四首,即《发行大钞》《交易所》《鱼市场》和《查金钞》。其中《查金钞》《交易所》又载于《张元济诗文》,页47—48。另据汪家熔《大变动时期建设者》,页271,《时事杂咏》有二十多首,成于1947年底。——译者注。

第二首诗题为《查金钞》。诗云：

曹家校尉称能手，只向丘坟去摸金。
市上道旁好搜括，古人毕竟不如今。

张的注解为：

《文选》。陈琳为袁绍移豫州檄，操又特设发丘中郎将、搜金校尉。所遇隳突，无骸不露。

1948年8月，国民党政府作出了改进通货的最后一次努力，它接受王云五——当时任财政部部长的建议，采用一种叫作"金圆券"的新货币，来代替那种连钞票本身纸张费都不值的"法币"。一切"法币"以及黄金、美钞均须兑换为"金圆券"。1948年8月19日，政府发布公告，称持有黄金外币者为非法。其时百姓手中的金钞均作为抵御通货膨胀的保证。张元济将国民党官僚比作三国时魏王曹操臭名昭著的摸金校尉，这是值得注意的。他看穿了国民党的政策并非意在经济改革，而是作为掠夺和吞噬老百姓钱财的手段，因为这首诗的写作时间就在"金圆券"出笼不久，也就是紧接着的大混乱和全面崩溃之前。张元济这首诗是一种含意深刻的讽刺，也反映出对政府经济政策毫无信心，后来的事实也证实了他所说的一切是正确的，因为"金圆券"很快崩溃，同时攫取了中国中产阶级的全部积蓄。

第三首诗题为《交易所》，诗云：

物价抑平无贵贱，市场交易定繁荣。
可怜经纪成囚犯，公所堂堂地狱门。

其注解为：

十一日下午二时余，当警备部稽查员在证交市场监视时，有二一九号经纪人当永纱价格每股在四〇八与四一〇之间时喊价愿以四〇九买进，被稽查员认为抬价，将他逮捕。幸经经纪人公会及证交负责人解说，方始释放。

政府零敲碎打和无效的方法，给权力已经过大的警方又增加了镇压无辜人民的机会，而丝毫无助于补救病入膏肓的中国经济。

张元济写这些诗，是表达对混乱的经济形势看法的一种方式，这一批"时事杂咏"部分在《大公报》上发表，引起了当时社会人士的注意。

中央研究院第一次院士会议

1948年9月，张元济有一次公开而隆重的机会将他的观点公之于世。他作为享有厚望的中央研究院的名誉院士，应邀出席第一次院士会议，并讲了话。中央研究院的院士都是受尊敬的学者和科学家，在各自的专业领域中有杰出贡献并得到全国承认，他们受政府之邀出席会议，此事已被传播媒介作为国民党政府成立以来学术界最为辉煌的一件大事广为报道，或许借此可以表明政府何等重视和关心科学与文学。这是一个意在强调政府"进步"和"成功"的会议。蒋介石亲自出席开幕式，他最信任的军事首领之一、国防部长何应钦也是开幕式的贵宾。

就在这样的场合，张元济决定作一次公开针对国民党政府的控告。他当众呼吁停止内战。必须记住，当时"内战"这两个字是被禁止的：国民党政府将其与中共之间流血的战争称为"剿匪"；谁敢于表达结束军事冲突的愿望则被指责为"同情共产党"和"为匪张目"。张元济的讲话必定使国民党的要员大出意外而目瞪口呆。他以回忆自己半个多世纪以前戊戌维新时的政治经历作为开始，指出中国当前的贫弱就是从那时以来无休止的争战的结果。战祸使中国贫弱到这步田地，终于成为20世纪30年代日本帝国主义的牺牲品。对于内战，他说："我以为这战争实在是可以不必的。"[1]他叙述了内战带来的苦难，特别是东北、山西和济南（那里共产党已获大胜）的流亡学生的困境。他批评政府的征兵征粮制度。他对最受尊敬

---

[1] 《刍荛之言》，当时不少报章杂志刊载，但没有流传下来，幸运的是，张树年提供笔者一份讲话原文的手抄本，这份手抄本留下张元济评论和修改的笔迹。

的学者的生活水平下降提出控诉,例如胡适(他也在座)三餐不能全吃饭,晚上都喝粥。张警告说"战事不到两年已经成了这个现象,倘若再打下去,别的不必说,我恐怕这中央研究院也就免不了要关门"。

他预言这场内战是一场消耗战,最终将使国家精疲力竭。他最为担心的是中国很可能成为帝国主义国家的奴隶和牛马,经济则将万劫不复。他用坚定的口吻重申他的愿望:"我们要保全我们的国家,要和平;我们要复兴我们的民族,要和平;我们要为国家为民族研究种种的学术,更要和平!"

最后,他对有学问的听众作了强烈和直接的呼吁,引用了大家十分熟悉的中国古代史上两则著名外交官故事作为例子,"《春秋左传》有个向戌,《孟子》上有个宋牼",指出他们的辉煌业绩是给古代交战国家带来了和平。今日会议上在座诸位学术大家中是否也有同样的人呢?——张元济满怀希望地发问。

对国民党政府来说,张元济的讲话犹如晴天霹雳。他们把这位瘦弱的老人请来,无非是要他说一些仪式上的客套话,而这篇以如此敏感的主题直接针对政府的激烈演说无疑使政府窘迫不已,但是他的高龄和有名的温和政治观点使他免受"为匪张目"的指责。散会后归途中,胡适提醒张元济说:"先生,你今天扫了不少人的兴。"[1]

这篇讲话题为《刍荛之言》,全国许多报刊都予刊载。几

---

[1] 张树年1979年11月会见作者时的谈话。

星期之内，它成了国内议论最多的文章——因为张元济唤起了人民心中的希望，也道出了他们心中的不安。他直言不讳地谈论了报纸上被禁的题目。

费孝通（1910—2005，中国著名的社会人类学家）在他题为《读张菊生先生的〈刍荛之言〉》一文，表达了中国青年知识分子对内战和国民党专制统治的看法。他十分感谢张元济敢言被禁止的"和平"与"内战"："没有任何颜色的帽子加得上张老先生的头上，他的苍苍白发保证了他除了悲天悯人之外，不可能再有其他的用心。"[1]

他接着分析和评论了张元济的讲话，指出它的内在含义是现代中国的政治领袖并不称职，也并不真正为国家民族谋福利。这也是这位老学者以如此怀旧之情，来追忆当年推行变法的光绪皇帝的原因。从那以后，中国没有再遇到过一次革新图强的有利机会。在20世纪40年代后期，甚至比1898年时更糟。费孝通以他对中国社会的专门知识，发起对国民党的严厉抨击，批评它无法实行土地改革和工业化，而这正是挽救中国、使之免于破产的途径。

总之，张元济在中央研究院第一次院士会议上的讲话引出了一场批评政府的风暴。由于受窘的国民党既无法给他贴上"共产党同情者"的标签，又闹不出别的笑

---

[1] 费孝通：《读张菊生先生〈刍荛之言〉》，《中国建设》（北京）第一卷第8期（1948年10月25日），页6—7。

话，它只能佯称整件事是一个脱离了时代潮流的老人的反常与怪癖。

与共产党新政府的合作

1949年5月27日共产党军队进入上海。张元济对新政府的态度是积极与合作的。尽管把他说成无产阶级革命的积极支持者也许并不准确，然而对国民党的绝望必然使他欢迎这一历史巨变，甚至在中共到来之前，他就以惊人的机敏和才能着手作出安排，以适应新的政治形势。他亲自筛选商务印书馆所有出版物的样书，并指示检查库房中的全部纸型，明显过时与不适合者均被销毁，其余的整理、编目，以等待共产党政府文化干部到来。他在6月间会见了新上海市市长陈毅，提出的第一项请求是政府以某种形式帮助和支持商务。作为董事会主席，他向陈毅询问了关于将商务印书馆改变为公私合营以挽救其破产局面的可能性。

1949年9月，张元济应邀出席了历史上著名的中国人民政治协商会议第一届全体会议。此时他已是八十二岁高龄，是出席会议的代表中最年长者。在北京逗留的一个月里，他仅出席主要的几次会议，而回避了其他仪式性的活动和访问。然而，他访问了几位商务的旧友：茅盾、郑振铎、胡愈之、叶圣陶和章锡琛。他们此时都是共产党政府在文化事务方面有影响的人物。胡愈之即将出任新中国第一任出版总署署长。张元济与这些早年的下属讨论了促进印书业的实际步骤，应遵行的出版方针和如何将商务印书馆改变成为公私合营企业。

喜好挖苦的人会把张元济的努力说成生存战术或最后挣扎。然而，应该记住的是如果不是真正地、积极地对当前问题关心的话，他绝不需要如此深深地卷入商务的事务或新政府的出版方针，他的高龄和衰弱的身体足以使他体面地退出舞台。但是事情恰恰相反：他虽然早已从商务印书馆的行政领导职位上退休，仍然极为关注它的发展，并积极筹划着它的未来。

现存的资料表明，他真诚而热情地企望着商务成为公私合营企业的前景。1949年5—6月间极为困难的时期，他写了一系列信件给香港商务印书馆前经理黄荫普，试图劝说他担任上海主厂的副总经理。这些信件之详细令人难以置信，而语气中充满着对前途的希望和信心。[1]

同时他邀请茅盾来商务印书馆主持有关出版方针的新部门。他与茅盾十分详尽地讨论了《新民主丛书》，计划在1950年春季出版。茅盾帮助商务印书馆草拟了它与"新中国文化图书协会"的合同，这样使它能分担新出版项目的成本。最后茅盾还推荐郑振铎为更合适的人选，以领导商务的出版工作。[2]

---

[1] 张元济致黄荫普函，1949年5月19日和6月11日、16日、17日，手稿，香港。
[2] "沈雁冰同志给张元济先生的两封信"，《馆史资料》第8卷（1981年4月），页2—4。

总之，张元济认为当前的政治变动是一次积极的变更，他热情地采取多种步骤以帮助商务印书馆去适应新时代。当他看见一切事物都开始出现一种新景象时，他要聘请最有知识的新人来充实各部门的领导，以帮助商务印书馆。1949年10月从北京返回上海后，他亲自再次拜访陈毅。他们两人原则上同意商务今后将成为合营企业，但是必须进行许多具体的工作。同时商务签订了承印新邮票、新钞票以及许多为总宣传目标所用的小册子的合同。[1]

1949年12月，张元济在商务印书馆新工会（商务原工会成立于1925年五卅运动之后，1927年白色恐怖中被查禁）成立大会上讲话时，突患中风。一位八十二岁老人突然患病是常有的事，然而张元济在工会大会上中风却在海外引起不少流言蜚语，说他遭到了批斗、侮辱，挨了整。形形色色的故事在几家台湾杂志上流传，而王云五至少在他的两本书上复述了这些情节。[2] 由于王云五的著作广为传播，而且通常被看作关于商务印书馆主要的、权威性的资料来源，因此张元济最后十年生活的真实情形被掩盖和歪曲了。

事实是，这位可敬的老先生又生活了十年。1949年，他被任命为华东军政委员会委员（委员会负责华东各省的事务），1954年在上海当选为第一届全国人民代表大会代表，1959年又当选为

1　《馆史资料》第4卷（1980年12月），页16。
2　《谈往事》（台湾，1970年），页215—217；《王云五年谱》，页893—901。

第二届全国人民代表大会代表。他还担任上海文史馆馆长。[1]在此期间，包括1953年商务公私合营之后，他继续担任商务印书馆董事长。

事实说明，尽管张元济由于身体日衰，无法从事实际工作，但他仍然受到新政府和商务同仁的重视和尊敬。

商务印书馆成为公私合营企业

商务印书馆是在新政府领导之下，第一批成为公私合营企业的商业单位之一。1954年5月7日，商务实现了公私合营，国家接管了出版方针的制订权，股东得到4%的定息。这项定息一直按期支付，直到1966年"文化大革命"爆发时为止。[2]但在1954年正式合营之前，商务与另四家大出版社联营，在国家出版总署的领导下进行其发行业务，也可以说公司的发行部首先成为合营企业，接着印刷厂开始国有化，最好的印刷机器从香港分馆移出，并接受国家的订货，包括印刷新邮票。1954年以后，商务印书馆分工专门出版大专院校的教材和工具参考书。1959年起，它的任务缩小为翻译出版外国古典哲学和社会科学著作，其重点是16—19世纪欧洲思想家，诸如黑格尔、杜尔哥、孟德斯鸠、康德和圣西门等的主

1　H.L. Boorman's, *Biographical Dictionary of Republican China*, 1971, Vol. 1, p.140, 称张元济为"上海博物馆馆长"。他并未担任过这一职位。这可能将"上海文史馆"误译为"上海博物馆"。上海文史馆是上海著名的、在文史方面有杰出贡献的老人的组织。

2　章锡琛：《漫谈商务印书馆》，《文史资料》(1964年3月)，页102—103。

要著作的译本,因此其主要领域是在政治经济学和乌托邦社会主义方面。

因为商务印书馆历来在引进现代词典方面处于领先地位,这一优良传统得以继续。除了编纂多种中文词典之外,商务还编辑出版了十多种语种的外文汉语词典,还承担出版各种外语教材、语法书和补充读物的任务。这些特色一直保持到今天。[1]至于商务的另一大专长——出版和影印古籍,则移交中华书局承担。

最后的年月:版本研究和诗词

尽管张元济中风后再也没有完全复原,但很快恢复了敏捷的思维,右手的功能得以复原,能从事自己所爱好的书法,并书写大批书信。他有一张特制的床上小桌,这样每天的生活规律便是很早醒来,看报、读信和复信,有时还编校书籍。他仍十分关注商务的事务,甚至还给工会主席提出各种具体的建议。

他最后十年中编校的书籍之一为《涵芬楼烬余书录》,这是1932年遭受轰炸之后残存的涵芬楼珍本古籍的目录。该书共分四章,列出了20世纪20年代中期北伐军逼近上海时,张元济移藏于上海某银行保险库中的数百卷善本书的目录。

---

1 林尔蔚:《解放初期的商务印书馆》,《馆史资料》第7卷 (1981年3月),页2—6;《商务的新任务》,《北京周报》第5卷第17期 (1962年3月16日)。

原来，这是1932年那场将商务印书馆本部化为灰烬的毁灭性大火之后，涵芬楼40万卷藏书中保全下来的仅有的幸存者，其中包括极有价值的93卷宋版书、89卷元版书、156卷明版书，还有192卷善本书曾为历代著名版本目录学家用作校编的底本，上面留有他们亲笔的校注，尤为藏书家所珍视。此外，还有17卷手稿。所有这些书籍都曾为私家藏书楼所珍藏，其版本之真伪多次为著名藏书家和学者所鉴定，书上留有他们的印章和签名。

在1951年为《涵芬楼烬余书录》所撰的序言中，张元济说他从事这本目录的编著始于中风之前，也许是在国民党统治的最后几年中，他仅意在作一点个人的回忆而并不打算出版。当身体逐渐恢复时，他决定将这本目录在出版之前再作一次校核，并请其他版本目录学家予以修订。他概要并系统地回忆了涵芬楼的创设经过，及后来如何搜集、访求善本书籍。文内他还评论了北京图书馆所藏涵芬楼总目，指出其中主要的错误与不足之处。

1951年夏季，张元济的健康情况好转，他在病中撰写了《金石录》的跋文，文章思路精密，显示他对版本的评价与鉴定能力仍与病前无异。[1]赵明诚《金石录》30卷本是赵家后人在南京旧书市场所得，当时流传仅10卷，而30卷本的发现，成了当时目录学者"惊天动地的大事"（郑振铎语）。

他们把书送往张元济寓所，版本专家齐集仔细研究审

1　《《金石录〉跋》，见《涉园序跋集录》，页156—160，惜原书未注撰写年月。

阅。张元济把全书与以前所有的各版本细细比较，结论是："……三十卷本尚存天壤，忽于千百年沉埋之下灿然呈现，夫岂非稀世之珍乎？"他比较了避讳、刻工风格、字体和纸张质量，版本学上各方面应注意事项无一遗漏。跋文最后说："赵敦甫……得之南京肆中，以此罕见珍本，不愿私为己有，嘱代鉴定，并附题词，将以献诸中央人民政府。"他对《金石录》的研究及撰写长跋，显示他病后的记忆力和判断力丝毫不减当年。《金石录》30卷本的鉴定，是张元济卧病后最重要的一次古本审核工作。

张元济患中风之后，除了研究版本目录学之外，还写了大量诗篇，其中大部分是致友人，感谢他们的慰问与关心。有的赠送给精心护理他的护士，也有的赠给著名京剧大师梅兰芳先生。张元济十分欣赏梅兰芳的演唱。他还尝试写白话诗，使用共产党政府常用的名词。1951年2月，他写了一首题为《哀女奴》的古体长诗，送往报馆。这是他再一次为社会底层的人说话——当时，有一名年轻的女仆被其女主人毒打、折磨致死。张元济从报上看到这条消息，有感而作此350字的长诗，呼吁主持正义。[1]

他身体衰弱，然而关心国家大事之心未曾泯灭。他始终对重大政治事件和中国社会经济发展保持着畅通的信息渠道。在20世纪50年代的诗稿中，有好几篇是关于第一个五年计划、起草宪法和选举法的。可以理解的是他最大的不安是

---

[1] 张元济：《哀女奴》，手稿，1951年；又载《张元济诗文》，页5。

朝鲜战争。当时着手建设的一些大工业项目，如鞍山钢铁厂和兰新铁路也都成了诗篇的主题之一。实际上，那几年内的重大事件几乎都被他吟咏过。

张元济同时对国际事务深感兴趣。清末以来，他就主张公开外交和促进国际谅解，认为这是最终解决国际问题的途径。在中国十分贫弱而面临帝国主义列强的瓜分时，他越来越强烈地认识到必须尊重弱国的主权和受支配民族的自决权。应当指出，张元济对国际关系的观点在他同时代的学人中是很普遍的。蔡元培、梁启超都是这些原则的积极拥护者。可惜他们都未能在生前亲见1953年日内瓦会议。这次会议集中体现了这些原则。日内瓦会议的召开使张元济十分兴奋，他一口气写了24首诗，欢呼反战主题和各国人民自决原则。

这些诗中，他对大会决议或宣言几乎无不涉及。他赞扬通过协商解决国家间的分歧，以及为达成裁军协议所作的努力。禁止细菌战和毒气战的决议得到他的衷心拥护。此外，德国分裂问题，结束盟军对日本的占领，祈求摩洛哥和突尼斯的独立，朝鲜战争、越南战争以及马来西亚、柬埔寨战争等，均在诗句中一一描述。诗中抒发的主要感情自始至终充满了美好的理想：世界和平和被压迫人民的自决。

1956年他写了另一首七绝，表达了他对埃及宣布苏伊士运河国有化的感想。诗云：

欧罗霸业行将尽，故迹苏彝尚有河。

殖民片壤留余臭，当随残暑共销磨。

这首诗作于1956年7月。应当记得，近半个世纪以前，他在环游世界途中，曾驶过苏伊士运河，访问过埃及。当时，他看到欧洲殖民主义者的嘴脸，看到港口卫生检疫、外国国旗和外国邮局。[1]现在，当纳赛尔总统大胆而成功地驱逐英国人时，张元济在其轮椅中分享了千里之外的欢乐，诗句中无疑充满了胜利的喜悦。看来他赞同这样的见解：苏伊士运河国有化敲响了帝国主义的丧钟。他对帝国主义十分痛恨，并试图使之灭亡，然而未能成功。诗中特别是最末两句反映出来的满足感十分强烈。老人坚信殖民主义终将过去，而他愿意亲见其灭亡。

也许最使人感兴趣的事情是张元济于1956年致蒋介石的信，其时败退台湾的蒋介石是国民党总裁。这封信文字紧凑、主题鲜明、风格高雅。张元济在有礼貌地回忆他们二十多年前第一次会面(当时张元济曾试图为邹韬奋的《生活周刊》说项)之后指出，因为蒋介石仍占有台湾、澎湖，能为中国所做的事情是不少的："公浙人也，弟亦浙中之一老民。千百年来，我浙江有一不可磨灭之人物。伊何人欤？则钱武肃。"[2]

钱武肃是一个历史人物，公元907—932年五代十国时建立了吴越国。据中国传统的史籍记载，他期望中国统一，临

---

[1] 见本书第五章。

[2] 张元济致蒋介石函，载《张元济书札》，页276。据考，是信写于1956年6月15日，《张元济书札》上年份有错。——译者注

终前在病榻留下遗言，命子孙为此目的而奋斗。当宋朝(960—1279)第一个皇帝设法统一全中国时，由钱武肃之孙统治的吴越国控制着中国最富有的省份浙江及其周围地区。年轻的君主帮助宋皇征服中国南方政治上的反对势力，然后于公元978年经过商谈放弃独立，归附大宋朝廷。这是在宋朝宣称其统一中国十八年之后的事。中国历史学家认为，钱武肃灵活并适时地归降，在宋朝和平统一中国的过程中起了关键的作用。钱武肃的子孙继续受到朝廷的优待，多年间担任了极有政绩的高级官吏。

张元济引用了钱武肃的例子，意在召唤蒋介石将他分裂的政权和平体面地归降。钱武肃的归降阻止了浙江地区大规模的流血，帮助了中国统一，也保住了他家族繁盛。张元济的这封信很可能被蒋介石不屑一顾，认为是一个古怪的老人异想天开、不切实际的冲动。然而仔细读来，这封信拥有一种历史智慧的印记，闪耀着古代榜样的光辉。他可能真对这封信抱有很大的希望。信的结尾是很简单的："当今之世，足以继钱武肃而起者，舍公而外，无第二人。窃于公有厚望焉。"

信的抄件送经上海市政府转呈给中共中央，1956年国庆节之前，中央派员专程到上海看望张元济，并告知他：此信已由中央人民广播电台向台湾宣读，以便有可能为台湾海峡对岸的听众所接收。[1]

　　1957年末张元济患肺炎，他感到此时应该写一首诗，向亲友告别。这首诗题为《告别亲友诗》，确切地表述了他对自己一生的看法，也表明了对现政府的态度：

　　　　维新未遂平生志，解放功成又一天。
　　　　报国有心奈无命，泉台仍盼好音传。[2]

　　他还为自己写了一副挽联。张元济的思维直到临终还是十分敏捷的，能够为他自己写出挽联，其文字之完美、态度之积极，使之成为现代最能引起人们谈论的自挽诗之一。

　　　　好副臭皮囊，为你忙着过九十年，而今可要交卸了；
　　　　这般新世界，纵我活不到一百岁，及身已见太平来。

　　这位杰出的老人于1959年8月14日逝世。商务印书馆和政府文化出版部门为他举行了隆重的追悼会。

1　许懋汉：《张元济致信蒋介石劝其纳土归顺》，载张元济研究微信公众号，2020年9月21日。——编者注
2　张元济：《告别亲友诗》，《张菊生先生追悼会》，载香港商务印书馆内部纪念册，1959年；又载《张元济诗文》，页73。

结 论

世上高寿至九十者无多，而其一生品德能与张元济相比拟者则更绝无仅有。他诞生于闭关自守、自给自足、与世隔绝的旧中国，而逝世于宣称与各国无产阶级建立国际友谊的新中国。从一名翰林学者到全国人民代表大会代表的路程无疑是漫长的。他一生看见了1911年中国古代封建帝制覆亡，也目睹了1949年南京蒋介石国民政府垮台。

在所有这些重大的政治事件中，他将自己的才能贡献给中国美好的未来，并努力对此保持毫不动摇的忠诚之心。由于他相信中国的现代化只能来自广开民智，他选择了出版业，把它作为传播知识和普及新思想最有效的途径。张元济比起同时代不少文化层面的改革者来，表现得更为温和与低调，从未成为一个了不起的政治活动家。梁启超和胡适为教育改革而在报章上耗费大量时间呼吁宣传，而张元济却相反，他只是集中精力于实际工作。1896年以后，他曾献身于教育改革，创办通艺学堂——中国最早推广西方实用学科的私立学校——的努力标志着清末开明绅士阶层活动的一种新模式。张元济这样的教育家与改良派报纸的创办人，再加上与政治性学会的组织者一起，帮助造就了一种有利于戊戌变法的气候。只有理解这些杰出的维新人士的背景和心态之后，才能真正去评价这些心怀理想主义而政治命途多舛的改良者，以及他们的力量和弱点。

在清王朝最后十年里，张元济的活动表明了从事维新的才智和胆识。在为南洋公学和商务印书馆工作的同时，他在家乡也推行乡镇学堂，主持浙江省教育会和中国教育会。他曾积极参与了保路运动和立宪运动，也参与了上海"国民议会"这个基本上反朝廷的组织，但又支持清廷的改良纲领。他的活动看来似乎有些自相矛盾，变化过多，但在所有活动中，始终贯穿了一个主题，那就是宣传新思想，提高民众对国家所面临的紧迫问题的觉悟。早在南洋公学工作时期，他就引进新教学大纲，革新课程，出版新书。出版好书、出版最新书籍也是商务印书馆的指导方针。一个出版家怎样才能影响公众舆论？这个问题可以从《东方杂志》享有很高声望的收回路权专栏和立宪文章这件事得到回答。

张元济在接受共和思想上颇为踌躇，我们由此可了解清末立宪派的思想状态，因为张元济选择了不介入政治的态度。共和派认为立宪派改弦更张是出于自身的利益，这一论点，对张元济是不适用的。相反，张元济在1911年后期的行动更证实如下的观点：许多立宪派出于爱国和民族主义的考虑而接受了共和，他们要求尽快建立一个可以运作的政府，以便加速实现从封建王朝到共和国的转变。立宪派中，张謇在1911年的活动成了许多研究者的课题，但至今关于他的心理动机尚未取得一致意见。张元济的情况也许能使更多的权重放到下述观点上：立宪派转向共和派是作为一种适应形势的选择，虽然共和派在思想本质上与饱受儒学熏陶的立宪派不同。

商务印书馆在军阀统治时期发展迅速，这与纺织、烟草和面粉等民族工商业的发展平行。中国的资本主义企业在第一次世界大战期间发展特别快，因为当时西方列强把力量投入了大规模的军事对抗。正是在这几年中，张元济革新了商务的行政机构和内部管理体制。经过正规训练的管理人员不断成长，他们是清末创立的"职业学校"毕业生。张元济还坚持应该由这些经过新式训练的员工，而绝不是老板们的亲友，来管理商务印书馆。他创设了"一处三所"体制以集中管理和实施相应的政策，从中可见他要建立一家真正现代化企业的决心。他推行的会计制度，为理顺商务印书馆——一家具有出版、印刷和发行三大部门的成长中的公司的财政经济，无疑是一个必要的步骤。一位传统的儒家学者创办一家现代化资本主义企业的意图究竟何在？在成功地经营这家现代化企业的同时，张元济促进和推动了使中国实现现代化这一目标。当时不少中国民族工业都存在着效率不高、采用旧式管理方法、资金短缺和技术水准低下等弊病。在这样的背景之下，张元济能按合理和现代化的方式经营商务印书馆就显得更为杰出。

张元济一生抢救珍本古籍，一方面是他个人爱好，同时也受时代变迁、政治动荡的影响。张元济的活动方式与其他文人相平行。例如在20世纪30年代，鲁迅与郑振铎也努力抢救善本书籍。[1]然而，张元济不仅是一个坚持

---

1 郑振铎：《劫中得书记》（上海，1956年），见引言，页1—6。

不懈、不知疲倦的古籍收藏家，更愿意重新影印这些古籍而达到普及、推广的目的。在中国历史上，这样大规模地重印古籍是前所未有的，而且被选择重印的书籍也没有经历过这样细致的研究和学术上的校勘。以往，只有皇帝才有力量主持这样的文学项目，但他们往往删去了一切不利于朝廷或政府的记录。应该注意的是商务印书馆不仅重印了儒家经典，还在20世纪30年代以同样宏大的规模，重印了道家和佛教著作。在主持并亲身投入出版这些传统学说的各种学派和学科的不朽著作时，张元济努力以最为真确的形式保存了中国最优秀的文化遗产。张元济与大多数传统学者很不同，他从未设法将自己装作中国经典或历史的权威和解释者，也从不就如何解释他精心校编的数千卷书籍中任何一种创建什么理论。他所做的工作是再现现存的最佳版本，使之免除任意窜改之害及版本流传中产生的谬误，把它们留传给子孙后代，为他们所用。

张元济在"五四"时期的举动，使我们对旧学者在新文化运动中的作用有新的理解。他积极推动商务印书馆自身出版物的革新，同时给予各家各派的学会慷慨的支持。这一切都说明，他对一切真诚致力学术的人都给予支持。看来，他并不在乎年轻编辑或学会负责人具有何种特定的思想观点，而只要他确实怀有一个奋斗目标。张元济并非政治思想家或理论家，这一事实倒有着莫大的好处，因为他不在乎别人思想意识方面的观点。相反，他常常在未完全理解新思想之前就做赞助。他将商务印书馆的重任交给茅盾和郑振铎，而实际上他对这些文学激进派也并不真正了解。这样，年轻进步的编辑找到了一个极好的论坛，那些当时被日本人认为过于激进的马克思主义文学反而在中国得以出版——这一切都归因于一位老出版家给予他们充分的信任和支持。他相信一切由正直的人所推行的事物都应一试。

张元济既对旧学做出巨大贡献，又竭力支持新文化，实际上两者并行不悖，而不像表面上看似有矛盾。作为一个真正的古典学者，他并不喜欢辞藻华丽、过多粉饰的文体，但他又与全盘否定古代价值的年轻激进派人物不同，他要引入一种既不否定旧学之精髓又平易通俗的语言。这就是他在古代经典和史籍研究中显示的科学及实验精神。他坚信社会达尔文主义，认为年轻而具创见者终将取代老者，这是自然规律。老一代应让位于年轻一代，张元济坚信这一原则。1898年，他奏请光绪依靠新进促成中国的现代化；20世纪头十年后期，他认为应说服商务老职工把关键岗位让给受过现代训练的新管理人员。他恪守自己的原则，1926年，当他年满六十时，便断然退休。看到了这一切，使人们更容易理解1919年他给予年轻编辑更多自主权的意愿。

张元济很早就对国民党政府不信任，这实际上是国民党对中国主要企业家过分榨取而与他们产生隔阂、疏远的又一例证，尽管国民党应该是民族资产阶级的同盟者。1927年强加于商务的20万元"借款",是为取得稳定的一种极为高昂的代价,特别是当时的稳定是通过血腥屠杀而取得的。由于张元济长期以来采取以宽容和仁慈来对待商务工人的态度,也由于在1919年和1925年就与众不同地同情早期的罢工抗争,我可以断言他必然憎恶1927年的"清洗",特别是不少商务职工深深卷入了这一事件。因为张元济是根据其道德与气节而不是思想观点来评价他的编辑和同事,那么蒋政权的腐败,与黑社会流氓的勾结,与汪精卫集团不断的钩心斗角,所有这一切都使其在张元济的评价中处于一个低下的地位。张讨厌国民党政府多半出于伦理道德方面的原因,而不是出自政治和意识形态。这正是众多中国文化界人物的典型态度,不论年轻人还是年长者。如第八章所述,被尊为国民党学界泰斗的蔡元培早在1929年3月就试图辞去政府职务。当日寇入侵中国,蒋介石热衷于"剿共"而不是抗日的时候,这些知识分子的爱国呼声越来越高昂。救亡运动号召发表抗日声明,并敦促停止内战,受到许多政治观点差异很大的人的一致支持。张元济与这个运动越来越密切,这是中国年长的稳健派人士的人心迁移的一种标志。

为把商务印书馆建成中国首屈一指的出版社,张元济作了极大的努力。正因为如此,在20世纪30年代后期官僚资本主义发展日益明显时,他更讨厌国民党政府。许多中国民族工业仅能在政府的保护下苟延残喘,它们的产品忍受着与官办企业的不平等竞争。在书业方面,官办

结论

的正中书局在赚钱的教科书市场上占有最大的份额，而中国第二位的出版社中华书局通过邀请财政部部长、蒋介石的连襟孔祥熙担任其董事来谋求它与国民党的特殊关系。[1]国民党企图向商务扩张势力。王云五在政府营垒中越陷越深。此外，国民党与商务印书馆之间所发生的矛盾，也正好说明了政府与资本家之间的不和谐关系，张元济的转变也正是中国资产阶级幻想破灭的一种反映，也是他们于共产党在中国掌权之后思想转向的基础。

本书没有过多地描述主人公的生活——虽然他非凡超群而又富有魅力，而着重于较详细地回答中国近代史上的一些问题。例如，通常被称为"维新派"的爱国维新士绅集团的本质究竟是什么？是什么使他们在清王朝最后十年间支持慈禧的革新纲领？他们又怎样和为什么转而支持孙中山创建的中华民国？他们与国民党政府的关系如何？中国年长而温和的知识分子——他们对这个遵循马克思列宁主义原则的新政府表示了忠诚——从中国共产党人那里看到什么？

20世纪中国资本主义的产生和繁荣是经济史上的重大事件。因为商务印书馆是众所公认的中国最大出版社，占有书籍市场上的很大比重，也因为张元济在革新它的行政管理系统中担负着重大责任，所以对张元济生平的研究有助于理解中国民族企业的现代管理方法和组织。

---

1 全汉昇、何汉威:《回忆中华书局》(北京中华书局，1981年)，页77。

另一方面，商务印书馆工人在组织工会方面起过重要作用，并参加了1925和1927年的罢工。分析张元济对这些空前危机的反应，也是十分有意义的。

此外，张元济的生平回答了近代中国知识界历史中的一些重要问题。他是受到新价值观和世界观挑战的旧式学者的完美榜样。由于所受教育和经验的限制，除了社会达尔文主义之外，张元济可能并不完全理解错综复杂的西方哲学，但他思想开明，宽宏大量，渴望中国进步。他的一片忠诚之心使得他在意识形态向两个极端分化的时候也从不退却至保守阵营中。人们向来假设中国知识分子不是选择全盘西化，就是顽固地坚守"国粹"。那些具有坚实儒家教育背景的，通常沦为保守派，诸如章炳麟和严复。他们早年曾采取进步态势，在学术上也有过辉煌的成就。张元济的一生否定了这种过于简单化的观点，在文化变革到来之际，他保持一贯的温和与开明，并帮助了不同思想体系的活跃和发展。进一步探究张元济支持新文化的思想和动机，将有助于为关键性的五四运动的历史图卷增添更为充实丰满的一笔。

由于张元济安然度过了多次政治风暴，也就可能会给人一种假象和错觉，以为他是一个圆滑而见风使舵的遗老。然而他的好运可能得归功于他在政治上所采取的低姿态和没有政治野心。他一贯拒绝倒向某一个政党或某一个集团，这也有助于说明他超脱于一切派别之争。他唯一贯穿始终的政治态度就是爱国主义和民族主义。他的态度彻底摆脱了激进主义和利己主义，坚定不移地遵循其基本原则，同时在政策施行上却又宽容和灵活。他决心传播知识和启蒙国人，并相信这将是凌驾于所有政党的纲领之上、把中国推向前进的最高力量。因此，他以同样巨大的热情和充沛的精力在20世纪头十年、20世纪20年代和1949年以后为促进商务印书馆的事业而工作。然而，在原则问题上，他直言无忌、毫不妥协。于是我们就看到20世纪40年代初他拒绝汪精卫，1948年公开谴责蒋介石。如果他有理由认为某个领导人并非真诚地为国家谋福利，那么这位平时彬彬有礼的学者就会变得令人惊讶地直言不讳。

张元济是中国历史转折时期传统儒家学者最好的榜样。他奉行了高尚的道德准则，又发挥了高超的企业管理能力。他以同样非凡的气度和开阔的胸襟对待新时代社会准则的种种变更。然而他始终丝毫没有偏离过自己的终极目标——通过知识启蒙来实现中国的现代化。

参考书目

一、中日文参考书目

丁文江：《梁任公先生年谱长编初稿》（台北，1958年）
丁致聘：《中国近七十年来教育记事》（台北，1961年）
　　　　《三十五年之中国教育》（上海商务印书馆，1932年）
　　　　《大清德宗皇帝实录》8卷（台北，1964年）
王　栻：《严复传》（上海，1976年）
王云五：《岫庐八十自述》（台北，1967年）
　　　　《谈往事》（台北，1967年）
　　　　《十年苦斗记》（台北，1970年）
　　　　《商务印书馆与新教育年谱》（台北，1973年）
王绍曾：《近代出版家张元济》（北京，1984年）
　　　　《试论张元济先生对近代文化事业和目录学的贡献》，《山东大学学报》（1982年2月）
王尔敏：《晚清政治思想史论》（台北，1976年）
　　　　《中国近代政治思想史论》（台北，1977年）
王寿南：《王云五先生哀思录》（台北，1980年）
戈公振：《中国报学史》（上海，1927年）
平海澜：《南洋公学的一九〇二年罢课风潮》，载《辛亥革命回忆录》卷四（中华书局，1962年）
　　　　《中国文化情报》（上海自然科学研究所，1937—1938年）
　　　　《中国版本略说》（上海中国科学社，1931年）
　　　　《五四爱国运动》2卷（北京，1979年）
　　　　《五四运动回忆录》2卷（北京，1979年）
包天笑：《钏影楼回忆录》（香港，1971年）
　　　　《外交报汇编》（台北，1964年）
全汉昇、何汉威：《清季的商办铁路》，《香港中文大学中国文化研究所学报》，第9期（1978年）
　　　　《回忆中华书局》卷一（北京中华书局，1981年）
李希泌、张椒华：《中国古代藏书与近代图书史料》（北京，1982年）
李　新：《民国人物传》（北京中华书局，1978年）
李时岳：《张謇和立宪派》（北京中华书局，1962年）
何炳松：《商务印书馆被毁记略》，《东方杂志》（1932年10月）
汪诒年：《汪穰卿先生传记》（台北，1967年）
　　　　《汪康年师友书札》3卷（上海古籍出版社，1986年）
　　　　《汪穰卿先生师友手札》60卷（手稿，上海图书馆藏）
金　梁：《近世人物志》（台北，1955年）
　　　　《东方杂志》总目（香港，1958年）
周佳荣：《苏报案与清末政治思潮》（香港，1979年）
　　　　《胡适文存》4卷（上海，1921—1930年）
　　　　《胡适的日记》（香港中华书局，1985年）
胡颂平：《胡适先生年谱简编》（台北，1971年）

胡道静：《上海图书馆史》（上海，1935年）
胡愈之：《回忆商务印书馆》，《文史资料》（1979年4月）
茅　盾：《回忆录》，《新文学史料》，第1—11期（1978—1981年）
柳存仁：《人物谈》（香港，1952年）
姚名达：《中国目录学史》（上海，1957年）
高平叔：《蔡元培年谱》（北京中华书局，1980年）
海盐县政协文史资料工作委员会：《张元济轶事专辑》（浙江海盐，1990年）
汤志钧：《戊戌变法简史》（北京中华书局，1960年）
　　　　《戊戌变法人物传稿》（北京，1979年）
　　　　《戊戌变法史论丛》（香港，1973年）
康有为：《万木草堂遗稿》3卷（台北，1960年）
梁启超：《饮冰室文集》80卷（上海，1925年）
　　　　《梁任公知交手札》2卷（台北，1960年）
陆费执：《陆费伯鸿先生年谱》（香港，1946年）
郭廷以：《近代中国史事日志》2卷（台北，1963年）
黄良吉：《东方杂志之刊行及其影响之研究》（台北，1969年）
黄　裳：《珠还集》（香港中华书局，1985年）
章炳麟：《太炎先生自定年谱》（香港，1965年）
章锡琛：《漫谈商务印书馆》，《文史资料》（1964年3月）
庄吉发：《京师大学堂》，《文史杂志》（台北，1970年）
张　謇：《张謇日记》（香港，1968年）
张玉法：《清季的立宪团体》（台北，1971年）
张锦郎：《清末的图书馆事业》，《国立"中央"图书馆馆刊》（1973年9月）
张锦郎、黄渊泉：《中国近六十年来图书馆事业大事记》（台北，1972年）
张朋园：《立宪派与辛亥革命》（台北，1969年）
张舜徽：《中国古代史籍校读法》（上海，1962年）
张静庐：《中国近代出版史料》2卷（北京，1953—1957年）
　　　　《中国现代出版史料》5卷（北京，1954—1957年）
　　　　《中国出版史料补编》（北京，1957年）
　　　　《张菊生先生九十生日纪念册》3卷（手稿，上海图书馆藏，1956年）
　　　　《张菊生先生追悼会》（香港商务印书馆，1959年）
张元济：《环游谈荟》，《东方杂志》（1911年3月，1911年4月）
　　　　《法学协会杂志序》，《东方杂志》（1911年7月）
　　　　《在海盐两日之所见所闻》《东方杂志》（1937年2月）
　　　　《谈绑票有感》，《东方杂志》（1937年6月）
　　　　《农村经济之畜牧问题》，《东方杂志》（1937年8月）
　　　　《我国现在和将来教育的职责》，《东方杂志》（1937年9月）
　　　　《拟制新式排字机议》，载《中国近代出版史料初编》
　　　　《告窆文》（私人流传文章，1934年6月）

《刍荛之言》（手稿，1948年9月23日）

《戊戌政变的回忆》，《新建设》（1950年）

《日记，1911—1922》（北京商务印书馆）

《涉园遗文》（手稿，上海图书馆藏）

《校史随笔》（上海商务印书馆，1938年）

《中华民族的人格》（上海商务印书馆，1938年）

《涵芬楼烬余书录》（北京商务印书馆，1951年）

《张元济日记》2卷（北京商务印书馆，1982年）

《张元济书札》（北京商务印书馆，1982年）

《张元济诗文》（北京商务印书馆，1982年）

《张元济傅增湘论书尺牍》（北京商务印书馆，1983年）

《张元济友朋书札》2卷（上海古籍出版社，1987年）

《涉园遗诗》（北京商务印书馆档案）

张树年：《张元济年谱》（一至七），《出版史料》，1988年第3、4期合刊至1990年第3期。

陈敬仁：《张菊生靠拢的前前后后》，《自由中国》（1950年8月）

陈　真、姚　洛：《中国近代工业史数据》4卷（北京，1957年）

《商务印书馆馆史资料》12卷（北京商务印书馆，1980—1981年）

《商务印书馆八十周年纪念》（香港商务印书馆，1977年）

《商务印书馆同人服务待遇规则汇编》（商务印书馆）

《商务印书馆九十年》（北京商务印书馆，1987年）

《商务印书馆大事记》（北京商务印书馆，1987年）

《商务印书馆图书目录，1897—1949》（北京，1981年）

费行简：《近代名人小传》（台北）

《商务印书馆图书目录，1949—1980》（北京，1981年）

费孝通：《读张菊生先生〈刍荛之言〉》，《中国建设》（1948年10月25日）

杨亮功：《我所认识的王云五先生》（台北，1974年）

《新青年》12卷（日本东洋文库，1970—1971年）

郑贞文：《我所知道的商务印书馆编译所》，《文史资料》（1965年11月）

翦伯赞：《戊戌变法》4卷（上海，1957年）

樊仲云：《商务印书馆与中华书局》，《大人杂志》（台北，1975年5月）

实藤惠秀（张铭三译）：《日本文化给中国的影响》（上海，1944年）

樽本照雄：《金港堂、商务印书馆、绣像小说》，《清末小说研究》（日本，1979年12月）

严独鹤：《革命时期上海新闻界动态》，载《辛亥革命回忆录》4卷（北京中华书局，1962年）

苏　精：《近代藏书三十家》（台北，1983年）

顾廷龙：《合众图书馆史》（上海，1953年）

《记张菊生先生二三事》（手稿，上海，1980年）

顾廷龙、张元济：《海盐张氏涉园藏书目录》（上海，1946年）

《涉园序跋集录》（上海，1957年）

二、英文参考书目

Bays, Daniel H., *China Enters the Twentieth Century: Chang Chihtung and the Issues of a New Age, 1895-1909*. Ann Arbor, Michigan, 1978.

Bedeski, R.E., *State-building in Modern China: The Kuomintang in the Prewar Period*. Berkeley, 1981.

Boorman, Howard L. (ed.), *Biographical Dictionary of Republican China*.4 volumes. N.Y., Columbia University Press, 1967-1971.

Britton, Roswell S., *The Chinese Periodical Press 1800-1912*. Kelly and Walsh Ltd., H.K., Singapore, 1933.

Brunnert H.S. and Hagelstrom V.V., *Present Day Political Organisation of China*, 1911. Reprinted in Taiwan, 1971.

Cameron, Medibeth E. *The Reform Movement in China, 1898-1912*. Ox-ford University Press, 1931.

Cavendish, P. "The 'New China' of the Kuomintang", in Gray, J. (ed.), *Modern China's Search for a Political Form*, (London, 1969).

Chan. F.G. & Etzold, T.H. (eds.), *China in the 1920's: Nationalism and Revolution*. New York, 1976.

Chan. Wellington K.K., *Merchants, Mandarins, and Modern Enterprise in Late Ch'ing China*. Harvard East Asia Monograph, 1977.

Chang Chia-ao, *The Inflationary Spiral: The Experience in China 1939-1950*. New York, 1958.

Chang Chung-li,The *Chinese Gentry,Studies in their Role in Nineteenth Century Chinese Society*. University of Washington Press. 1955.

Chang Hao,*Liang Ch'i-chao and Intellectual Transition in China*, 1890-1907.Harvard University Press, 1971.

Chang J.K., *Industrial Development in Pre-Communist China. A Quaniitative Analysis*. Edinburgh University Press,1969.

Ch'en,J.T.,*The May Fourth Movement in Shanghai*.Leiden,1971.

Chesneaux, Jean (Translated by H.M. Wright),*The Chinese Labour Movement,1919-1927*.Stanford University Press, 1968.

Chesneaux, J.,Bastid, M., Bergere, M.C. *China from the Opium Wars to the 1911 Revolution*. Pantheon Asian Library,New York,1976.

......*China: 1911 Revolution to the Liberation*. Pantheon Asian Library, New York,1977.

Chi,Madeline, 'Shanghai-Hangchow-Ningpo Railway Loan: A Case Study of the Rights Recovery Movement' *Modern Asian Studies*,Vol.7(1973), pp.85-106.

Ch'ien,Florence,*The Commercial Press and Modern Chinese Publishing 1897-1949*. University of Chicago, 1970. Microfilm.

Ch'ien Tuan-sheng,*The Government and Politics of China,1912-1949*. Stanford University Press,1950.

Chou Shun-hsin,*The Chinese Inflation 1937-1950*. New York, 1963.

Chow Tse-tsung,*The May Fourth Movement*.Harvard,1960.

Research Guide to the May Fourth Movement. Harvard, 1963.

Chu,Samuel C.,*Reformer in Modern China:Chang Chien,1853-1926*. New York,1965.

Clifford, N. R., *Shanghai 1925. Urban Nationalism and the Defence of Foreign Privilege*. Ann Arbor, University of Michigan,1979.

Coble,Park M. Jr., *The Shanghai Capitalists and the Nationalist Government 1927-1937*. Harvard, 1980.

Cochran,S.,*Big Business in China:Sino-foreign Rivalry in the Cigarette Industry 1890-1930*. Cambridge, Mass.,1980.

Cohen,Paul A. and Schrecker, John E. (ed), *Reform in Nineteenth Century China*.Harvard University Press,1976.

De Francis, John, *Nationalism and Language Reform in China*.Princeton University,microfilm, 1950.

Drege, Jean-Pierre, *La Commercial Press de Shanghai,1897-1949*.College de France, Institut des Hautes Etudes Chinoises, 1978.

Duiker,William J.,*Ts'ai Yuan-p'ei: Educator of Modern China*. Pennsylvania University Press,1977.

Eastman, Lloyd, *The Abortive Revolution, China under Nationalist Rule 1927-1937*.Harvard University Press,1974.

Elvin,Mark and Skinner. G.W.,*The Chinese City between Two Worlds.A Study of the City of Shanghai*. Stanford University Press, 1974.

Esherick,Joseph W., *Reform and Revolution in China: the 1911 Revolution in Hunan and Hubei*. Berkeley and Los Angeles,1976.

Fairbank,Reischauer and Craig,*East Asia: the Modern Transformation*. Boston, 1965.

Feurewerker,A., *China's Early Industrialisation: Sheng Hsuan-huai and Mandarin Enterprise*. Cambridge, Mass., Harvard University Press, 1958.

——*The Chinese Economy, 1870-1911*.Ann Arbor,University of Michigan, 1969.

——*Economic Trends in the Republic of China 1912-1949*. Michigan,1977.

Fincher,J.H.,Chinese Democracy. London,1981.

Franke,Wolfgang,*The Reform and Abolition of the Traditional Chinese Examination System*. Harvard, 1960.

Fung, Edmund S.K.,'The T'ang Ts'ai-ch'ang Revolt', *Papers on Far Eastern History*, Australian National University,Vol. 1, No.1, March, 1970.

Freyn, H., *Prelude to War: The Chinese Student Rebellion of 1935-1936*. Westport, 1975 (reprint of 1939 ed.).

Gasster,M.,*Chinese Intellectuals and the Revolution of 1911, the Birth of Modern Chinese Radicalism*. University of Washington Press, 1969.

Godley,M.R.,*The Mandarin-capitalists from Nanyang,Overseas Chinese Enterprise in the Modernization of China 1893-1911*. Cambridge,1981.

Goldman, Merle (ed.), *Modern Chinese Literature in the May Fourth Era*. Harvard University Press, 1977.

Grieder,Jerome B.,*Hu Shih and the Chinese Renaissance*. Harvard University Press,1970.

Greider, Jerome B., *Intellectuals and the State in Modern China, A Narrative History*.The Free Press. 1980.

Ho Pingti.'Weng T'ung-ho and the Hundred Days of Reform',*Far Eastern Quarterly*, Vol. 10, 1951. pp. 125-135.

Ho Ping-ti and Tang Tsou (ed.), *China in Crisis*. Vol. 1. University of Chicago Press,1968.

Hou Chi-ming,*Foreign Investment and Economic Development in China 1840-1937*. Cambridge, Mass., 1965.

Howe,C.,*Wage Patterns and Wage Policy in Modern China 1919-1972*. London,1973.

Hu Yu-chih (Hu Yuzhi) 'Publications that Serve the People', *People's China*, 24:8-10(16,Dec.1952).

Hummel,Arthur W.(ed.),*Eminent Chinese of the Ch'ing Period*. 2 volumes. Washington. 1934-1944.

In Memory of Dr Fong F.Sec. Privately printed, Hongkong, 1966.

Israel,J.,*Student Nationalism in China, 1927-1937*. Stanford University Press,1966.

Isaac,Harold,*The Tragedy of the Chinese Revolution*.Stanford University Press,1961.

Jordan, Donald A., *The Northern Expedition. China's Nationalist Revolution of 1926-1928*. University Press of Hawaii,1976.

Kamachi,Noriko,*Reform in China:Huang Tsun-hsien and the Japanese Model*.Harvard East Asian Monograph, 1981.

Keenan,Barry,*The Dewey Experiment in China: Educational Reform and Political Power in the Early Republic*.Harvard,1977.

Kuan Ta-tung, *The Socialist Transformation of Capitalist Industry and Commerce in China*.Foreign Languages Press. Beijing,1960.

Kuo,Thomas C.,*Chen Tu-hsiu and the Chinese Communist Movement*. Seton Hall University Press,1975.

Lee En-han, *China's Quest for Railway Autonomy, 1904-1911,A Study of the Chinese Railway Rights Recovery Movement*. Singapore,1977.

Lewis, Charlton M.,'The Hunanese Elite and the Reform Movement 1895-1898', *Journal of Asian Studies*, Vol. XXIV, 1969-1970. pp. 35-42.

Libraries in China. Peiping Library Association of China, 1935.

Lin Yu-sheng, *The Crisis of Chinese Consciousness, Radical Antitraditionalism in May Fourth*.University of Wisconsin Press,1979.

Linebarger,P.M.A.. *The China of Chiang K'ai-shek: A Political Study*. Westport, 1973 (original: Boston 1943).

...*Government in Republican China*. Westport, 1973 (original: 1939).

Lo Jungpang (ed.), K'ang Yu-wei: *A Biography and a Symposium*.Tuscon, University of Arizona Press,1967.

Lo, Karl, *A Guide to the "Ssupu Ts'ung-k'an"*. University of Kansas Library,1965.

Loh,Pichon P.Y. (ed.), *The K.M.T. Debacle of 1949, Conquest or Collapse?* Boston,1965.

Lust,J.,The Su-pao case: an episode in the early Chinese nationalist movement', *Bulletin of the School of Oriental and the African Studies*, Vol. 27, Pt. 2, University of London, 1964. pp. 408-429.

Meng, S.M., *The Tsungli Yamen: its Origin and its Functions*.Harvard University Press,1962.

Myers,R.H., *Selected Essays in Chinese Economic Development*. New York,1980.

Nunn,G.R., *Publishing in Mainland China*. Cambridge, MIT, 1966.

Paauw, D.S., 'The K.M.T. and economic stagnation', *Journal of Asian Studies*, 16.2(1957), pp.213-20.

Paauw, D.S.,'Chinese national expenditures during the Nanking period', *Far Eastern Quarterly*, 12.1 (1952), pp. 3-26.

Pepper,Suzanne,*Civil War in China, The Political Struggle, 1945-1949*. Berkeley.1978.

'Press in New Role', *Peking Review*. March 16, 1962, Vol. 5, No. 17,p.5.

Rankin,Mary Backus,*Early Chinese Revolutionaries,Radical Intellectuals in Shanghai and Chekiang, 1902-1911*.Harvard University Press,1971.

Rigby, R.W., *The May 30 Movement: Events and Themes*.Canberra, 1980.

Rosinger, L.K.,*China's Wartime Politics 1937-1944*. Princeton,1945.

Schoppa,R.K.,*Chinese Elites and Political Change: Zhejiang Province in the Early Twentieth Century*. Cambridge, Mass., 1982.

Schreeker,John,'The Reform Movement,Nationalism, and China's Foreign Policy', *Journal of Asian Studies*, Vol. XXIV,1969-1970.pp. 43-53.

Schwartz,Benjamin I., *In Search of Wealth and Power,Yen Fu and the West*.Cambridge,Mass.,Harvard University Press, 1964.

Schwartz,B.(ed.), *Reflections on the May Fourth Movement: A symposium*. Cambridge,Mass.,1972.

Sheridan, James E., *China in Disintegration, 1912-1949*.The Free Press, New York,1975.

Sih,P.K.T.(ed.),*Nationalist China during the Sino-Japanese War 1937-1945*. New York,1977.

Sih,P.K.T. (ed.), *Strenuous Decade: China's Nation-building Efforts 1927-1937*.New York,1970.

Smythe, E. Joan,'The Tzu-li Hui: Some Chinese and their Rebellion', *Papers on China*, Vol. 12, 1958, pp. 51-68.

Tan,Chester C., *Chinese Political Thought in the Twentieth Century*. U.S.A.,1971.

Tien Hung-Mao,*Government and Politics in Kuomintang China,1927-1937*. Stanford University Press, 1972.

Ting,Lee-hsia Hsu,*Government Control of the Press in Modern China 1900-1949*. Harvard East Asian Monograph,1974.

Wang Y.C.,*Chinese Intellectuals and the West, 1872-1949*. University of North Carolina Press, 1966.

Wilbur,C.M.,*Sun Yat-sen,Frustrated Patriot*. New York, 1976.

Woo,T.C.,*The Kuomintang and the Future of the Chinese Revolution*. London,1928.

Wright,Mary C.(ed.),*China in Revolution, the First Phase, 1900-1913*. Yale University Press, U.S.A.,1968.

Young,A.N.,*China's Wartime Finance and Inflation 1937-1945*. Cambridge,Mass.,1965.

Young,Ernest P.,'The Reformer as Conspirator' in Albert Feuerwerker, et al.,ed. *Approaches to Modern Chinese History*.Berkeley,1967.

Young,E.P., *The Presidency of Yuan Shih-k'ai: Liberalism and Dictatorship in Early Republican China*.Ann Arbor. 1977.

Yu,G.T.,*Party Politics in Republican China:The Kuomintang,1912-1924*. Berkeley,1966.

附录

新旧交替时期
两位学人的探讨

——从张元济、胡适往来信札谈起

张元济 (1867—1959) 和胡适 (1891—1962) 的年龄相差二十四岁之多，张氏在1892年考中进士时，胡适才出生几个月。[1]张氏家族世代书香，张元济以旧学邃密著称，是当世最内行的版本校勘学家之一，他以整理和出版善本古籍为己任。由他亲自辑印的《四部丛刊》《续古逸丛书》《百衲本二十四史》等，被誉为最精密、严格和可靠的版本[2]。他毕生心血灌入出版文化事业之中而极少写文章，所以知道张元济的人并不多。胡适则是"五四"新文化运动的主将之一，1910年以庚款留学生的身份放洋留美，1917年从哥伦比亚大学毕业，同年9月开始在北京大学任教。在尚未回国以前他的《文学改良刍议》已发表在1917年1月号的《新青年》上，这是新文化运动打响的头一炮；胡适推广了白话文运动，叫响了"文学革命"的口号，成为当时新学术、新思潮的领导人物；他下笔洋洋洒洒，不论译文、创作、新诗或各种学术性文章他都写，一天可写上万字，他取材广泛，行文浅易，在当时凡是初中以上的学生，大概没有不知道他的。

他们二人一个是有着深厚古典文化教养的旧学者，一个是力主西方实验主义的新人物，粗看起来，二人好像全拉不上关系，但是事实上，他们二人私交甚笃，惺惺相惜。大略而言，这是因为20世纪上半叶中国的文化和政治情势的发展，使这两个背景差异如此之大的人产生了深刻的、长远的而且

---

[1] 张元济是壬辰翰林，胡适之生于1891年12月17日。
[2] 王绍曾：《近代出版家张元济》，商务印书馆，1984年。

持久的相互影响。

承上海顾廷龙先生和张树年先生的热心帮助,我得到一批张元济和胡适的往来书札,其中57通是张氏的手迹,27通则是胡适的笔墨,长的达8大页,短的则寥寥数语,年份从1921年至1948年。对这批信件进行细心考察,我们不但可以发现两位中国文化界杰出人士的事迹,还可深入了解当时社会、文化和政治的种种发展。他们两人都是对这个动荡的新旧交替时代有所贡献的人物。张元济可以作为最后一代真正深彻浸淫在传统文化中的"通儒"的代表,而胡适则是在西方学术培养下思想定型的新文化先驱者,我希望就他们二人这批前后27年的来往信件中,从新的角度来探讨20世纪上半叶中国知识分子所扮演的独特的角色,研究他们如何处理中西文化和新旧文化关系的种种问题,更全面地评估这一时代的人物在中国近代学术、思想、教育和文化上的作用和影响。

(一)1917—1922年
出版事业上的接触

他们二人的交往大概在胡适回国不久便开始了,我所知道的确实记录是在1918年1月,那时胡适刚履行了他那有名的旧式婚约。新婚假期里他为商务的《东方杂志》撰写了《惠施公孙龙之哲学》一文,他的自序说:"吾允许张菊生、章行严两先生为《东方》作文而苦不得暇。此次乞假归娶,新婚稍暇,因草此篇……本篇为讲学说理之作,以明白为贵,故用白话体。……"[1]可见在1918年以前他们便正式接触了,但正确的月、日却不能肯定。

而张元济首次提到胡适,则是在1917年10月27日的日记中,他在"编译"一项下记有:"蒋梦麟来谈,学界需要高等书。谓一面提高营业,一面联络学界。所言颇有理。余请其开单见示,以便酌定延请。胡适号适之,与梦麟甚熟。"[2]这是张氏在私人记事中提起蒋梦麟推许了胡适。

字里行间,显示张元济已留意到了这位青年学者,觉得他是当时学界的出色人才,可以与商务印书馆合作出版高级书籍。胡适是1917年7月10日才回到中国的,在他回国三个月内便已被商务印书馆留意了,张元济作为一个主管出版机构的深受传统文化影响的老绅士而言,其思才若渴、致力求新的态度,也于此可见一斑。在另一方面,甫抵国门的胡适,对国内出版界也十分注意,他的船是在上海停泊的,他花了一整天时间专去调查上海的出版界,结果是非常失望,他发觉"这几年来,中国竟可以算得没有出过一部哲学书……我又去调查市上最通行的英文书籍……大概都是些十七世纪十八世纪的书。内中有几部十九世纪的书……都是和现在欧美新思潮毫无关系的"[3]。他想起了日本出版界的情况,心中把日本出版商的书目"和商务印书馆伊文思书馆的书目一比较,我几乎要羞死了"。

1 《东方杂志》第十五卷,第五、第六两期,1918年1月号。
2 《张元济日记》上册,商务印书馆,1981年。
3 胡颂平:《胡适之先生年谱长编初稿》,台北联经,1984年。

张元济当时能以翰林出身学者身份加入由几个排字工人出身的小资本家组成的商务印书馆，是很难得的。他特别重视编辑小学教科书的工作："弟近为商务印书馆编纂小学教科书，颇自谓可尽我国民义务，平心思之，视浮沉郎署，终日作纸上空谈者，不可谓不高出一层也。"[1]有多少学者会把编小学教科书看得这样重要呢？可见张氏是不尚空谈、不求虚名的实干派，与一般士人不同，所以他才会在日后和胡适成为忘年之交。

　　而胡适呢，他的成绩不单限于提倡白话文学，而且在于他能用新观点和新方法来研究中国传统文化，他提倡用科学方法来整理国故："大胆地假设，小心地求证"，用严格的考据方法来评判史料。张氏是无时无刻不以革新商务印书馆的行政和出版方针为念，无时无刻不想为编译所推行进步和健全的计划，以适应潮流，肩承开发民智之重任；胡氏则是甫抵国门，尚未与出版界熟稔便为了中国出版业不及日本的先进而引以为耻，常常感同身受。正因为两人的心态和观点有这许多互相投合的地方，才形成了日后他们在各方面的互相合作、互相推许和互相影响的先决条件。

　　张元济和胡适第一次长时间的接触和来往，是1921年间的事。张元济主管商务印书馆，他和当时的编译所所长高梦旦（1869—1936）都是致力求新的人，当时"五四"新文化运动影响较大，他们都希望把商务的经营管理方针革新，同时大刀

---

[1]　《张元济书札》，商务印书馆，1982年。

阔斧地改组编译所，订定新的编译出版方针，俾适应时势潮流。他们都希望自己退休，使公司能吸收新的人才，他们都很看重胡适，所以高梦旦特别在1921年4月到北京去游说胡适。《胡适的日记》曾对此事的前后的过程记载得很详细，他还在序言说明他停写日记已逾十年，是4月27日才恢复写日记的：

> 十、四、二七（星期三）高梦旦先生来谈。他这一次来京，力劝我辞去北京大学的事，到商务印书馆去办编辑部。……他说："我们那边缺少一个眼睛，我们盼望你来做我们的眼睛。"此事的重要，我是承认的：得着一个商务印书馆，比得着什么学校更重要……[1]

胡适恢复写日记，首先记的便是商务印书馆对他的看重和邀请，显见此事对他的重要性。可是他不愿意放弃北大之职，也不想放弃"自己的事业"，所以只答应在暑假时到上海去三个月，"做他们的客人，替他们看看他们办事情形，和他们的人物谈谈"。

我手上这一批信件中，日期最早的便是1921年5月15日张元济致胡适的信，谈的便是邀请胡适主持编译所的事，措辞颇客气而正式，字体亦较工整，显见他们的交往仍属于公事上的往来。

---

[1] 《胡适的日记》，香港中华书局，1985年。

> 适之先生惠鉴：高梦翁返沪，询知贵体复元，起居康吉，至为欣慰。敝公司从事编译，学识浅陋，深恐贻误后生。嘉承不弃，极思借重长才。……辱蒙俯允暑假期内先行莅馆。闻讯之下，不胜欢忭，且深望暑假既满，仍能留此主持，俾同人等仍常聆教益也。弟来日拟入都一行，或可先在北方相晤。专此布达。敬颂台安。伏维亮詧。
>
> 　　　　　　弟张元济顿首十年五月十五日。

据《胡适的日记》所载，他从1921年7月15日专程往上海，9月7日才离开，他抵上海时张元济、高梦旦等都在车站亲迎，他离开时他们也亲自到车站相送。在上海期间，他差不多天天到商务印书馆去，与各职员和编辑会谈，旁听他们的行政会议，了解他们的组织，翻看他们出的教科书、工具书和参考书，然后提出好几个改良建议，从如何派职员出国深造考察，如何办完备的图书馆，如何成立物理、化学、生物试验所，到如何改善编译员的待遇和工作环境，等等。这些条理分明，无所不包，他对商务印书馆算是极尽心力，既然他不能辞退北大之职，便举荐了他在中国公学时的英文老师王云五来代替自己，掌管商务印书馆的编译所。"他们大诧异，因为他们自命为随时留意人才，竟不曾听过这个名字！"[1]可见商务印书馆之看重王云五，主要是因为胡适的

1　《胡适的日记》，香港中华书局，1985年。

极力推荐。胡适两个月来对商务印书馆的态度诚恳，实事求是，张元济、高梦旦一定都很感动，所以很信任他介绍的人。据《胡适的日记》所载，胡适回北京后，仍"补作商务的报告。拟明天送交菊生，以完一事。此报告分四部分：（一）设备，（二）待遇，（三）政策，（四）组织。稿有四十多页，约万余字"[1]。当时张元济在北京的德国医院治病，所以胡适亲手交了报告，两人还细细讨论详情。

胡适对商务印书馆行政和编译所的方针推动的各种改革并不在本文讨论范围之内，他对商务印书馆的影响，这儿也很难下一个准确的判断。只是从此以后他和商务印书馆的关系更密切了，1922年间，张元济有好几封写给胡适的信，都是和县志有关的。张氏极其注意县志，涵芬楼一开始成立时便特意收藏，胡适也是对这类原始史料极有兴趣的，特别是他自己家乡（安徽绩溪）一带的县志。胡适首先借出了《全椒县志》八册，又再允借《绩溪县志》（万历、康熙、乾隆本）三部，并许商务印书馆"抄录"，张元济感激之余，给他的信说："敝馆新印志目，谨以一部奉赠，印成后续得名志，亦已注入。敬乞莞存。如先生有以参考欲借阅，可请随时开示。"

两人其他的文字交往也记载在《胡适的日记》中。1922年7月26日，胡适记下："张菊生送一部影元本《王荆公诗注》，雁湖李璧注有刘辰翁评点……张宗松刻的本子，[我]很喜欢他；不知宗松即菊生的六世祖，菊生访求十几年，得此

---

1 《胡适的日记》，香港中华书局，1985年。

本，就翻印出来，以成先人之志……。"[1]

可以说张元济和胡适两人在最初数年的交往之中，结下了基础较深的翰墨之缘，他们的情谊是建立在两人对出版教育事业的责任心和兴趣之上，也建立在他们希望把商务印书馆改革为新式出版企业的信念上。

(二)1926—1927年
更深的认识：张元济的辞职与被绑票

他们二人忘年之交式的肺腑之言首见于1926年5月间的来往书札之中。当时张元济因为年近六十，决定卸却商务印书馆监理之职，这是因为他一贯不恋栈的宗旨，不愿意商务因为有许多老职员、老主管滞留而使各种改革都不能顺利进行。他一向羡慕西方机构50岁退休的办法，他觉得，自己已多留了10年整了，"况当此新旧递嬗，思潮猛进一日千里，即勉竭其所知所能，亦不足以赴之。……现在时势不同，思想解放，无论何事断不能墨守一二十年前陈腐之见解。"[2]所以他毅然退休是以身作则，希望一贯保守不思改革的总经理高凤池（翰卿）亦会退下，一同辞职，俾商务印书馆能聘请"年富力强，有所知识"的人才，领导这个出版机构进入新的纪元。他

---

1 《胡适的日记》，香港中华书局，1985年。
2 《张元济书札》，商务印书馆，1982年。

在给其他亲友的信更说："缘弟与总经理高君翰卿宗旨不合。弟志在于进步。而高君则注重保守。即如用人，弟主张求新，而高君则偏于求旧。隐忍五年，今乃爆发。"[1]

商务印书馆是当时中国首屈一指的出版机构，而张元济是这个机构的元老和功臣，他的退休启事在上海各大报章刊出，人皆引以为奇。胡适当时正在上海，就在他离开上海北返的前夜，写信给张元济，恳切劝他打消辞意："商务此时尚未到你们几位元老可以息肩的时机，所以我极盼先生再支撑几年的辛苦，使这一个极重要的教育机关平稳地度过这风浪的时期。"

在胡适的信上，张氏注有"十五/五/十六复"的字样，他只是简单地回答："再弟辞去商务印书馆职务一事。辱承诲勉。……但于事实上，再做下去，恐有损无益。此中情形，笔墨不能代达，只可于他日见面时再细谈耳。"

这是两人首次脱离了纯粹公务形式的来往书信。这次张的辞职，事前事后亦显然没有和胡适提起过他与高凤池意见不合、公司行政事事掣肘的情况，显然他们尚不是无所不谈的朋友，但胡适的信简单而恳切，张的复信亦话语中肯，毫无矫饰之言。

1927年秋季，两人的情谊又进了一步，再不单是为了"重要教育机关"的行政改革的事情而坦言陈词了。两人成了异代相契之交的推动力竟是张元济的被绑票经验。当时政治

---

[1] 《张元济书札》，商务印书馆，1982年。

腐败，社会经济破产，而上海是帝国主义产生的畸形儿，有钱的人多，因无以为计从而铤而走险的人也多，所以绑票风气极盛，张元济便是这样被几个绑匪挟持了六日之久。值得一提的是他和绑匪关系尚不错，起初要缚眼塞耳，他诗中描述是："眼加矱瑡耳充棉，视听全收别有天。"[1]经过数天的相处，不仅待遇改善，他们还谈得颇为投机：

> ……他们也说为生计所迫……做这些事情见不得人。……我劝他们能够得到些钱赶紧罢手改行。免受危险……其余的都对我说"你的好话我们都愿意听的"，说完了大家都淌了好些眼泪。[2]

知道张元济脱险归家后，胡适来信慰问，跟着收到了张的十首小诗，是他为了酬答亲友慰问而作的，题为"丁卯九月二十二日。夜，盗入余家，被劫而去，留居窟中凡六昼夜，口占十绝，聊以自遣"，内容详述被劫六日的情形。胡适收到信之后，大为感动，因为"菊生先生脱险归来，作诗自遣，皆温柔慈祥之言，无一句怨毒之语"。所以他也作了一首白话诗，抒发他的看法：

> 盗窟归来一述奇，塞翁失马未应悲。

1　《张元济诗文》，商务印书馆，1982年。
2　同上。

已看六夜绳床味，换得清新十首诗。

胡适的信是1927年11月9日写的，张元济在11月11日即依韵答和，说明非归后所作：

世事遭逢未足奇，本来无喜亦无悲。
为言六日清闲甚，此是闲中学赋诗。

张元济的答和不只"无怨毒之语"，而且安详淡泊，寓意深远，颇有禅家意味。他们两人都以对事严谨著称，但对人都很宽厚祥和、开明而大度。从此之后，两人往来的书札措辞更亲切活泼，坦诚真挚了。

（三）对校史和考证的共同兴趣

当时张元济正全力校勘《百衲本二十四史》，他虽说自己是"喜新厌旧"的人，但他摒弃的是旧经营方法、冬烘式的旧思想和旧文化的糟粕，并不是全盘反对旧文化；反之，他认为保存古籍是"事关国脉、士多有责（《影印百衲本二十四史序》）"，而且"为学不可不读史，尤不可不读正史"。可惜各种流传的版本，有的是经过"妄改、妄删"，有的是"校勘未精，讹舛弥甚"，所以他立志要把最好的版本集中在一起，编排好后影印成套，俾便广为流存。他入主商务印书馆时便为涵芬楼搜罗各种善本，至此已预备了二十年以上，其功力和严肃认真，都使人油然而生敬意。胡适主张以赫胥黎和杜威的实验考据方法来评判一切史料，他和顾颉刚、钱玄同都是有名的"疑古派"，专以揪出伪经伪史为己任，用科学态度来重新审定一切经史，"评判各代名家名人的义理是非"[1]。他虽然在少年时代已出洋留学，但治学的途径，一贯走的是考据学的方向，在正统的考证、训诂和校勘问题上，他的造诣和功力当然不及张元济，但他能运用西方逻辑知识，而使考证方法有新突破。既然他们两人有这样的思想背景，对历史又抱着相同的态度，所以更互相欣赏、互相推崇。

对张元济校勘二十四史，胡适亦十分热心，他不只觉得正史应有一套最信实、最可靠的版本，还觉得应该有一套"全史校记"，详细记载校史者的心得，在浩瀚如烟的史籍中，如何取舍，并如何审定各本的优劣，如何补上脱讹之处，等等。胡适在1927年12月14日的信中说："先生校全史之工作，真可敬佩，令我神往，鄙意以为先生宜请一二助手，先将已校各书过录一二副本……整理全史，今日已刻不容缓。"

胡适此时常作种种小考据，不时要向张元济借书和请教：如1927年10月27日的信便提起"前借《曹子建集》及《晋书》，敬奉还。《晋书》中夹笺之处皆未敢移动。公校书如此之勤，使我敬服惭愧"等语。12月10日的信又说："承赐借《旧唐书》，先生的校注极有用处，如李白一传，殿本脱二十六字正是极重要之文，少此二十六字，此传遂不可读……倘非先

---

[1] 《同学季刊发刊宣言》，《胡适文存》二集，远东，1971年。

生用宋本校补之本，我竟不知此传的本来面目了……又，顷读顾况的诗，颇喜其诗多白话，旧书说他是苏州人，《全唐诗》说他是海盐人。此人当日因作白话诗多嘲讽，竟致获罪贬谪，此冤似不可不为一伸……"胡适希望考据顾况的事迹，请张元济"便中见示"顾况的文集，这封信上注有张氏手批："即日复，借与《华阳集》两本十六/十二/十。"张氏有复信，上有此言："兄需用何书，乞示。"胡适借了书后，做了两页笔记，考证顾况生平和生卒年代，他在笔记中详细注明："今日从张菊生先生处借的《华阳集》（咸丰乙卯刻本，明万历中顾端辑本），其中有嘉兴监记，末署贞元十七年（八〇一），湖州刺史厅壁记，末署贞元十五年十二月"，因此推断，"大概顾况死于八〇〇年左右，年七十余"。

他们两人对校勘正史及其他各种考据，态度都同样认真不苟，互相研究，往返切磋，当然更加投契，这在下文还会继续谈到。

(四) 1929—1930年
时相过从的邻居时期

他们两人交往最亲密和频繁的时期大概是1929—1930年间，当时两人是邻居，用张元济的话来说："在上海居同里弄，衡宇相望，时相过从。"[1]据胡适所记，是"(民国十九年)那时

---

[1] 张元济1949年履历表"社会关系"一项中填上与胡适的关系，中有此数言。

我住在张菊生先生的对门，时常向他借书，有时候还借到他自己用朱笔细校的史书……"[1]

我手上这一批信件中，有年月可稽的是1930年的，可见两人来往之频繁。其中不少是有关借书还书和讨论书籍版本的优劣与学术上的疑点的。这些信很多是便条式的，全没有客套，都是开门见山、直截了当地提问和作答，交代清楚，毫不拖泥带水。胡适向张元济借的多是旧史和旧诗文集，饶有意味的是张也请胡适代为订阅新式的报纸和杂志，他们的信中提到的有《革命日报》和《新月》，都是张元济要看而由胡适代订的。此外，张元济多年来留意搜求海内善本孤本，碰上了这样的书，胡适便尽量介绍，并就其所知，略述其优劣："同乡带来俞理初癸巳存稿抄本，欲觅售主，此书……末卷有'男色'一篇，刻本未收，外篇'积精'一篇，虽刻本未收，曾在《国粹学报》排印一次……不知涵芬楼愿收否？"(1930年3月8日)

在那两年中，张元济夜以继日地校勘二十四史，也时常与胡适讨论校史的问题，每逢校好了稿本，便让胡适审阅提意见。1930年3月27日胡适有这样一封信："廿四史百衲本样本今早细看，欢喜赞叹，不能自已。此书之出，嘉惠学史者真不可计量！惟先生的校勘记功力最勤，功用最大，千万不可不早日发刊。若能以每种校勘记附刊于每一史之后，则此书之功用可以增加不止百倍。……"这是很内行的说法，意思也

---

[1] 胡颂平：《胡适之先生年谱长编初稿》，台北联经，1984年。

很诚恳。张元济整理出版古籍利用的是当时最先进的影印技术，保存了最可靠的底本原貌，在校勘的过程中，他对历代前人的错误都纠正了，以校勘记和跋文的形式记述他如何斟酌是非，择善而从。他如何厘定前人得失，如何鉴别版本优劣，都是古典文献工作者的可靠指南，是最出色、最可贵的校书版本学的实践参考，正如胡适所言："校勘之学是专门事业，非人人都能为，专家以其所得嘉惠学者，则一人之功力可供无穷人之用，然后可望后来学者能超过校史的工作而作进一步的事业……"傅增湘先生在《校史随笔序言》曾把张元济比作名史家王鸣盛："今兹编《校史随笔》既出，世之读史者固已受其逸，乐其易矣，岂知其难且劳者至如是耶？"胡适的意思与傅氏大致吻合，校勘者任其劳，居其难，是为了使一般学者受其逸，乐其易，胡适的希望是张元济能把校勘记全部发表，而时至今日我们所有的《校史随笔》不过是原稿的极小一部分，而校勘记尚是一大箱稿本，未能广为流传，这是后话。

当然，他们两人在这邻居期间也有趣味性的私人来往。如张元济收到了他家乡海盐寄到的名贵水果槜李，便差人送了胡适十二枚，并教他如何享用这稀有的水果："食时揭皮少许，启小孔；吮其汁，可一吸而尽，请尝试之。"（1930年6月25日）又如张家新辟了荷花池结了莲蓬，张氏也以四颗莲蓬寄赠胡适（1930年9月23日），显然很讲究朋友间的生活情趣。这通便条说："久不相见，正《诗经》所谓：其室则迩，其人甚远矣。敝处新辟荷池甚小，结实晚而且少，今采得四枚，谨以奉赠，似比市上为佳，请尝试之。此上适之吾兄。"便条末注明"四十九号"，是胡适的住处，张家是四十号。

（五）抢购善本、影印白话文学

我在上面提过，他们两人对古籍善本，都有浓厚的兴趣，张元济专以校勘古籍、流通善本为己任，他给名版本家傅增湘的信中说得稳重诚恳："吾辈生当斯世，他事无可为。惟保存吾国数千年之文明，不致因时势失坠，此为应尽之责。能使古书多流传一部，即于保存上多一分效力，吾辈炳烛余光，能有几时，不能不努力为之也。"[1]而胡适虽然没有张元济内行，却因为要整理国故，考据史实，也涉猎古书，也很注意保存古籍。他们这一段做邻居的时期便有两封有关抢救私人藏书的信，颇能反映当时一群有志保存古书人士的心态，也表现了他们工作的艰巨和其中的辛酸。

张元济在1929年3月19日有这样的信给胡适："……杨氏书运至天津已逾一年，书甚好，而亦有伪本……最后选定十五种，议价四万圆。玉虎正集资议购，而书家已零星沽出。……《全相平话》全书已与日本内阁商借。复上适之先生。"

这封信提到的杨氏书指海源阁的藏书。海源阁是山东有名的藏书楼，以宋版书著名，早在清末(1910)，当时的山东巡抚孙宝琦便有《奏保海源阁藏书折》，说明杨氏病故，阁中藏

---

[1] 《张元济傅增湘论书尺牍》，商务印书馆，1983年。

书"付托无人,深虞沦佚"[1]。此后是民国初年和军阀的动乱,私人藏书楼损失很大。张元济在1927年已获知这批私人藏书会散出,运至天津,他函托在北京的傅增湘去鉴定一下,并希望请专人拍些照片,好让他自己细看。当时正是南方国民革命军北伐时期,政局动荡,商务印书馆的财政也很困难,所以他给傅氏的信有这几句话:"……公司未必能再办,(指购此批书)此亦不过姑妄言之耳。其书恐未必到京,兄能赴津一看否?最好运动美、日庚款购存,否则分散亦殊可惜也。然大厦将倾,吾辈亦何必作此痴想耶。"[2]张元济爱书成性,一边说自己痴想,一边却拟了一份"古书保存会简章",希望纠集志同道合的人成立古书保存会,大家集资抢购流散的古书,以免书籍流出国外。他和傅增湘的来往信有好几封是讨论成立这个古书保存会的,为了购买海源阁的书,他们希望能出价四万元把未售的书全部买下,这四万元要摊分给八个人,每人要出五千元。可惜的是人多意见分歧,而卖家亦不愿只卖四万元,他的计划,终成泡影[3]。

这批藏书终于怎样呢?张元济1930年3月18日有一封信给胡适,谈到这批书:"适之先生:顷晤梦翁,云闻诸左右,海源阁杨氏之书已至海上,然否?公如知其所在,望为我介绍。虽不能购,窃欲一观也。"显见这批书会从上海运出中国,张氏对它们留意了三年之久而无力购买,最后只是希望

---

1 李希泌编:《中国古代藏书与近代图书馆史料》,中华书局,1984年。

2 《张元济傅增湘论书尺牍》,商务印书馆,1983年。

3 同上。

胡适能介绍他，让他看看这批善本书。我们手上没有胡适的复信，所以不知道他有没有为张氏介绍而使他一偿夙愿。只是上一封信提到向日本内阁图书馆借的白话通俗小说，他在这封信告诉胡适书已印好了，"敝馆所印《三国志平话》《演义》两种，已有样本，谨呈阅，或为公所快睹也"。他觉得胡适会特别有兴趣，当然是因为这是中国白话文学的早期书籍，胡适一向热心推行白话文，张元济在日本时重新借得元本《三国志平话》，如今影印流传，当是胡氏乐闻的。

值得一提的是，中国的正统版本目录学家，所着意注重的多是经、史、子、集一类的正统书，而通俗的白话小说，尤其是早期的话本，一向被上层士大夫视为不登大雅之堂的。张元济于1928年东渡日本，访寻中国佚书时[1]，竟能注意到《三国志平话》，其开明之胸怀，也可见一斑了。书后的跋这样记载："菊生先生东渡访书，觏之于扶桑，重其为中土佚书也，归而印行，以供于当世。复以书多讹字，不易卒读，乃命稽之史书，辨其致误之由，分别订释，录为校记如右。"[2]可见张元济不但不满足于把中土佚书重新影印，还下了一番功夫，订定误字讹字。在校勘记中，上中下三卷的错误，都分别排出，特别是一些讹字，他还能稽之史籍，说明其致误之由。他对待当日士大夫不屑寓目的古代民众文学态度严肃且审慎，与考订经、史时一般无异。所以他对胡适一再提起《三国

---

1 见拙著《张元济的生平与事业》(英文版)，商务印书馆，1983年。
2 《元至治本全相平话三国志》，中外出版社，1976年。

志平话》，并不是客套性地投其所好，而是真正地、深刻地爱护古代的通俗文学。

(六) 1929—1930年
对文化教育政策的看法

当然，促使这两位背景不同、教育经历不同的人士成为忘年之交的原因有很多，不单是两人住得很近，也不单是两人对文化、出版事业有着大致相同的抱负和态度。一个使他们互相投契的原因是他们对当时国民政府的教育文化政策怀有同样的不满。他们的性格若说有相像的地方，大概可先数他们的容忍、开明与稳健，他们都不是急躁或冲动的人，更不是过激派。可是当时政府的保守和腐败，钳制言论自由和学术自由，都使他们很失望。国民革命军北伐成功，但国民政府又胜过军阀政府多少？所谓民主，终会推行吗？这显然是当时学术界关注的问题，张元济和胡适对政府的态度是很可贵的史料。

早在1929年6月2日，胡适有一封热情洋溢的信给张元济，字里行间颇有"知我者，君也"的气概。二人相交逾十年，但如此推心置腹的信还是第一次见到，从胡的措辞看来，张的去信也一定是肺腑之言，所以才引起胡的共鸣，可惜张的原信已不存了。胡适的信中说："今天第一次得读先生的白话信，欢喜极了。我的那篇文字，承先生赞许，又蒙恳切警告，使我十分感激。我也很想缄默，但有时终觉有点忍不住，终觉得社会给了我一个说话的地位，若不说点公道话，未免对不住社会……自由是争出来的，'邦有道'也在人为，故我们似宜量力作点争人格的事业……"

张的去信既然找不到，他的"赞许"和"恳切警告"，到底为何而发呢？从时间推算起来，很可能是与胡适的《人权与约法》一文有关，原文发表在《新月》二卷二期，文章批评了南京政府在4月20日所下的所谓"保障人权"的命令，文中提出：政府没有宪法限制；人民的身体、自由和财产都没有丝毫保障，"我们今日最感痛苦的是种种政府官员或假借政府党部的机关侵害人身的身体、自由和财产……"[1]他要求订一个约法"来规定政府的权限，过此权限，便是非法行为"。他接着又发表了《知难行亦不易》一文，就孙中山的"知难行易"的学说批评政府，说政府只是希望人民盲目"服从领袖，奉行不悖"[2]。7月间，他又以《我们什么时候才可以有宪法？》为题，大大攻击了北伐成功的南京国民政府。胡适是青年人的偶像，他的文章又浅显明白，可读性甚高，政府因此尴尬万分，慌了手脚，在10月4日糊里糊涂地让教育部开了一纸似通非通的"训令"[3]，其中的官场八股令人读之失笑，如"按本党党义博大精深，自不厌党内外人士反复研究探讨……惟胡适身居大学校长，不但误解党义，且逾越学术研究范围，任意攻击……使社会缺乏定见之人民，对党政生不良印

---

[1] 胡颂平：《胡适之先生年谱长编初稿》，台北联经，1984年。
[2] 同上。
[3] 中国社会科学院编《胡适往来书信选》，中华书局，1983年。

象……"

胡适接到这可笑的"训令"以后,一定交给张元济看了,因为张在10月7日有这样一封短信:"顷奉交阅教育部公文一通,与前报纸所载无甚殊异。鄙见窃愿我兄置之不答,正所以保我尊严也。"[1]

他觉得政府言论悖谬,自相矛盾,内容荒诞,他把政府的这次行为比作"数年前美国某邦不许学校教师讲授达尔文学说,世界认为奇谈"。张举这譬喻,无疑是把胡适的言论看作真理,而政府禁止谈论或讲授,都不足以泯灭真理的价值,徒然为识者所笑,所以他论"以彼例此,均听其留作学术史之资料,供后人之评议可耳"。

正因为他们两人对政局的看法大致相同,都觉得政府没有保障民权、实行宪法的诚意或决心,同时又担心北伐成功之后,政府会变得日趋保守,不能容许言论自由,甚至会大行排除异己,所以在精神上甚为契合。两人都本着知识分子的良知,对政府的种种政策怀着不信任和惴惴然的态度。当时胡适已在编写《中古思想史长编》,共七章,十四万字,他也是每写成一两章,就把稿子送给张元济读,两人书信来往间不时提及此事。张元济1930年4月16日有这样的信:"昨日下午收到《中古哲学史》(他们信中总是把稿子称为哲学史)第三、四章的大稿,随即钉成本子,一口气读完……觉得那李斯一节说来最透彻,最和平,真是有价值的。现在一班屠狗卖缯的和那

---

[1] 见拙著《张元济的生平与事业》(英文版)插图页原件影印。

乡下老太婆……都上了台！要将那二千年前的故事扮演一回，而且人人都要想做孔子，诛诛少正卯。恐怕'革命成功之后，统一专制局面又要回来了，学术思想的自由仍旧无望'。这怎么好？谢谢你的书稿。"[1]

到底胡适的稿子写的是什么？引起了张元济这样的感叹呢？如今查看，这本书的第三章题为"秦汉之间的思想状态"。其中第一节题为"统一的中国"，内容谈及秦朝统一天下，养成了一个统一民族的意识，但同时也成了一个专制国家，思想大受钳制。第二节题为"李斯"，这就是张元济特别赞许的一节了。胡适是这样写的："在秦始皇和李斯铁手腕之下，学术思想都遭遇到很严厉的压迫。"但他认为，历来史家唾骂李斯是不公平的，因为"古来的思想家，无论是哪一派，都有压迫异己思想的倾向……儒家不曾造出孔子诛少正卯的故事吗？……他们不幸无势以临之，无刑以禁之，故只说说罢了，都不曾造出秦始皇、李斯的奇迹……"他认为李斯是伟大的政治家，可惜他剥夺了天下人思想言论的自由，到头来自己也下在狱里，没有自辩的机会。李斯死后不久，陈涉起而革命，人们"赶去赞助革命，虽与同死而不悔"。接下去，胡适谈及汉初的局面了："但革命成功之后，统一专制的局面又回来了，学术思想的自由仍旧无望。建国的大功臣如韩信、彭越等皆受极惨酷的刑戮，……在这个极惨酷无人理的专制

---

[1] 《张元济书札》，商务印书馆，1982年。

淫威之下，哪有思想言论的自由？……"[1]

把胡适的文章和张元济的信相对比，显而易见的是文章句句触动张氏的心弦，引起了共鸣。胡适说的是秦汉的一统天下，钳制思想自由，张想到的是北伐成功，扫除军阀，"统一专制局面又要回来了"。当然，胡适的文字也是有感而发，亦是以古讽今。

特别值得一提的是胡适的《中古思想史长编》第三章中的第三节是说楚汉时一位叫陆贾的辩士，胡推许陆贾为一个出色的思想家，思想近于荀卿、韩非，但因为不赞成秦的急进，所以改向缓和路线，用柔道治国，主张无为而治。胡适指出："凡无为的治道论大都是对于现时表示不满意的一种消极的抗议。好像是说：'你们不配有为，不如歇歇吧；少做少错，多做多错，老百姓受不了啦……'陆贾……眼见汉家一班无赖的皇帝，屠狗卖缯的功臣，都不配是有为的人，他的无为哲学似乎不是无所为而发的吧……"胡适强调陆贾的无为不是消极的，而是积极进取的，"陆贾的思想很可以代表我所谓左倾的中派的遗风……思想尽管透辟，而生活仍要积极，这便是左倾的中派……"[2]

我说这段文章值得一提不单是张元济当日的复信中借古喻今地重复胡适的话，提道："现在一班屠狗卖缯的……都上了台"，而且在七年以后，胡适把这一段文章以"述陆贾的思

---

[1] 胡颂平：《胡适之先生年谱长编初稿》，台北联经，1984年。
[2] 同上。

想"为题,送给张元济,作为贺他七十大寿的纪念论文[1],他加上了新写的短序:

> 这是民国十九年三月里写的一篇旧稿……我那时初读唐晏刻的陆贾《新语》,写了一篇跋,也曾送给菊生先生,请他指教……我所以挑出这篇,不仅仅是因为这是我和菊生先生做邻居时候写的,是因为陆贾的"圣人不空出,贤者不虚生"的人生观最近于他处世的精神,也最配用来做给他祝寿的颂辞。二十五、十二、十五夜。

胡适认为张元济的人生观与陆贾的相近,不偏激却又不消极,往往虽然明知大局如此,仍要"知其不可为而为之",仍要站出来做事,仍要努力救世。我无意在这儿研究张元济是否可称为"左倾的中派",但他们两人的相处态度,明知是道路不尽相同,仍能互相了解和契合。特别是张元济对《中古哲学史》的共鸣,更清楚表现了他们对1930年间政府的态度。

他们这段往来最亲密的时期终于在1930年11月底结束,胡适全家从上海搬回北京,据胡适自己回忆:"从民国十六年五月……回到上海,直到民国十九年十一月底我全家搬回北平,那三年半的时间,我住在上海。那是我最努力写作的

---

[1] 《张菊生先生七十生日纪念论文集》,商务印书馆,1937年。

时期。在那时期里，我写了约莫有一百万字的稿子……"[1]胡适临行的那个月，张元济患了很严重的病，但两人的信也有五封，胡适托张代青岛大学校长订一套《四部丛刊》(11月14日)，他那时未知张病倒，张元济在11月16日复信，除了交代定购《四部丛刊》外，还有一段鼓励劝慰胡适的话："今日阅报知有人为中国公学事于公又为桀犬之吠。世人多无是非皂白之分，此等胡言最好置诸不理。本思趋前面陈，因病不果，故以函达尚祈鉴纳。"这已经不是张氏劝胡适保持缄默、置批评于不理的第一次了，这是张氏对后进学者朋友关心的表现，而他们两人的友谊，亦可想见。胡适临行前力劝张氏保重身体："先生太劳，乃望少停校书之事，用全力调息尊体，即是为学术界造福了……此书千万请勿赐答。敬问痊安。十九、十一、廿一夜。"胡适就这样离开了上海，到北京安顿下来不久，他就再写信问候张元济的病状，并约定下次相见的日期：

……每念及在上海三年之寄居，得亲近先生与梦旦先生，为生平最大幸事，将来不知何时得继享此乐事，念之怅然。近想尊体日即康强，至念至念。新年过后，我仍需南来赴一月九日文化基金董事会之常会，在上海开会，届时当趋谒先生……相见在即，请勿赐复。胡适敬上。十九、十二、十。

---

1 胡颂平：《胡适之先生年谱长编初稿》，台北联经，1984年。

(七)1931年
别致的祝寿　罗隆基事件

胡适是1930年11月底离开"寄居三年"的上海的，他在这段时间，可以安心写作、考据，从事他"自己的事业"，是他一生中较安闲、专心写作而出版了大量著作的时光。他告诉张元济会在下年月初再南来上海开会，再来相叙，他果然如约前去了。当时张仍在病中，他在1931年1月12日有信给胡适，是寄到他开会的沧州饭店中去的，其信云：

适之先生阁下：前日辱荷枉临存问，不胜感谢，贱恙已痊，医生谆嘱避寒，故不下楼、不出门……去岁先生四十大庆，先未闻知，致未祝贺，至为惭愧。谨据报纸所载，制为联语，冀附汤（尔和）、丁（文江）二君之末。别纸写呈，借博一粲。沅叔（傅增湘）借阅《四川县志》已函请东方图书馆先选百数十册，分为若干小包。务于明日送至贵处，敬祈吉便带平饬交为荷……

他"别纸写呈"的寿联是白话对子：

我劝先生长看着贤闲戒指，从今少喝些老酒。
你做阿哥好带了小弟北大，享个无限的遐龄。

胡适的四十生日是在北平过的，1930年12月17日又是北京大学的三十二周年纪念。当时的报章报道了胡适的讲话，他说中国历史长久，但最古老的大学北大也不过是三十二岁，比他还年轻，他觉得大家应除旧布新地建设北大。到贺的来宾都送他别致的白话诗和寿联，其中汤尔和的是"何必与人谈政治，不如为我做文章"。丁文江的寿联是："凭咱这点切实功夫，不怕二三人是少数。看你一团孩子气，谁说四十为中年？"所以张元济的信写明"冀附汤、丁二君之末"。至于"戒指"和"少喝老酒"是因为胡适夫人送的生日礼物是一枚刻有"止酒"字样的戒指，用意是提醒胡氏少喝酒，注意身体。因为张元济在上海卧病，胡氏寿筵的种种情况都是从报纸上才知道的，所以他写寿联的彩笺上清楚注明"适之先生四十大庆谨就报纸记载制为联语补祝"。这副对子不单可以作为他们情谊的注脚，而且可以看到他们就是在日常私人的生活小节上，态度也一如考据古书时的认真，消息的来源一一注明，交代清楚。

胡适有回信道谢(1931年1月14日)，说："这副对子好极了，将来先生病痊愈后，我想请先生写了送给我。沅叔先生借的书十一包，已收到了。我的行期还不能十分确定，或须稍迟几日再北去。匆匆道谢，敬祝痊安。胡适敬上，二十、一、十四。"

就在胡适尚未离上海北归前，张元济又扶病写了一封急信给胡适，这次是为了当时颇令学术界震动的罗隆基事件。罗隆基(1896—1965)是清华毕业后考取庚款学位，在1921年往美国留学的，他专攻政治，1928年回国后在中国公学和光华大学任教。罗氏在清华时已参加五四运动，是个活跃分子，所以回国不久便加入了胡适、徐志摩、梁实秋等办的新月社。《新月》月刊是1928年3月10日创刊的，起初是纯文艺的刊物，但从第二卷二号(1929年4月)起便开始刊登政治性的文章，头一篇便是上文提到过的胡适所写的《人权与约法》，罗隆基在第二卷五号写了《论人权》，在第二卷六、七号合刊上又写了《告压迫言论自由者》。他们的这些文章，再加上其他数篇，以后在1931年1月还以《人权论集》发行了单行本。其实这些文章的语气和立论都很温和，不过是苦闷的有良心的知识分子看不惯当时的国民党独裁政治，忍不住要说真话而已。《新月》的第二卷四期有"敬告读者"，把他们的编辑立场解释得很清楚。

> ……《新月》月刊的面目和从前不同了……我们谈政治了，我们以后还要继续地谈……我们都信仰"思想自由"，我们都主张"言论出版自由"……这几篇文章都是作者个人良心上的呼声，绝没有经过团体的讨论和指使……我们每篇文章都是作者个人署名负责……我们没有党、没有派，我们只是个人用真名真姓说我们的真话……

但就是因为发表了这些文章，罗隆基在1930年11月被拘捕了，虽然很快便保释出狱，但被光华大学辞退职务，同时国民党的"上海特别市执行委员会宣传部"还有公函指责新月书店。

本部顷奉中央宣传部密令……查最近在上海出版之《新月》第二卷第六、七期载有胡适作之"新文化运动与国民党"及罗隆基作之"告压迫言论自由者"二文，诋毁本党，肆行反动，应由该部密查当地各书店……若有发现，即行设法没收焚毁……（1931年）二月五日。

当时国民党中央宣传部来势汹汹，除了要查禁《新月》刊物外，更特别针对罗隆基一人，命令教育部施展权力，"饬令光华大学撤去罗隆基教员职务"事件扩大后，为罗氏求情跟国民党理论的人不少，有些措辞委婉："罗隆基在《新月》杂志发表言论，意在主张人权，间有批评党治之语，其措辞容有未当。惟其言论均由个人负责署名，……并非以光华教员资格教授学生。今旬奉部电遵照公布后，教员群起恐慌，以为学术自由将从此打破……人人自危，此非国家福也。"胡适亦有信给陈布雷，陈当时是国民党中央宣传部副部长。"布雷先生：谢谢先生一月十七日的信。我非不知'此事部中既决定，当不能变更'。……托井羊先生带上《新月》二卷全部及三卷已出之三期各两份，一份赠予先生，一份乞先生转赠介石先生。……甚盼先生们能腾出一部分时间，稍稍浏览这几期的言论。……但不读我们的文字而但凭无知党员的报告，便滥用政府的威力来压迫我们，终不能叫我心服的。

（例如先生对井羊兄提及罗隆基君被捕保释后所作文字，此文现载三卷三期，先生试一读之，其中有何挟忿诋毁的言语否？）……"

从胡适这封信稿看来，他还是很有理性地抱有信心；觉得《新月》的文字没有过火之语，不过就事论事，国民党大生其气，只是因为误听了"无知党员的报告"。他认为要是陈布雷、蒋介石亲自看了这些文章，便知道其中并无"挟忿诋毁的言语"，那便会收回成命了。胡适对政府有那么近乎天真的信念。以后的事实发展是：国民党还通知北京、天津继续禁售《新月》第八期，到了1931年9月，又没收了第十期，据当时徐志摩给胡适的信所说："……隆基在本期《新月》的《什么是法治》又犯了忌讳，昨付寄的四百本《新月》当时被扣，并且声言明日抄店……九月九日。"罗隆基不用说是被撤了职，只靠卖稿为生，生计窘迫。此是后话。

就在胡适还抱着希望写信给陈布雷解释的同一天，卧病在床的张元济已从上海的报章中知道了事件的始末，他又读了罗氏的最新文章，因此匆匆写信给胡适，提出一些善后的方法。这封信字迹很潦草，可能是很匆忙，也可能是他病体未愈的缘故。

……阅报知罗君隆基因诋毁国民党，撤退光华教授，仰何可笑。又在《新月》读被捕始末，此君的是美才。前日闻诸岫庐（王云五），谓兄匄译其书，于生计尚无碍。惟鄙意望兄劝其同往北方，较为稳妥。贱恙已痊，惟遵医嘱避寒，尚未出门，故未趋诣。歉歉。……

弟张元济顿　元月十八日。

从张元济这信中的语气来看，他是十分赞赏罗隆基的立论和见地的，但他老成持重，对政府了解深彻，没有抱有罗会复职的幻想，知道罗以后只能靠译书为"生计"，但他还提议望胡适"劝其同往北方，较为稳妥"，不用说是担心他留在上海，会继续招惹国民党的压迫。张元济与罗隆基素未谋面，却因为从他的文字而欣赏他的为人，那样关心他的日后生计和安危，他的正义感和爱才，以及他和胡适之间的默契，事事推心置腹，在这真挚诚意的短信中，亦复表露无遗了。

罗隆基事后仍留在上海差不多一年，其间受尽了国民党特务的干扰。最后，他终于离开上海，北上天津，在天主教神甫开办的《益世报》任职，此后成了颇负盛名的记者。

（八）1932年"一·二八事变"

胡适离上海北返后，仍任北京大学文学院院长，忙校务，也忙他的考据和写作。张元济亦仍任商务印书馆的监理，他名义上是退了休，所以并不每天到馆，大部分时间专心校勘《百衲本二十四史》，并亲自督导影印工作的每个细节。在这儿要一提的是，1926年他正式呈辞后，拒收商务印书馆的薪酬，一切工作，纯属义务。可是在1932年1月，日本出兵侵占上海，以空军轰炸闸北，史称"一·二八事变"，商务印书馆总厂和各工厂首当其冲，损失甚巨。张元济以董事长的名义，立即组成了"特别委员会"，设立善后办事处，以退职之身，天天早到晚退地筹划一切。

就在"一·二八事变"前后，胡适进入北平协和医院割治盲肠，因为手术后伤口发炎，住院四十五天之久。他在2月6日从医院写信到上海慰问并询问商务印书馆的损失情形，张元济的复信充满豪气和沉着的乐观。

……商务印书馆诚如来书，未必不可恢复。平地尚可为山，况所覆者犹不止于一篑。设竟从此渐灭，未免太为日本人所轻。兄作乐观，弟亦不敢作悲观也。

诚然，商务印书馆是当时中国最大的出版机构，纵然连续中了六七颗炸弹，如果不致力恢复，中国也就会被日本看轻了。但张元济对当时国民党政府的"不抵抗"政策却不抱乐观的态度，他在信中继续说："所最望者，主持国事皈依三民主义之人，真能致民于生，而不再致民于死，则吾辈或尚有可措手之处。否则，摧灭者岂仅一商务印书馆耶。……近人好以党国并称。弟窃恐二字不能并存，且恐并亡。未知卓见以为何如。"可见他觉得国民党的利益并不就是中国的利益，若硬要党国并称，恐怕只有走上"并亡"之途；他信中字里行间隐然指控那些"主持国事皈依三民主义之人"自从掌了政权以来，所行的政策，很多是"致民于死"的，并预言如果政府不改变根本的行政措施和治理国家的态度，那么面临灭亡的恐怕不单是一所商务印书馆，而是全国的其他企业，甚至整个国家也有摧灭的危险。在"一·二八事变"尚未过去、商务印书馆受巨创未复的时刻，张元济能着眼全局，不单以商务印书馆的损失耿耿于怀，而推想到整个国家、整个民族的安危，眼界不可谓不广阔。这封信的末段谈到东方图书馆的被毁："东方图书馆全焚。可惜者为二万二千余册之方志，此则不可复得。闻之者无不为之痛惜。民国二十一年二月十三日。"张元济和胡适相交以来，不知有多少信是论及替涵芬楼搜罗善本的，尤其是方志，真是费了二三十年的功夫才辛苦积聚的。他们二人早期的来往书札有好几封是谈地方志的，胡适就曾把他家乡的《绩溪县志》借给商务印书馆〔见上文（一）〕，并开始了与张氏较密切的往还，这封信末短短数语，不知藏下了多少辛酸。

  远在北平躺在协和医院病床上的胡适，对上海的战事感到的是震惊和奇愕。当时十九路军孤军迎战，在3月4日夜间被迫退兵，而传言是日军大败，所以人人狂喜，"满街上爆竹残纸堆到几寸厚"，到了第二天，真实的消息传出后，"每个护士都很懊丧的样子，我回想她们昨夜狂喜的神气，我几乎忍不住要掉眼泪了……因为我能了解那狂喜的意义，也能想象第二天的奇愕。在那狂喜里，在那失望的奇愕里，我们经验了整个民族的精神的悲哀"。

  同年4月19日张元济又有信给胡适，主要是替在美国念书的儿子借有关东三省自建铁路的资料作为论文的材料，同时又问及胡适办周报的情形："……拟办周报，屈计此时当已出版。何上海尚未之见。延企不已。弟已托伯恒兄代订。想不至延期或中止也。……"张元济问及的就是《独立评论》。这是胡适、丁文江、傅孟真等合办的，他们自"一·二八事变"以来，"常常讨论国家和世界的形势，就有人发起要办一个刊物来说说一般人不肯说或不敢说的老实话"。他们创立一个社，每人捐出固定收入5%，积了近五个月的捐款，才出第一期的《独立评论》。《独立评论》的第一号"引言"是胡适写的，他们的宗旨是："……只期望各人根据自己的知识，用公平的态度，来研究中国当前的问题……我们都希望保持一点独立的精神，不倚傍任何党派，不迷信任何成见，用负责任的言论来发表各人思考的结果，这是独立的精神。"用胡适自己的话来说："《独立评论》是我们几个朋友在那无可如何的局势里认为还可以为国家尽一点力的一件工作。"他那时先后推辞了北大校长以及教育部部长的职位，而只专心于教书、研究和办杂志上。张元济深知他的旨趣，所以很注意《独立评论》的出版，他信上提到的"托伯恒兄代订"，孙伯恒是商务印书馆北平分馆的经理，所以托他代订。

同年5月9日张元济又有信复胡适，胡在5月1日把一些有关东三省自办铁路的资料寄给张氏，张的复信除了致谢并再询问《独立评论》的出版事宜外，首次提到了商务印书馆的劳工纠纷："……商务印书馆事两月以来众人精神完全对付工会。弟不忍三十余年之经营一蹶不振。故仍愿竭其垂敝之精力。稍为㈥云五、㈢拔可诸子分尺寸之劳。在此数十日中可谓吃尽生平未尝所谓资本家之苦。……二十一年五月九日。"

商务印书馆经"一·二八"大轰炸后，1月31日由董事会召开紧急会议，讨论善后办法，当时商务印书馆在上海的职工有三千余人，公司决定将全体职工解雇，每人发半个月薪金为解雇金，着令他们另谋生计。职工大哗，群情汹涌，主要是商务印书馆平日原订的酬恤章程：退职者有优厚退职金，如今全不适用。工人领袖更特别指责总经理王云五，说他一贯想打击工会，如今以国难为借口，把全体职工解雇，日后重新聘用时，便可以随便挑选比较合作柔顺的工人，剔除工会领袖。站在工人的立场而言，对全体解雇，当然是不满意的。但站在公司的立场，大概只有忍痛厉行紧缩政策才可以应付外债，再准备复业。张元济名义上已是退休之身，但仍"愿竭其垂敝之精力。稍为云五、拔可诸子分尺寸之劳"。结果是董事会在5月9日（即张去信胡适的同一天），登报公布一个折中的调解方案，资方另出二万元津贴给有急需的职工，同时答应在复业时按照需要，依团体协约法尽先录用旧职工，一场纠结两个多月的纠纷，暂告一段落，而商务印书馆在9月1日秋季学期开始以前，宣告复业。

（九）1936—1937年
《独立评论》被禁风波　"七七事变"前夕

张元济和胡适的下一批通信是写于1936—1937年的，

其间有数年(1933—1936年)的信件缺了。照我猜想，他们大概不会全没有通信，但数量可能不多。主要的原因可能是胡适四处游历讲学，居无定所，当然也可能是没有全部保存。他于1933年6月赴上海往美国讲学，到11月才回国。1934年年底他又作长途旅行，经南京、上海往香港讲学，然后往广州，再往广西，1935年2月才回到北平。在这数年内，中国的政局更不稳定，日本占领了东三省，成立了伪满洲国，这是胡适很看不过的事，他主张国民党政府应提出交涉，恢复领土完整。但蒋介石这时候仍一心一意想先对付共产党，制定了一个又一个"围剿"计划，胡适是不赞成武力统一中国的，他这几年内写了好些文章，如《再论建国与专政》《武力统一论》《政治统一的途径》，都是反对一党专政、反对内战的。他又有《再论无为的政治》一文，是针对当时政府不切实际的好大喜功。他说："……现在的人民实在太苦痛了，实在负担太重了，因为政者不知道'除一弊胜于兴一利'的政治原则……只知道羡慕建设的美名，巧立名目，广设机构。……现在中央的收入，用在军费上已超过85%了。这个局面能支持多久？……前几天，政府领袖对全国宣言两大政策，一是完成'剿匪'工作，一是'以建设求统一'，我们的私见是希望政府的领袖正式提出'裁兵'的计划来，以裁兵求统一！"(《独立评论》89号)

到了1935年，日本除了占领东三省外，更策动"华北自治"的阴谋，唆使当时有名望的军事将领宋哲元等，推行所谓"冀、察特殊化"，胡适和其他知识分子都力主领土完整，鼓励二十九军的将领们尽忠国家统一这个理想。除了四处奔走外，还写了多篇文章，反对冀、察特殊化，要求军事将领公开外交、规劝他们效忠中央，免为外敌所乘，这些文章的目的是希望做成舆论，以求上下一心。在这个复杂而内外交困的情形下，写文章当然是动辄得咎，不是开罪国民党便是开罪其他军阀，《独立评论》229号（1936年11月）上因为登了一篇题名《冀察不应以特殊自居》的文章，开罪了宋哲元，宋当时是冀察政务委员会委员长，《独立评论》遂被停刊。胡适当时刚从国外回到上海，立即低首下心地希望约见宋氏，以便当面道歉，不料回到北京后次日即有西安事变的消息（12月12日）。蒋介石在西安被张学良挟持，张要求停止内战，一致对付日本，举国为之震动，当然无暇顾及《独立评论》停刊的事了。

1936年12月21日张元济有信给胡适，把这些重要的国家大事都一一提及了："……《独立评论》先已解决，一切无事。然未见续出卷号，此心仍悬悬也……秦中之变，国将不国。近闻且论及金钱，传诸世界，真可谓奇耻大辱，岂独降为奴隶，直形同禽兽耳……"笔者在这儿要特别指出张元济对国民党政府的评价是不高的，他最看不过的是国民政府对言论自由的钳制和对一般人民的漠不关心。1933年上海发行量最大的《生活周刊》被禁，张元济很赞同它的抗日宗旨，所以虽然与《生活周刊》的编辑邹韬奋素不相识，也特别为了这件事情去见蒋介石，希望游说一番，使蒋氏把《生活周刊》解禁。到了1936年11月，国民党政府逮捕了有名的"七君子"，他们都是知识界有名的力主抗日人士，导致舆论大哗。政府为了避人耳目，把他们移到苏州才开庭起诉，张元济已是六十九岁高龄，但每次开庭都一定从上海赶到苏州去听审，慰问"七君子"，他的热心和正义感真使人肃然起敬。在1936年至1937年间，他还写了多篇有关社会、经济问题的文章，如《农村破产中之畜牧问题》《在海盐两日之所见所闻》《谈绑票有感》等，都发表在《东方杂志》上，为普通百姓做不平之鸣、向政府要求改善各种政策。他并不拥护蒋介石，但在西安事变悬而未决时，他的态度和多数人一样，十分担心，而且恐怕为外人所乘。所谓"论及金钱"，显然是误信谣言了。

胡适大概没有立刻回复这封信，因为在1937年1月12日，张元济又再有一封短信，谈及的都是同样的事："前月廿日论北平分馆转呈一函……前闻将入居医院，修缮肠腹，比已竣工否？……《独立评论》何时可以复出，极想望……"

这次胡适复信："菊生先生：两示均悉……缓复之罪千乞原谅……适今日下午进医院，手术为极微的修补肚上旧创，不关紧要，十日可出院……廿六、二、一。"这封信有张氏手批"26/2/12复"。

这封1937年2月12日的张元济复信也在笔者手中，"适之先生阁下：前日奉到本月一日手书，借悉当日下午入院……计算昨日可以痊愈出院，不胜驰念之至……去岁贱辰深自晦匿，乃蒙先生与崔（蔡元培）岫（王云五）二兄为之征文纪念，弟未获闻知，无从阻止，致劳朋辈执笔，不胜惭悚。谨呈上近印先人遗著二种……《独立评论》至今未曾复版，痛恨无已……二月十二日"。这里可以一提的是胡适终于向宋哲元客气地道了歉。"……兹特具函向先生表示我个人负责道歉之意，此报已停刊三月有余。现适在医院割治腹疾之后，已稍复原，拟俟身体完全恢复，即继续出版。以后适长期住平，待教之日正长。倘有言论失当，务请先生随时指摘，以便随时正式更正。……"《独立评论》在1937年4月复刊。在停刊的四个月里面，张元济三次询问复刊的事，语气极为关心迫切，与胡适真可谓知己朋友了。另一点值得一谈的，是除了第一封1936年底的信张元济直接提及"秦中之变"外，其他的都没有提及这重要的西安事变，这显然是他们二人都极关注的事件，但大概不便在文字书信上直接谈论，而且局势尚未明朗之故。

张函中说的"去岁贱辰"，是指1936年6月间胡适与蔡元培、王云五三个人一同具名，写了"征集张菊生先生七十生日纪念论文启"，后来出版了《张菊生先生七十生日纪念论文集》(商务印书馆出版)，胡适自己送的一篇稿子便是《陆贾的思想》，就是1930年间他曾送给张评阅的文章。

除了这几封直接的信札外，1937年"七七事变"的前夕，他们两人都分别就同一个问题发表了公开信，表明相同的态度，指摘政府的贪污、操纵纱布风潮。上海纱布市场在4月至6月间，纱布价钱受操纵，价格狂涨不已，交易所屡次被迫停拍，有多个经纪人被指为投机，被撤销注册，但最引人注目的是财政部税务署长及政府统税局长亦有操纵风潮的嫌疑。张元济首先在7月6日致函《大公报》主张严办："……国家困穷，小民日受剥削，几无生路。若辈贪污至此，可谓全无心肝。……法院果能持正，将所有各项支票逐节根究，必可得其主名。敬请贵报续撰评论，将此层明白揭破，使法院不敢含糊了事，各银行亦不敢代为隐藏。倘使贪吏伏法，政局澄清，国家前途，庶犹有望。"

张的信刊登后，胡适翌日即有信响应："……今天读到张菊生先生致贵报书，我很感动，也很兴奋，张先生是七十一岁的老翁，他对于国事如此热心，真可使我们青年人惭愧……我也赞同张先生要求法院'将所有各项支票逐节根究'的主张……如果人人能像张菊生先生那样爱打不平，爱说正话，国家的政事就有望了。二十六、七、八。"他们这两封信先登在《大公报》，再被《东方杂志》合登在一起，加了解释，颇引起时人注目。他们两人对时局的看法相近，爱打不平，所以互相推许，胡适对张元济的敬佩在这封公开信上更表露无遗了。

（十）全面抗战的时局
胡适的"逼上梁山"

这批1936—1937年的信中现在最后的一封是胡适手迹，署1937年8月11日，当时胡适是在南京。"七七事变"后，日军全面侵华，但当时不少人还以为是一般冲突，胡适原定7月9日离北平往庐山参加政府召开的教育组会议，所以如原定计划南飞。他是以北大文学院院长的身份去的，不料离开北平后，全城告急，而蒋介石也有意拉拢他做国民政府外交工作，所以他便暂留南京，这封给张元济的复信便是在这风雨飘摇、政局大乱的时期写的。"菊生先生：得六日手书，深蒙垂念慰问,十分感谢。适于七月九日离平,十二日由京飞庐山,廿八日飞回南京。因路阻,先生寄平各书均未得见,深以为憾……一时不拟北去……北大一时亦无法救济。一家一校在此时都是小事,都跟着国家大局为转移。国家若能安全渡过此大难关,则家事校事都不成问题。若青山不在,何处更有柴烧?适所以恋恋不忍去者,只想在此能出一分一厘力量,于大局稍稍有所挽救耳。先生向来好管闲事,想能谅解此愚忠,不以为妄也……廿六年八月十一日。"

从这封信看来,"七七事变"后张元济曾多次寄信到北平去,询问胡适家人和北京大学的消息,终于在8月6日才写信到南京去,他对胡适的关心,可以想见。胡适的复信也很诚恳,字里行间,他知道张氏不赞成他替南京政府任职,他自己也不是拥护国民党的人,但国难当前,他觉得能有所贡献,故"恋恋不忍去",他知道这是"愚忠",但他也深知张元济是可以摒除成见来"谅解"的,因为两人都是同样地爱国家和顾全大局,所谓"好管闲事",是不吝啬个人力量,不计较个人荣辱来支撑危急的局面而已。这封8月11日的信把胡适当时的心态表露无遗,是这段重要时期的很特别的一份历史文献。

胡适写了这封信的两天之后,在8月13日国民党南京政府终于正式对日本宣战,胡适亦接受了政府的委任,以北大文学院院长的"在野之身"担任国民政府外交工作,在9月初他从南京往汉口,再飞香港,往美国各大城市,如旧金山、纽约、华盛顿、芝加哥等地做巡回演讲,解释中日战争的局势,争取国外人士的同情和了解[1]。他从1937年9月至1938年7月，都在担任这份工作。

胡适离开中国以后，战局节节告紧，上海和南京先后在1937年11月和12月失陷，国民党政府迁都重庆，他任职的北大也和清华、南开一起先迁往长沙，继而（1938年2月）迁往昆明，合并为西南联大。张元济留在上海，仍然以董事长的身份照应在敌人占领下的上海商务印书馆，商务印书馆的总办事处和一部分厂房在英美租界内，可以托庇苟安，但当时形同"孤岛"，难有作为，只是指挥把一些资产和原料分散运往香港和长沙。工人大部分留上海，但因为上海租界工部局可以随时干预，所以只能印刷一些古书及纯学术性的书。[2]

张元济对政府的节节败退是失望的，但最令他难过和气愤的是国民党军队的"焦土抗战"政策，政府迅速迁往内地，沿途的田庄和物资都付诸一炬，说是为免"资敌"，但最苦的还是流离失所的老百姓。在1938年某月，张氏写了两首咏时事的诗给名教育家黄炎培。

其一：

> 是何时世太难名，瞎马盲人夜半行。
> 入学儿童争爱国，满朝瞽御尽知兵。
> 开关相诱宁无获，焦土能拼恧未成。

1　胡颂平：《胡适之先生年谱长编初稿》，台北联经，1984年。
2　王云五：《新教育年谱》，页641—645。

看徧流民图万幅,欲呼天听又吞声。

其二:

一身轻便我无官,忍说春池事不干。
尽见甘罗诩年少,微闻魏绛立朝端。
卧薪尝胆犹非晚,烂额焦头后更难。
遥望桂林好山水,愿君留与策攘安。[1]

他觉得政府的政策有如"瞎马盲人夜半行","开关相诱"后又是"焦土",结果是流民遍地,呼天天不应;政府人员多是没有经验的"甘罗",可有"卧薪尝胆"的决心吗?恐怕是"烂额焦头后更难"。从这两首诗看来,张元济对政局走向并不感乐观。

另一方面,胡适在1938年7月起接受蒋介石的委任为驻美大使,从此一直在美国,至1942年为止。据胡适自称,他自己是"受逼上梁山……万不得已,我只得牺牲一两年的学术生涯,勉力为之,至战事一了,仍回到学校去"。[2]

如今仔细研究那时的国际形势,胡适接受委任为驻美大使的时候,美国刚通过了"中立法",不想参加战争,孤立主义很强烈。同时中国抗日战争局势急转直下。10月间,武汉

---

1 《张元济诗文》,商务印书馆,1982年。
2 胡颂平:《胡适之先生年谱长编初稿》,台北联经,1984年。

和广州先后失守；胡适可算是"受任于败军之际，奉命于危难之间"，他接受的并不是一件轻易的或光荣的任务，在这个时期做大使四处解释国民党的所谓"以空间换取时间"战略，以求取援助、求取借款，是吃力不讨好的，远远不及做学者的舒服自在。所以笔者认为：胡适临危受命，是出于知识分子的为国效力的良心，并不是因为他赞成支持蒋介石的政策。他在1938年10月有题于照片上的诗。

> 略有几茎白发，心情已近中年。
> 做了过河卒子，只能拼命向前。[1]

语意颇带悲凉无奈的意味，他说过自己是"受逼上梁山"，也是在战时知其不可为而为之的心态，我认为是很诚恳、很坦白的夫子自道。他不停地奔走、演说、辩论，生活紧张繁忙，在12月初心脏病发作而住了七十七天的医院，他这战时大使任务的繁重和不易为，很可能是促使他在壮年患上如此严重的心脏病的一个原因。

笔者个人认为，在这国难深重，全面抗战时期，张元济感慨系之地说"看徧流民图万幅"、"忍说春池事不干"，与胡适的"做了过河卒子"、"受逼上梁山"，两人都是一般的无奈，都是凭了知识分子的良心来做人。

---

[1] 胡颂平：《胡适之先生年谱长编初稿》，台北联经，1984年。

(十一) 处于"孤岛"上海的张元济

　　1939年，中国抗日战争更失利，日本扩大侵略，轰炸重庆、福州、宁波、汕头，并攻占厦门。汪精卫投降日本，在南京成立亲日的傀儡政府，蒋介石则仍守在重庆，并无积极反攻的准备。在这段时期，张元济先后有两封信给胡适，第一封是署"廿八年七月三十一日"的。"适之先生阁下：久未通问，以耳闻目见都无可言，忆我故人，当同此感。前见报端，述政躬不豫，曾入居医院，已报痊可云云，未知所患何疾……弟校印正史，幸于前岁三月告成。当时略有札记。近由商务印书馆出版，曾托岫庐兄寄呈一份。……旧日极司非而路之屋不得已业已斥去，四个月前移居霞飞路一二八五弄二十四号。际此时期，得有一橡之庇，已称万幸。徐世兄来美就学，故人之子，想兄见之亦不胜感怆也。……"

　　这封信语调凄怆灰暗，张元济对国事感到失望，同时也想到胡适也"当同此感"。战时通信阻隔，所以胡氏患心脏病入院，他也只是阅报得知，而且并不知他"所患何疾"。张氏辛勤多年校《二十四史》的札记抽了一小部分以《校史随笔》为名发行，胡适曾多次催促他印行全部札记的〔见本文第(三)段〕，所以他在这儿提起。他要托王云五转寄而不亲寄，因为当时沦陷后的上海不便直接寄信给身为中国驻美大使的胡适，而王云五在香港，方便得多。张的旧居就是与胡适当年对门而居的那所房子，比较宽敞舒适，但上海沦陷后，张元济生活日益困难，不得已要迁居。张一向自奉甚俭，退休以后又不肯接受商务印书馆的薪酬，一切校书和行政工作纯属义务，所以只靠股息生活。此时他仍是商务印书馆董事长，为避免日本人干扰，他决定不召开股东会议，不分红利，这样一来确是避开了外人的干涉，但他自己的生计就日益窘迫了，就在这时期起，他公开订了润例，卖字来补贴生活费用。

胡适收了这封信后是有复信的，可惜复信已不存了。笔者手上有的是另一封张元济的去信，日期是"十月十四日"，也是1939年的。"适之先生阁下：本月八日曾上一函。寄由翁生兴庆转呈[1]……前日由王岫庐兄处转到八月十五日手教，展诵祗悉贵体康复后，至为欣慰。报纸云病诚有之，今已大痊。辞职云云，甚望其不实也。拙著《校史随笔》前曾托岫兄代呈一部，想因事烦忘却，今已去信托其补寄。咬文嚼字，不足当大雅一哂耳。《全史校记》今请友人蒋君（前共事者）整理，究是故纸堆中废物。时事如此，亦只可覆酱油瓶矣。"

他们的来往信札都要托别人转寄，时局的困难可以想见。从信中所述推测，可能是胡适接到了第一封7月31日的信后，对张氏所提及的《校史札记》大为兴奋，但他显然没有收到，所以以为是《全史校记》，不知道是只抽了一小部分的《校史随笔》。胡适一向认为张氏的《全史校记》应该是与《百衲本二十四史》同时发行的，最好是每段札记系于每篇之末，那么全书的功用可大增，当年他曾说："先生的校勘记功力最勤，功用最大，千万不可不早日发刊。若能以每种校勘记附

---

[1] 翁氏是张的侄孙婿，当时在美国念书。——作者注

刊于每一史之后,则此书之功用可以增加不止百倍!……"这是胡适在1930年初看《百衲本二十四史》稿子时的话,事隔九年,政局逆转,这珍贵的全史校勘记"亦只可覆酱油瓶矣",这是何等凄怆的话!

在这两封信中张元济一再提到的"徐世兄"是徐大春,是徐新六(1890—1938)的儿子。徐是胡适一辈的年青学者,留学英国,在1920年初曾随同梁启超到欧洲考察战后状况和巴黎和会情形,在同一考察团的还有丁文江(1887—1936)和张君劢,他们都是胡适很好的朋友。从张其他的信件和日记中可以看出他十分欣赏丁文江。早在1912年,丁文江尚在南洋中学任教,张元济已慧眼识才,约请丁氏编书撰稿。在20世纪20年代他屡次向商务印书馆推荐丁氏,可惜总经理高凤池不肯接纳张的建议。[1]从这两封信看来,他亦颇欣赏徐新六,交谊亦必不错。徐在1938年空难丧生。[2]胡适日后对他到美国留学六年的儿子照料有加,而这位年轻的徐大春,也常和张元济通信,回国时也有拜访交往不疏。身为前清老翰林、老新党的张元济,能和年青留学外国的多位学者成为忘年之交,一定要有卓识远见和不墨守成规的胸怀才有可能。

到了1940年,中国的战局仍处于沉寂状态,国民党政府局处重庆,经常遭受日机轰炸。欧洲战事如火如荼,德军除进攻法国外,并已开辟东方战线,准备进攻苏联。张元济下

---

[1] 洁甫:《丁文江和商务印书馆》,见《商务印书馆九十年》,商务印书馆,1987年,页552—561。张元济其他未刊信件中亦多盛赞丁文江。

[2] 胡颂平:《胡适之先生年谱长编初稿》,台北联经,1984年。

一封信很有意思，悲观之中又带有希望，胡适没有复他1939年10月的信，所以他这封信只简单地重复要点。

> 适之先生阁下：去岁十月十三日（当是十月十四）复上寸函，托岫庐先生附寄……倏将半年，续未通候。伏想起居安居……《校史随笔》早托香港分馆寄去，想经递到。此仅摘其大要，不过什之一二。全部之校勘记现托旧同事整理，恐未必能有出版之机会矣。弟于三年前辑有《中华民族的人格》一书，选自《左传》《国策》《史记》，凡十余篇，译为白话，意在供中小学校学生之诵览。颇慨叹近来人格之堕落，思从少年身上加以挽救，不料近来堕落日甚。……兹姑寄呈一册，乞赐小序，当俟再版时录入简端，借以增重。……国事殆无可言。私料远东战祸必须俟欧洲战局定后，方能解决。但不识美国能别有拯救之方否？……二十九年三月二十六日。[1]

《中华民族的人格》是张元济唯一用白话文撰写的一本薄薄的小书，这亦是他唯一一次创作的文字。当然，他曾撰写早期的小学修身教科书，但那也是用文言文写的。此外，他虽然毕生致力于出版事业，但他自己写的不过是序、跋、札记等专业性文章，他的古文典雅简洁、论点实事求是，很

---

[1] 《张元济书札》，商务印书馆，1982年。

少提及他个人的爱恶和主张。这本《中华民族的人格》写在1937年5月前，就是说，那时还没有全面对日抗战，国事一团糟，所以张才想到借古史上的英雄豪杰来作为青少年的模范，希望能拯救世道人心。他写有"编书的本意"，用浅易的文字解释为什么当时有那么多不仁不义的人："……看得自己的身体越重，人们本来的良心就不免渐渐地消亡，贪赃枉法也不妨，犯上作乱也不妨，甚至于通敌卖国也可以掩住自己的良心做起来。"但是照他看来，就是这么多不良分子充斥全国，邪恶和堕落的风气蔓延，并不是说中华民族要注定灭亡和受淘汰，因为我们有古圣贤和历史上的豪杰留下了很好的典范，表现了中华民族的人格。"这些人都生在二千多年以前，可见得我中华民族本来的人格是很高尚的，只要谨守着我们先民的榜样，保全着我们固有的精神，我中华民族不怕没有复兴的一日。"[1]他这本小书，取材于《左传》《战国策》和《史记》，选的人物都是壮烈的英雄，像聂政的以死全孝、荆轲的以死全忠、子路的从容见义、田横的宁死不降、程婴的以死全信等等，全书以大字编排，上半页是取自原书的，繁难之处，亦只删而不改，以保存原书之意，下半页是张氏以浅易白话文翻译，可与原文互相对照，书的原注也保存了，另加白话注解，每篇篇末附加编者意见。张编这本书，是花了颇大的心思的。

张元济当时因处"孤岛"——上海租界，写信给还在美

---

[1] 《张元济诗文》，商务印书馆，1982年。

国的胡适要他作序,这封信笔者数年前已得见,但从未见到《中华民族的人格》几种再版本的胡适的序;所以心中不免纳闷:到底这封信是否辗转而没有寄给胡适呢?还是胡适不太赞成张引古史的人物来激励抗战时的青年——觉得他太冬烘,不合时宜呢?我这个多年来的疑团,最近终于解开了。原来胡适是有回信的,不过耽搁了九年才正式回信,这批手迹中有他1946年2月14日的一封长信,信长八大页,这儿先说有关《中华民族的人格》的一段:"……大作《中华民族的人格》在美时曾收到,当时即拟作答书,略陈鄙见,已起草了,后因当时太忙,不及修正,始终未寄出。大意是说,大作所收八人,大都是复仇侠士与杀身成仁的志士,范围稍嫌过狭,不曾顾到中国民族的积极的、建设的一方面。原稿中曾拟一名单,侧重些建设有为方面的人物,如马援、诸葛亮、陶侃、王导、魏征、范仲淹、韩琦、王安石、张居正诸人。后来还觉得这单子不够,还想加上一些人,如孔子、墨子、汉光武、唐太宗、宋神宗。此稿未写成,因议论稍长,见解又与先生当日困居上海'孤岛'的情绪不同,故颇欲以这当日海外所见比较乐观的情绪稍解国中师友的悲怀。但终以百忙中不得写长文,故始终只存轮廓,未能写定寄出……"

显见胡适不但赞成张元济撰写此书的本意,更进一步地,希望他能扩大范围,从历史中选出值得效法的积极人物典范,让青少年知道中华民族人格高尚的、成功的、光辉的一面。他个性原较张元济乐观,所以觉得单选壮烈的杀身成仁志士是"过狭",而张当年目睹国事日非,只能望洒热血掷头颅、不屈膝于强权、不让不威武以夺志、存民族气节于宁死不降的心态之中，那悲凄无奈的心态，无疑是左右了他选择历史人物的类型的。我个人认为，以张这样旧学湛深的学者，能想到亲自用白话文注解、翻译和编译一本取材古史的小册子来作中小学生读物，是十分难能可贵的。这事一方面表现了他的身体力行、知行合一；另一方面也表现了他相信当时的青年是孺子可教，他自己也颇看重这一本小书。日本投降以后，他在《中华民族的人格》扉页上题字。"一二八（当是八一三之误）后日寇禁售此书，其用意可想而知，愿我国人无忘此耻。张元济识。民国三十四年九月联军在东京湾受降后二日。"

（十二）1946年
胜利以后的重逢

他们两人再通信是第二次世界大战结束以后。太平洋战事于1941年爆发，日军占领上海的租界后，首先查封了各大出版机构，并运走大量书籍和铅版，商务印书馆和其他出版商一样，都在铁蹄下小心度日，苟延残喘。香港同时沦陷，从此张元济无法再从香港商务印书馆转信到国外，而身为中国驻美大使的胡适也当然无法寄信到沦陷了的上海，所以他们的通信中断了五年多。

胜利之后，他们之间的第一封信是胡适写的，可能因为好久不通音讯，语气显得生疏客气："菊生先生赐鉴：别后八年多，真如同换一世界！常从小芳处得知先生近况，至以为慰。适近年颇研究百年来学者聚讼的《水经注》案，费了两年的功夫，始知张石洲、杨惺吾、王静安、孟心史诸公皆为成见所误，不曾从版本比勘上做功夫，故不免大动火气，厚诬古人。……"跟着下去，胡适写了五张信纸，综合他两年来研究《水经注》案的心得。最后，他这样作结："……知先生曾注意此事，故偶述近年研究所得，以释百年之疑窦。将来归国（约在三月中起程）当详细陈述，以请教于先生。小儿祖望先归国，敬嘱其到府上问候起居。……卅五年一月十四日夜。"

从这封信看来，太平洋战事以来，他们不能通信，能从来往的朋友（如夏小芳——夏瑞芳之子）间接地得到一些口信。但一谈起学术研究，他们二人的种种距离——空间上的和时间上的，都忽然缩短了，所以胡适可以畅快地详述研究《水经注》心得，并请张元济提意见。在这封信中有张的批注："35·3·22到"，一封信从美国寄到上海要两个多月，可见交通仍未恢复。

就在张尚未接到胡适这封战后第一封信时，张也发了长信给胡适，信上署的日期是"民国三十五年元月廿五日"，距离胡适的信仅十一天，可见二人在和平后想望互通消息的心情，是不约而同的。张元济这封信所述及的多是私人家事，并请胡适代他的侄孙女儿申请美国大学的奖学金，他提及在1944年夏天曾寄一函到重庆请王云五代转至美国，讵料信件被搁，战事停止后才寄到重庆，再由重庆寄往华盛顿已过了两年。"前月徐大春世兄由美返沪，特谕垂问，逾枉关爱，至深铭感。弟在此抗战期间,扼捏之苗?殆不堪言矣。天佑我国胜利,此非我国之胜利,实世界人类之胜利也……弟今年已届八旬,虽多衰病,然尚能鬻文卖字,自赡其生,差堪告慰……"张的这封信充满了审慎保守的乐观,胜利固然值得高兴,但在抗战期间,人人元气大伤,他自己以八旬之身卖文卖字,固然是自食其力,但物质上的缺乏和生计的困难,可想而知。同时社会经济备受摧残,国家复原要看政府的措施。

胡适终于在1946年7月5日回到上海,他这次回国,是要回北平去就任北大校长,以竟他多年前未任驻美大使时的愿望。他在上海只逗留了短短数天,终于和老朋友张元济见面了,从他们的信看来,会面当在一次以上,张元济的信写来兴致甚高:

> 适之先生有道:大乱之后,乃获于海上与故人相见,欣幸何极。昨与徐大春兄通电话,知清恙已瘥,又闻已可出门,甚喜甚喜。台从在此未知有几日勾留,拟略治具,挽兄过寓小叙,乞核定时日见示,当再邀陪客,延企无似。昨闻叶揆初兄言:合众图书馆藏有旧抄全谢山《水经注》校稿,亦尚有他本,有便可偕往一看,离敝居不远也。顺颂痊安。
>
> 弟张元济顿首　七月九日

就此信看来,在7月9日前他们已叙面一次,他们除了畅叙别后情况外，一定是谈到了《水经注》的研究，所以张已代探知了全谢山的校稿以及其他《水经注》本子的所在，因而约胡适过访他家，并同往图书馆中看书。合众图书馆是1939年才成立的，张元济和叶揆初都是创办的发起人。当时日军占领中国，江浙一带私人藏书家无力保存私人藏书，若幸免于战火，亦要把数十年收集编纂的心血零星出售，而国内战火连天，国人多朝不保夕，如何能有余钱购书？故此只是便宜了虎视眈眈的日本收藏家。张有鉴及此，发起在当时法租界兴建三层的钢筋水泥建筑物，作为图书馆，他率先捐出珍藏多年的张氏涉园藏书和浙江海盐名人校著的书，一共九百三十五种，其中不少是古版善本，极为珍贵。馆名"合众"，是取"众志成城"之意。根据胡适日后的记载和顾廷龙先生的追忆，胡适是把握了机会，去"合众"参看了《水经注》的各种本子的。

胡适大概在1946年7月底飞抵北京，张元济在7月27日有信道别："……闻下星期一日台端特乘飞机北上，沛然御风。敬祝一路平安。弟不克趋送……"他送了一册书让胡适在飞机上看，并请他为侄孙女在北大找适当的教职。胡适返北大后不久，国民政府多次邀请他担任政府职务；11月在南京开制宪国民大会，胡适应邀参加，张元济知道他到了南京，所以多次写信到南京商务印书馆转送信给胡适，希望他能在开会之余抽空到上海一聚。

胡适在1946年11月22日有长长的复信："菊生先生：两次到南京，接到两次手书，十分感谢。……国民大会至今尚未开大会,以前所开只是预备会……适恐须等到十二月初始能离开。那时是否能来上海,此时亦未能定……"跟着他用了四张信笺报告他在南京和北平多见到的《水经注》本子,并大谈他的研究心得。他说得兴致勃勃,结论是:"以版本新出如是之多,故新证据也添了无数。三年前的论断,今日所得证据之多远超过我的梦想,真是十分快活!《东方》已复刊否?将来《水经注》案中写定的文字,其稍长者,或可送请《东方》发表……胡适敬上。廿五,十一,廿二夜。"

胡适此时已开制宪大会,然而信中丝毫未提及任何具体的有关制宪的事情,却兴致勃勃地说《水经注》案的各种新发现的证据,那钻在故纸堆而忘却天下事的气概,一如他和张元济作邻居的时期。

(十三)1946—1947年
内战期间的困窘
天翻地覆作校勘

抗日战争胜利和复员的一段时期,国家的通货膨胀,以至出版界、教育界面临的动荡、穷困和人事上的困难,都一一反映在他们的来往书信中。在1946—1947年中,他们都很少提及政局,很可能是张元济知道蒋介石拉拢胡适,而张自己对蒋并不抱有大希望,也不太赞成国民党的种种政策;而胡适也深知张的心态,同时他也不是盲目拥护国民党的人,不过是在国家需要人才时期尽力而为而已,他已坚拒从政，不过只参加制宪会议。因为如此，二人都不直接提起有关政府政策的事，只是讨论善本、史籍，及有关北京大学和商务印书馆的事情；1946年间张元济的侄孙女儿祥保女士到了北大任教，胡适视之如世侄女儿，所以他们的信札亦多提些家事了。

1947年1月15日，是阴历春节的小年夜，胡适有信给张元济祝新年和谈近况："菊生先生：在南京住了五十天，竟不能来上海奉谒先生，至今以为憾事。回北平后，有两事值得报告先生。一为祥保女士教学成绩之好，一为高阳李氏所藏《永乐大典》本《水经注》，上月已由玄伯兄转让于北京大学图书馆。此书上半在涵芬楼，故知先生必乐闻下半部之下落也。一月底适还须南来开中华教育文化基金董事会及协和医学校董事会。倘无紧急事须北归，或可来上海问候先生。匆匆敬祝新年康乐。胡适敬上，卅六、一、十五夜。"这信有张氏的手批："36/1/19到，廿一复"。

张氏的复信不存。在这时期，蒋介石竭力拉拢胡适当国府委员，胡适竭力推辞："府委是特任官，决不应兼任大学校长……万一命下之日，学校人心解体，不但北大蒙其害，亦甚非国家之福。故只有恳请我公许适不参加国府委员会，许适以超然地位继续为国家社会尽其绵力。"可见胡适愿意为文化基金、教育委员会，甚至制宪委员会尽力，但不愿意正式当国民政府的大官。

这批信件中，最精美的信笺是胡适1947年1月27日用的是涵芬楼藏的宋刻本书影笺纸。胡适提到了这精美笺纸的来历：" 菊生先生：今天得读一月廿一日手书，恰寻得内人代为收存九年余的涵芬楼藏宋刻本书影笺纸，故即用此笺来写回信。《水经注》《大典》本后半部，北大买价为九百六十万元法币，说来真有点骇人听闻。玄伯讨价每册三百万，后来我去南京了，校中以九百六十万买定，我北归后始知之。近日又收得赵东潜《水经注释》初刻第一本的初印本……文津阁本赵书，近日也已去校过。又借得拜经楼写本一校。但苦不得久闲，不能把《水经注》问题的几篇长文一齐改定付印，了此三年余的心愿，使我可作别样工作。卅六，一，廿七夜。"张氏批有"36/1/31到36/2/6复"。

1947年《永乐大典》后半部《水经注》要卖九百六十万元法币，显见通货膨胀已开始了。张元济的2月6日复信现也不存，但胡适答2月6日信的长信手稿却在，这封信长达八大页，上半部是讨论《中华民族的人格》的内容问题[详见本文(十一)段]，这信是这样写的："菊生先生：今天得二月六日手书，敬悉先生足疾已痊，眠食尚可，至以为慰。大作《中华民族的人格》在美时曾收到……"谈了一大段有关人物典型的取材后，胡适又旧事重提，建议张写一部自定年谱，这是他历来最主张的事："我最盼望先生能写一部自定的年谱，留给我们后辈做个模范。"跟着下去他用了四大页纸来谈《水经注》，最后作结时，胡适这样写："在此天地翻覆之日，我乃作此小校勘，念之不禁失笑。姑写陈先生，以博先生同情之一笑。胡适敬上。卅六，二，十四日。"张氏批有"36/2/17到，廿八日复"字样。张元济的复信说："适之吾兄有道：敬复者，奉到十四日手教。……来书云在此天翻地覆之时，我乃作此小校勘，念之不禁自笑。此真所谓天下愈乱，吾心愈治。正惟斯人有治之心，故能救天下之乱。否则与之俱乱，不知伊于胡底矣。《大公报》载我兄辑述三国曹、孙二氏校事史迹，此真有关世道之文。世人无不骂曹操，然骂者自骂，学者自学，吾独虑学者未必能见及此文也……"可见张视校勘为修身治心的学问，否则与天下俱乱，更不能望治天下了。他提到世人俱骂曹操，而效法这一代奸雄的人仍属不少，他所指的，必是当时政府的一班贪官污吏。在这儿应该一提张氏在1947年12月写有多首《时事杂咏》诗，都是因为看了报章报道种种他看不过的新闻后，有感而作的，其中一首题为《查金钞》的，诗中把曹操比作当时的政府贪官：

曹家校尉称能手，只向丘坟去摸金。
市上道旁好搜括，古人毕竟不如今。

原注云："《文选》。陈琳为袁绍移豫州檄。操又特设发丘中郎将、搜金校尉，所遇隳突，无骸不露。当局取缔金钞黑市买卖修正办法。携带金条美钞出入于公共场所，认为有准备交易之嫌疑，照新规定予以没收。"

当然，他写这信给胡适时尚未写这首诗，但就他信中的语气推断，他必是嘲讽国民党官员的行事无疑。信继续下去，调子转为低沉而悲凉："《中华民族的人格》不过弟一时兴起之作。当时正校《史记》，感于诸人之举动是以振励末俗，故写成此书。我兄指为范围过狭，诚是诚是。但欲增加建设方面诸人物，是为著述之事，雅意殷拳，非弟衰孱所能胜任。自传云云屡闻明命，惟自问浮沈斯世，无可告人，故迄未预备。……"对于胡适拟的人物表，认为可做积极乐观有建设性的中华民族性格，张元济表示自己已无力再改写了。在1947年张氏已足八十岁，因长年校书，目力损耗甚大，所以他说"非弟衰孱所能胜任"亦是实情。至于写自传，他为人一向十分谦虚，就是编纂巨籍亦不居功，常不署名，所以觉得"无可告人"。这封信的最末一段是托胡适代商务印书馆卖书，笔者觉得这是最凄凉无奈的一段话："二十余年前商务印书馆曾在北平购得藏文经集，似即为吾兄所介绍，后为俄人钢和泰君借阅。归还之日东方图书馆已毁于倭寇，故即寄存北平图书馆，汇为九十二包，彼均有函件为凭。是书为洮州杨氏土司所辖卓尼禅寺印本，民国十七年全寺被毁，经板无存。闻北平只此一部，此后恐更不易得。东方图书馆恢复无期，且此间亦无要求阅读之人。如能得价，颇拟售去，以疗商务目前之贫。不知我兄能为估值否……弟张元济顿首　三十六年二月二十八日。"他说"二十余年前"商务印书馆购得藏文经集，现已成海内孤本，至足珍贵，胡适二十余年前正任职北大，钢和泰(BaronvonSraël-Holstein, 1877—1937)是佛学专家，专治梵文、藏文，胡适因为欣赏他的研究成绩和治学态度，在1918年起请他到北大教梵文和印度古宗教史。钢和泰上课时是胡适替他口译的，如此两年之久。商务印书馆当年购买藏文经集，也必请教过钢和泰，所以商务印书馆会把如此贵重的经集借给他，就在经集借出时，一·二八事变发生，日机轰炸上海，东方图书馆被焚，经集因此幸免。可是到了1947年，张元济竟要向胡适要求"估值"，为经文找寻买主，"以疗商务目前之贫"，要出售二十余年前辛苦买入此后几经劫难的烬余珍本，商务印书馆经济情况的恶劣真是不言而喻了。当时商务印书馆除了想卖涵芬楼的珍本外，甚至已制成的纸型亦想卖出。张元济在1948年有信给顾廷龙："前承重询四库珍本初集提要，业经制成纸型，出版科估价信呈上。不知蒋慰兄有意收购否？乞转询示复为荷。"出版商要卖纸型，其窘困可想见。

胡适很可能没有回复这封长信，因为是年3月中南京召开中央研究院评议会，他在3月初去了一趟上海，与张元济见面，他们见面会谈的主要内容一定涉及有关这批珍贵的藏文经集，因为张元济在1947年3月8日有这样的一封信："适之先生有道：昨辱枉临，欣见贵体康健胜常，快慰无似。敝公司寄存北平图书馆藏文经集全部，贵校现尚未有此书，研习藏文诸君向寺院借阅，每觉不便，顷与朱(经农)、李(拔可)诸君商议，愿以此书借与贵校公用，俟敝馆异日急需用钱之时再定办法。如尊意赞同，乞即示下，候台端回平再办移交手续。……弟张元济顿首　三十六年三月八日"

从这封信看来，张本来想售出的经集，如今因胡适来访，细谈之后，断然改变初衷，决定把经集借给北京大学图书馆了。他们二人的情谊、胡适多年与商务印书馆的感情、张的以学术为重都可以从这一次慷慨的移借藏经中见到。他这封信写得客气而较公事化。因为那批书是商务印书馆之物，所以他说"与朱、李诸君商议"。当时王云五已经辞去商务印书馆之职，正式加入国民党政府当经济部部长了，他辞职时推举朱经农代任，朱经农时任教育部次长，与国民党的关系很密切，李拔可则是商务印书馆多年旧人。他们二人都不是管古籍善本的，所以张函虽说"顷与朱、李诸君商议"，不过是形式上需要公司通过，大力主张的一定是张元济。他虽然名义上退休十余年，对商务印书馆决策的影响还是既深且远的。

笔者在这儿要特别一提的是：张元济以后一直很挂念这批珍贵典籍，直至新中国成立以后，他自己已不幸中风，半身不遂，在1951年8月间还有信写给政府领导人，提议在北京及其他各地特设西藏语文专校，信中特别提起这批久经劫难的藏经。"……北京大学有东方语文学系。元济前为东方图书馆购得藏文《甘珠尔》论藏全部凡百余函。后为北京大学东方语文系借去……未知生徒究有多少。函宜推广名额……"显见他关心经书不单因为它们是海内孤本，更因为它们是明白西藏文化和宗教，以及研习西藏语文的必需用书。他这个版本校勘专家，从不把书籍当为奇货可居的古董，而是把它们看作推广知识和传播学术的媒介，巴不得天下有志学者都能随时用它们作参考。他那真诚而深切地希望分惠学人的心情，是极为难能可贵的。

北京大学借到藏文经集，胡适有信道谢，并交代详情。"菊生先生：上月接奉手书……藏文《甘珠尔》承商务馆诸公允移存北京大学，最可嘉惠学人，同人至深感激。因校中派研究员王君到北平图书馆点查全书，颇费时日，故久未奉复。现已点查完毕……此议由先生促成，敬此申谢。北大新设东方语文学系，已成立的部门有梵文、藏文、阿拉伯文……今得尊处惠借藏文经藏……此系大可有发展之望了。"跟着下去他又谈了两页《水经注》的事，署的日期是"卅六，五，廿一夜"。张元济批有"六月十四日复"的字样，可惜这封信也未见。

（十四）1948年
对"反内战"运动的态度

1947年5月间是中国学生的"反饥饿、反内战、反迫害"运动如火如荼的时期，最可惜的是胡适的信只谈到《甘珠尔》和《水经注》，而张氏复信亦无存，不然大概可以看到他们对时局的私人看法和意见。北大的学生是站在"反饥饿、反内战、反迫害"的前线的，他们都要求政府停止内战，组织联合政府。北平其他学校，天津、上海和南京的各院校都纷纷罢课、游行、请愿。5—6月间一连串的军警和国民党特务施行高压手段和恐怖政策，学生领袖们都被指为"共党分子"，予以逮捕。在街上游行的学生面对的是水龙、长棍、皮鞭和机枪，在宿舍里面学生们面临的是特务半夜的搜捕和未经审讯的拘留和殴打。胡适身为北大校长，他十分同情学生的要求，也很担心政府对他们施以镇压会引起流血事件，在1947年5月31日的记者招待会上，他解释学潮的成因，赞扬青年人的理智行动，并说明学生原该关心政治，不应盲目地指称他们是别有用心的"共党分子"。他把北大的学生比作"汉宋的太学生"谈政治，与瀛台最有关系的"戊戌政变"推动者，他指出，古今中外对政治最先表示不满的总是学生。他呼吁军、政、党当局不要横生枝节，"这里流血，那里失踪"，只会引起更多"无谓的冲突及牺牲"，因为胡适不断地调停奔走，北大没有发生太大的流血事件，但不少城市包括沈阳、天津、开封、福州和重庆都宣布了实行紧急军事管制。同年12月，国民党教育部加强控制学生自治会，规定学生会领袖都由学校派人监视督导。

张元济虽然不像胡适那样，但他半生从事教育事业，特别担心青年学生受迫害。他在清末时曾任职南洋公学，即上海交通大学的前身，所以在1947年的学生运动中，上海交大和其他大学的五十多个学生被扣留月余，他忍不住召集了十位年龄在七十岁以上的知名人士，一同联名写信给上海市市长，要求释放被捕学生："……顾学潮汹涌，愈演愈惨……夫学潮有远因，有近因。……近因推源于内战。此要为尽人所同情。政府不知自责，而调兵派警，如临大敌？……甚至有公开将逮捕之学生送往中共地区之谈话。……学生亦是人民也，人民犯罪，有法庭在。不出于此而于法外任意处置，是政府先已违法，何以临民？"这封信写于1947年6月3日。从这封信看来，张元济义正词严，公开指责政府，措辞比胡适的要直接而激愤，相比之下，胡适的公开演讲词委婉而审慎，这显然是因为胡适是校长，还要争取军警和国民党政府的合作与同情，而张元济是社会知名长者，可以较强硬地为学生请命。1947年底，国民党对学生会加强控制，张元济写有《学生自治会》诗一首：

防民之口甚于川，若要防心更甚焉。
不见秦王除腹诽，长留话柄二千年。

把蒋介石的控制学生比作秦始皇的焚书坑儒。

由此可见，张元济和胡适都是很同情"反饥饿、反内战、反迫害"运动的，两人都为学生们操心、奔走尽力，他们的态度一致，可惜暂时未有发现他们二人就这次学生运动的通信。

（十五）新中国成立前夕的动态

这批往来书信最后的两封都是1948年8月写的，两封都是张元济的手迹。那时内战已近尾声，国民党政府风雨飘摇，通货膨胀愈甚，工商业一落千丈，人民苦不堪言，张氏的这两封信很能反映他个人当时的失望、社会的混乱以及商务印书馆所处的困境；唯一比较轻松愉快的是张的侄孙女儿祥保女士在北大任教，认识了同校的教授王岷原先生，结为佳偶。王氏是胡适在美国时就认识的，也是他罗致到北大去的人才，所以胡适对他们的婚事很热心，出任证婚人。

张元济第一封8月1日的信首先简单道谢胡适愿意作证婚人，然后谈及他自己"胃膏作痛三年"的毛病，并谢谢胡适寄给他的一篇有关心脏病的文章，跟着下去，他谈到了商务印书馆的处境："……祥保传述谆谕，商务馆事勿亲琐屑，甚感盛意。胜利而后，馆务有人主持，弟方幸得卸仔肩，无如经农于商业非所素谙，自云不得门而入，亦是实话。自去夏以来，默詧馆事日非，且大局尤见危险。数十载之经营，不忍听其倾覆，遂不得不插身干与，此中苦况殆不堪为知我者道也。然挚爱之言，则终身不敢忘矣。率直上陈，幸勿示外人。……弟张元济拜启。三十七年八月一日。"

张元济向来积极乐观，很少如此向别人诉苦，加上朱经农也是胡适的旧相识，而且是胡适当年举以自代的王云五所介绍的，假如不是商务印书馆的情况恶劣，他是断不会在信中提及馆中一落千丈的情形的。事实上，抗战以后，商务印书馆像其他民族企业一样，负债不少，元气大伤，加上国民党政府毫不顾惜出版事业，除了控制出版方针，时加干涉外，更搜刮诸多苛捐杂税，对工业打击甚大。胜利复员，王云五一到上海便呈辞，举朱经农自代，朱原是国民党教育部次长，只想管理商务印书馆的编审部，其他行政一概没有兴趣，同时他仍任私立光华大学校长，并要授课，连王云五也承认："……对商务的出版计划不免渐趋消极，而稍偏重于光华大学。"怪不得张元济会说"馆事日非"了。他已是八十高龄，仍"不得不插身干与"，真是苦况不足为外人道了。显然要不是他相信胡适，要不是胡适那样关心他的身体，怕他有心脏病，劝他事事"勿亲琐屑"，他也不会告诉胡适的。最后他仍以"幸勿示外人"作结，可见他对商务印书馆的一片忠心；同时亦是他对朱经农存厚道之处。

最后的一封信是1948年8月28日写的，其中除了感谢胡适作祥保女士的证婚人外，还谈到了刚推行的金圆券币制改革，以及中央研究院的会议："适之先生惠鉴：叠上两函，均由祥保转呈……祥保自抵北平，蒙贤伉俪抚爱周至，视若家人，并荷执柯，获成嘉偶。行礼之日，复蒙枉驾为之证盟，荣宠有加。弟惟有泥首遥谢而已。币制改革，急则治标，或可收效，所以云持久，正恐匪易。迩日举国大索，名捕累累，抱薪救火，又有何益。弟尝谓我国人毫无进步，可胜浩叹。南京研究院开会，台从计必南来，甚盼届期能于沪上相见。……弟张元济拜启。八月廿八日。"

1948年8月的币制改革就是推行金圆券代替法币及一切外币。张已指出这不过是治标之法，很难持久的。他最反对的是政府又乘机用高压手段，逮捕所谓投机分子，弄得大家风声鹤唳。当时的经济部部长就是王云五，金圆券在数月内即大跌，社会面临经济崩溃，王云五去职，这是11月间的事。张元济能在8月间就指出这是"抱薪救火"之事，可见其高瞻远瞩。中央研究院真的在9月开会，胡适和张元济都一同应邀参加。就是在这个院士会议里，张元济把握机会，他被邀在开幕仪式中致词时，发表了呼吁和平、停止内战的演讲。他说："……发生了不断的内战。这不是外御其侮，竟是兄弟阋于墙。我以为这战争实在是可以不必的……"他说内战弄到四海穷困，民不聊生。"即以学校而论，教师所得的薪水几乎不够生活。有人告诉我，胡适之先生在北平每天不能全吃饭。

晚上都是喝粥。"他更批评了政府的倒行逆施，预言战事再发展下去，国家会万劫不复："近来还有一件可惨的事情，政府新定了一个名称叫职业学生。拘捕的拘捕，传询的传询，……这个症结都是为了战事。战事不到两年，已经成了这个现象，倘若再打下去，别的不用说。我恐怕这个中央研究院也就免不了要关门。"这是中央研究院的第一次院士会议，国民党政府对它颇重视，蒋介石亲自主持开幕，而张元济被称为"最老院士"被请出来致开幕词，竟说出研究院会因内战而关门的话，真是骇人听闻。据张的哲嗣树年先生对笔者说，当日散会后胡适与张一起乘车离场，胡适说："今天人家是做喜事，您是大煞风景了。"我认为这话并非批评，而是胡适发自内心的共鸣，他的身份不及张元济的超然，不便在国家盛典上当众说出直接反对内战、呼吁和平、针对政府的话。当时国民党封锁消息，更不许可人们公开地谈"内战"二字，费孝通看了杂志上刊载的张的演说，写了长文《读张菊生先生〈刍荛之言〉》[1]，以很诚恳而充满感情的笔触来说他自己的感想："……张先生在这短短的致辞里说出了现在生活在水深火热里的人民大家要想说的话；同时也以他学术先进，年高德劭的资格，对我们这些厕身文化界的后进发出的衷心的警告和期待。"

---

[1] 费孝通：《读张菊生先生〈刍荛之言〉》，《中国建设》（北京）第一卷第8期（1948年10月25日），页6—7。

(十六)1949年以后

　　上海解放以后，张元济决定支持新政府，使商务印书馆成为新中国第一所公私合营的出版社，而胡适则在4月初到美国去从事著述，直到1958年才回台湾任"中央研究院"院长。两个忘年之交的知己朋友没有再见过面。他们走的路在政治上可以说是分开了，但两人努力发展文化事业的抱负，尽力为国家、为民族做一些有益的工作的心意，却是殊途同归的。他们更没有改变对双方推许的了解，新中国成立以后张元济也像其他政府工作人员一样，需要填一份统一格式的履历表，其中有"社会关系"一项，张元济亲笔填上的就是与胡适的关系。"安徽人胡适，初见其文字，勇于提倡白话文，居亲丧不为习俗所诱，余颇重其为人。在上海居同里弄，衡宇相望，时相过从。后入京任北京大学校长书信不断，解放前将去美，曾助以研究学术，异日回国仍可有所匡助。自出国后遂隔绝矣。故交零落。"这一段短短的文字，写得扼要而真挚，对胡适的推重和怀念，跃然纸上。现在我们知道，胡适在1948年间已经对国民党政府十分失望，政府对他的"和比战难"口号充耳不闻，他亦多次推辞蒋介石召他从政，到了1948年12月，北平的四郊已被解放军包围，他仍然拒绝蒋介石接他南飞的邀请，不愿丢下北大。他到了南京也仍是以北大校长的身份出行，有人试图说服他到国外为国民党政府做争取外援的工作，他的回答是："这样的国家，这样的政府，我怎样抬得起头来向外人说话！"胡适在

1949年的1—4月，都在上海，努力研究《水经注》，希望为多年的工作下个总结论，这真是名副其实的"天翻地覆作校勘"了。他在国内逗留的最后这两个多月里，一定是和张元济会面的，张氏说"……曾助以研究学术，异日回国仍可有所匡助"指的大概就是胡氏离国前夕的交谈吧？而胡适到美国去以后，要回中国的决心仍是很强烈的，他屡次推辞了国民党任命他为外交部部长的公电，并写信给好友赵元任说："你们劝我在外教书……但我不愿意久居外国……我想回去做点我能做的事……至于我能做什么，我现在还不很明白。也许写文章，也许是讲演，也许是两项都来。此事请元任替我想想，就给我一个判断，请不必告诉外间朋友。"当然，以后胡适并没有再重回中国大陆，而是毕生从事研究和学术性工作，沉着而不懈地探求事实和真理，他没有再从政，完全是以无党派的超然地位来掌理台湾的"中央研究院"，纯粹为民族文化的进步而努力。他也没有忘记张元济，特别是张氏影印古籍善本的严肃不苟态度，直到他逝世前一年（即1961年），他在台湾"中央研究院"谈起重印古籍时说起印书的用纸，要非常留心的事，他说："如《四部丛刊》用报纸印，现在有好多页都快碎了，这是王云五先生着重生意经的缘故；张菊生先生是决不肯用报纸印的。"这儿我要附带一提的是，自胡适出国之后，张元济被清算、被斗倒的谣言，在台湾和香港甚嚣尘上，说他被商务印书馆的工会批斗，以致中风半身不遂而偏废，绘形绘声，不单是小报小刊如此，连和商务印书馆渊源甚深的王云五亦相信这种说法，所以胡适大概完全不知道张元济晚年充满信心和朝气、多方面为新中国出版事业献计献策的种种情形。两个多年相契的朋友就此音信隔绝，真是非常可惜的事。

（十七）结语

20世纪的上半叶是中国新旧交替的时期，特别在思想、学术以及文化和教育的这几个范围内；冲击和递变的力量都极为巨大，张元济和胡适在这个独特的时期里对社会思潮的变化和转向，起了举足轻重的作用。胡适是"五四"以来学术思想界追寻新突破的关键性人物，而张元济是在近代文化教育史上占了枢纽地位的出版社的哺育者和主持人。

这个时期的知识分子都面临一个大难题，那就是如何处理传统旧文化、如何引进新思想的问题。张元济和胡适都是注重实践、少发空言高论、身体力行的人，他们多年以实际行动诠释了如何处理这个中西文化、新旧文化的矛盾问题。看张元济对整理旧史，详列札记，广印古籍以使流传的严肃态度，看他亲写小学教科书，重印白话俗文学，努力推动翻译西方书籍，便知道他对这个问题的宗旨是致力求新而不忘国故，他对新学没有丝毫鄙薄贬斥之心，对新杂志、新报章都要订阅，对年轻的后进学者关心备至，大力支持商务印书馆各杂志的革新，介绍新文学、新政治理论，胸襟开明而进步。而胡适深受西方文化影响，主张重新批判旧文化，用"重新估定一切价值"的态度来整理国故，他用的规条是"归纳的理论，历史的眼光，进化的观念"，他的口号是"实验是真理唯一的试金石"，对古籍的考据的严谨不逊色于乾嘉的考据家。他对旧文化不是全部扬弃，而是在做了实事求是地研究和科学的整理后才加以接受。作为一个新思潮的领导人物，胡适对中国传统文化的态度是温和、容忍而毫不含糊的。可以这样说，他们两人对古今中外的对中国的进步和思想开放有所帮助的各种学术思想都采取了兼容并包的态度，并且尽力使它们发扬光大。他们的方针明确、切实，贯彻在他们生平的种种行事之中，所以可以在近代中国思想和文教领域里起着决定性的作用。

当然，每一个时期的杰出人物并不只是在他们学有专长的范围内才有影响力，中国的知识分子就时常觉得自己是社会的良心、人民的喉舌。我们看张元济对绑票风气的操心，对纱布价格被操纵的义愤，对无辜被捕学生的援助，当能同意胡适"先生素来好管闲事"（1937年信）一语。而胡适自己也是如此"好管闲事"的，不然不会写了这许多被政府查禁和警告的文章。他们两人都是崇尚思想自由的，在政治上两人又都是超然的，无党无派的人士，都有坚定不移的爱国宗旨，所以对日本侵略毫不妥协而且大力反对内战。张元济在日本侵略者占领半壁河山，国事江河日下时叹息："一身轻便我无官，忍说春池事不干。"而胡适在此时临危受命，作了国民政府的驻美大使，说是被"逼上梁山"，称"做了过河卒子，只得拼命向前"，都表现了他们在不同的客观环境底下，如何尽量保持个人原则与宗旨，然后再与现实政治情况作有限度的妥协。他们都是极端忠于其事的人，在一次又一次的打击下，仍然保持乐观和积极态度，张元济在1932年日机轰炸闸北后回复胡适的信，"平地尚可为山，况所复者犹不止于一篑"，就可以和胡适在1937年"七七事变"后写的信"一家一校此时都是小事"前后互相辉映。

笔者在这一大批往来信札里，看到了这两代知识分子身上令人肃然起敬的长处，但也看到了他们的弱点和局限性。他们不屈不挠的气节和风骨，他们对民族文化的信赖，都表现在他们努力普及新学、保存旧籍，及其他种种推广文化的终身工作上，最具体的例子是他们往返讨论有关《中华民族的人格》的长信，他们都相信：发扬了可敬可佩的德行，中华民族必有复兴的一天。更广泛地来说，中国如何可以成为一个文明的、现代化的国家呢？他们都不相信激进的政治性运动或革命可以建立起新的社会，他们信赖的是缓慢的文化改革的途径：兴学校、办报社、广印书籍以开民智，这大概是因为他们都亲历了推翻清王朝而民国不能成立有效政权、北伐成功而专制局面出现的种种失望与挫败，知道单是政体的改革是不足以持久的，没有自觉性较高的群众支持，国家早晚又是一团糟。胡适在《我们走那条路》一文中说："我们要建立一个治安的、普遍繁荣的、文明的、现代的统一国家……我们……集合全国的人才智力，充分采用世界的科学知识与方法，一步一步地自觉的改革……"这是知识分子充满理想的愿望，却不是一个具体的计划和方案，而且这个发展全民身心修养、陶冶精神文明的程序，一定是缓慢而复杂的，他们的愿望虽然可能是最根本、最彻底的改革中国的方法，但在风雨满楼、危机日深的时代，却难免被人批评为不明确和不够实际，太低调，也太保守，这就是知识分子的局限性了。

可是，张元济和胡适都不是政治人物，我们没有理由希望或要求他们提出关系整个国家或整个社会的明确行动纲领，正因为他们都是严谨的学者，更不会在超乎他们专长的学术范围外提出广泛的、概括一切的政治或社会方案。所以对于任何政治、社会问题，他们都是在个别事件发生以后才本着个人的良心去分析、批评进而采取行动，所以他们在政治和社会的领域上的影响，最多只是起了个唤醒群众、造成舆论的间接作用，远不及他们在思想和文化的领域上所起的领导性的关键作用。